D0861956

Les Éditions du Boréal
4447, rue Saint-Denis
Montréal (Québec) H2J 2L2
www.editionsboreal.qc.ca

LANGUE ET POLITIQUE
AU CANADA ET AU QUÉBEC

DES MÊMES AUTEURS

Légiférer en matière linguistique (codirection), Presses de l'Université Laval (coll. « Culture française d'Amérique »), 2008.

ŒUVRES DE MARCEL MARTEL

Le Deuil d'un pays imaginé. Rêves, luttes et déroute du Canada français. Les relations entre le Québec et la francophonie canadienne, 1867-1975, Presses de l'Université d'Ottawa, 1997.

Le Canada français. Récit de sa formulation et de son éclatement, 1850-1967, Société historique du Canada (coll. « Les groupes ethniques du Canada », 24), 1998.

Les États généraux du Canada français : trente ans après. Actes du colloque tenu à l'Université d'Ottawa, novembre 1997 (direction, avec la collaboration de Robert Choquette), Centre de recherche en civilisation canadienne-française, 1998.

L'Université et la Francophonie. Actes du colloque tenu à l'Université d'Ottawa, novembre 1998 (direction, avec la collaboration de Robert Choquette), Centre de recherche en civilisation canadienne-française, 1999.

Nation, Ideas, Identities: Essays in Honour of Ramsay Cook (en codirection avec Michael D. Behiels), Oxford University Press, 2000.

Not This Time: Canadians, Public Policy and the Marijuana Question, 1961-1975, University of Toronto Press, 2006.

Envoyer et recevoir. Lettres et correspondances dans les diasporas francophones (en codirection avec Yves Frenette et John Willis), Presses de l'Université Laval (coll. « Culture française d'Amérique »), 2006.

ŒUVRES DE MARTIN PÂQUET

Vers un ministère québécois de l'Immigration, 1945-1968, Société historique du Canada (coll. Les groupes ethniques du Canada », 23), 1997.

Brève Histoire des Canadiens français (Yves Frenette, avec la collaboration de Martin Pâquet), Boréal, 1998.

Prendre la route. L'expérience migratoire en Europe et en Amérique du Nord du XIVᵉ au XXᵉ siècle (en codirection avec Andrée Courtemanche), Vents d'ouest (coll. « Asticou-Histoire »), 2001.

Les Parcours de l'histoire. Hommage à Yves Roby (en codirection avec Yves Frenette et Jean Lamarre), Presses de l'Université Laval (coll. : « Culture française d'Amérique »), 2002.

Tracer les marges de la Cité. Étranger, immigrant et État au Québec, 1627-1981, Boréal, 2005.

Des cultures en contact. Visions de l'Amérique du Nord francophone (en codirection avec Jean Morency, Hélène Destrempes et Denise Meckle), Nota bene, 2005.

Faute et réparation au Canada et au Québec contemporains. Études historiques (direction), Nota bene (coll. : « Société »), 2006.

Balises et Références. Acadies, francophonies (en codirection avec Stéphane Savard), Presses de l'Université Laval (coll. « Culture française d'Amérique »), 2007.

Québec, Champlain, le monde (en codirection avec Michel De Waele), Presses de l'Université Laval, 2008.

Marcel Martel
Martin Pâquet

LANGUE ET POLITIQUE
AU CANADA ET AU QUÉBEC

Une synthèse historique

Boréal

© Les Éditions du Boréal 2010
Dépôt légal : 3ᵉ trimestre 2010
Bibliothèque et Archives nationales du Québec

Diffusion au Canada : Dimedia
Diffusion et distribution en Europe : Volumen

*Catalogage avant publication de Bibliothèque et Archives nationales du Québec
et Bibliothèque et Archives Canada*

Martel, Marcel, 1965-

    Langue et politique au Canada et au Québec ; une synthèse historique

    Comprend des réf. bibliogr. et un index.

    ISBN 978-2-7646-2040-3

    1. Politique linguistique – Canada – Histoire. 2. Politique linguistique – Québec (Province) – Histoire. 3. Français (Langue) – Aspect politique – Canada – Histoire. 4. Canada – Langues – Droit – Histoire. I. Pâquet, Martin, 1963- . II. Titre.

P119.32.C3M37   2010   306.44'971   C2010-941052-1

    ISBN PAPIER 978-2-7646-2040-3

    ISBN PDF 978-2-7646-3040-2

    ISBN ePUB 978-2-7646-4040-1

À Normand Pâquet
À Georges-Henri Martel
À Sarah Courtemanche-Pâquet

La parole est une conquête de la vie.
Elle éclate rougeoyante dans la Cité,
Glisse dans les césures, remplit les rêves.
Frémissent les murs sous la clameur vive des voix.
Militent des milliers du rappel de Babel,
Du lointain du temps, d'où le verbe est venu.

Introduction

Comment abolir les siècles qui séparent les langages des significations ?

PIERRE PERRAULT, *Le Grand Jeu des miroirs*
(Irréconciliable Désir de fleuve)

En 1974, la Gendarmerie royale du Canada demande à ses agents au Québec de recueillir des renseignements sur les individus et les groupes sociaux militant en faveur de l'établissement de l'unilinguisme français dans la province. Le corps de police cherche ainsi à évaluer non seulement l'appui à cette cause, mais aussi le potentiel de violence des citoyens ayant participé à plusieurs manifestations publiques.

Il faut dire que ces manifestations au sujet de la langue ne sont guère les premières. Déjà, plusieurs groupes se sont mobilisés à la fin des années 1960 autour de la question linguistique au Québec, mais aussi ailleurs au Canada, notamment en Ontario et au Nouveau-Brunswick. La langue constitue ainsi un enjeu important de la *prise de parole citoyenne*. Cette prise de parole citoyenne cherche à habiliter les individus au sein de l'espace public. Elle leur permet d'exercer leur pouvoir et d'opposer une résistance pour atteindre leurs objectifs. Elle contribue *in fine* à la détermination du bien commun de l'ensemble de la communauté politique.

Aussi, si certains responsables politiques de 1974 croient devoir faire face à un problème nouveau, ils se leurrent. Certes, les années 1960 se caractérisent par une inquiétude quant à la place du français dans l'espace public et comme langue commune au Québec. Toutefois, l'enjeu linguistique marque la vie politique et les débats dans l'espace public depuis plusieurs décennies, voire plusieurs siècles. En effet, dès l'arrivée des premiers colons en Nouvelle-France, la monarchie favorise l'homogénéisation linguistique pour que le français devienne la langue commune de la colonie. La Conquête de 1760 introduit l'usage de l'anglais ; le problème du statut du français se pose désormais. Ce statut est maintes fois remis en question sous la pression des promoteurs de l'homogénéisation ethnique et linguistique dans les provinces britanniques en Amérique du Nord, puis dans le Dominion du Canada. Des résistances diverses se forment devant l'arbitraire de cet exercice du pouvoir, engendrant une série de crises politiques tout au long des XIXe et XXe siècles. Liées intimement à la construction nationale, ces crises sont porteuses de désordres sociaux qui menacent potentiellement la paix civile, puisqu'elles mettent en cause les relations de domination socioéconomique et les inégalités fondées sur la langue. Pour assurer l'ordre social, les responsables politiques, soit des élus et des fonctionnaires au sein des États fédéral et provinciaux, mais aussi des membres des élites communautaires, mettent en place un ensemble de dispositifs pour réduire le potentiel de désordre. S'inscrivant aussi dans une politique de la reconnaissance et de la gestion de la diversité, ces dispositifs sont variés, allant des politiques d'aménagement linguistique aux recours aux tribunaux, en passant par la gamme des gestes symboliques. La surveillance effectuée par la GRC est l'un des nombreux dispositifs mis en place.

Du rapport entre langue et politique

Contribution à une histoire de la culture politique, la présente synthèse explore le rapport historique entre langue et politique au Canada et au

Québec, du premier édit en matière linguistique adopté par le royaume de France en 1539 jusqu'à nos jours. Aussi, elle ne propose pas une histoire des politiques d'aménagement linguistique, bien que ces dernières occupent une place déterminante dans l'expérience historique vécue au Canada et au Québec depuis l'arrivée des Européens.

Définissons d'abord ce que nous entendons par « langue et politique ». Ici, la langue ne renvoie pas au seul système de signes — qu'ils soient linguistiques, vocaux, graphiques ou gestuels — assurant la communication entre les individus. Traduisant un rapport au monde et à la société, la langue relève en grande partie de pratiques sociales dont les objectifs et les modalités varient à travers le temps. Ainsi, le français à la cour de François Ier ou l'anglais à la cour d'Élisabeth Ire ne sont pas les mêmes que le français de Michel Garneau et de Patrice Desbiens ou que l'anglais de Leonard Cohen et de Gordon Downie. Non seulement le vocabulaire et la grammaire se sont transformés, mais les contextes sociohistoriques, ainsi que les valeurs et les représentations que ces langues expriment, ne correspondent pas.

Dès lors, une étude historique du rapport entre langue et politique définira la langue selon trois dimensions. D'abord, la langue forme un mode de communication par lequel les acteurs sociaux échangent entre eux. Ensuite, elle constitue un marqueur identitaire grâce auquel les individus manifestent à soi et aux autres leurs caractéristiques propres et leur appartenance sociale. Enfin, la langue est pleinement un enjeu politique grâce à la parole, selon le sens donné par le linguiste Ferdinand de Saussure : l'utilisation d'une langue par des locuteurs véhicule les aspirations, les divisions, les alliances, les rivalités et les neutralités présentes dans la communauté. Plus encore, elle est un enjeu parce que les acteurs politiques lui attribuent une valeur pour ce qu'elle représente en elle-même. En effet, le français, l'anglais et les langues autochtones au Canada et au Québec ne sont pas des modes de communication neutres. Au contraire, ils traduisent des conceptions fondamentales du bien commun qui soudent le lien social, d'où leur caractère particulièrement sensible. Enjeu politique toujours, puisque la langue révèle, au-delà de la prison du discours qui semble enfermer les individus, la réalité sociohistorique des luttes, des relations de domination et des inégalités existantes dans la société. La langue est politique car elle incarne notre rapport au monde réel.

L'étude du rapport entre langue et politique pose également la question du politique, ici compris à la fois comme gestion des divisions du social et détermination d'un futur pensable pour la vie en commun. Lorsqu'il s'agit de l'enjeu linguistique au Canada et au Québec, elle renvoie à trois modalités analysées entre autres par les politologues David Cameron et Richard Simeon, soit celles du *vouloir-vivre collectif*, du *devoir-vivre collectif* et du *comment-vivre ensemble* dans la détermination du bien commun.

S'inspirant de la célèbre formule d'Ernest Renan pour définir ce qu'est une nation, le vouloir-vivre collectif ressortit au sentiment d'appartenance à une communauté historique, au partage de références identitaires communes ainsi qu'au projet d'une continuité entre le passé et l'avenir. Que ce soit en 1755, en 1912 ou en 1977, parler français en Acadie, en Ontario ou au Québec ne reflète pas les mêmes aspirations au vouloir-vivre collectif, car les contextes socioéconomiques et les projets politiques varient. Le devoir-vivre collectif, quant à lui, résulte plutôt du pouvoir régalien de l'institution politique, des royaumes de France et de Grande-Bretagne aux États fédéral et provinciaux. Il relève aussi de l'imposition de normes régissant la vie en commun, afin d'homogénéiser la population sur un territoire donné et d'assurer la paix civile en dépit des divisions du social. Depuis 1539, les différentes lois en matière linguistique, mais aussi les jugements des tribunaux ou les exhortations plaidant pour une norme de qualité de la langue constituent autant de rappels au devoir-vivre. Enfin, le comment-vivre ensemble touche au jeu politique, aux rapports de force entre des protagonistes qui n'ont pas les mêmes ressources ou la même position dans les relations de domination socioéconomiques. C'est une question qui ne se pose pas de la même manière selon qu'on est un Amérindien dans une réserve ou un fonctionnaire fédéral, un militant franco-ontarien en 1927 ou en 2002, un parent italophone de Saint-Léonard ou un partisan de l'unilinguisme français. Le comment-vivre ensemble implique alors l'exercice du pouvoir et la résistance à celui-ci, ainsi que l'usage de stratégies diverses dans les cas de négociation ou d'affrontement, d'alliance ou de rivalité, de pacification ou de réconciliation. Tout au long de ces siècles d'existence commune, vouloir-vivre, devoir-vivre et comment-vivre ensemble se sont conjugués pour façonner l'enjeu linguistique au Canada et au Québec.

Ainsi, conçue comme un enjeu politique, la langue est intimement liée à la vie en commun. L'enjeu de la langue s'insinue dans l'histoire des relations entre les individus ; il reflète les normes et les rapports de force présents dans la société ; il témoigne aussi des aspirations d'une communauté. Langue et politique forment un couple dont les relations sont cruciales dans le passé, le présent et l'avenir politiques d'une communauté. Dans toutes ses facettes et à travers son histoire, l'enjeu linguistique au Canada et au Québec se trouve au cœur même de la Cité, de la communauté politique.

Les tendances lourdes de l'enjeu linguistique

Dans cette traversée de plus de quatre siècles et demi, le rapport entre langue et politique au Canada et au Québec se module selon plusieurs tendances lourdes, tendances qui se développent, se maintiennent ou s'estompent selon leur congruence avec les contextes. Fondée sur l'impératif du devoir-vivre collectif, une constante demeure dans les politiques publiques : assurer, sur le territoire où s'exerce le pouvoir, une homogénéisation de la population. Cette homogénéisation implique l'adoption de mesures régissant la communication entre les individus et les instances politiques, que ces dernières soient coloniales ou étatiques. Pour les autorités, un exercice du pouvoir efficace impose le partage de caractéristiques communes dont, éventuellement, l'usage d'une langue.

Jusqu'à la Révolution française, le critère prépondérant pour assurer l'homogénéisation territoriale est la confession religieuse. Dans l'établissement de la régulation juridique et politique, l'enjeu linguistique est donc subordonné à la religion, puisque l'allégeance au souverain est de nature confessionnelle, comme en témoigne tragiquement la déportation des Acadiens en 1755. Avec le renversement de la société d'ordres en Europe, de nouveaux modèles politiques fondés sur des conceptions de la nation se développent, entraînant une redéfinition de l'enjeu linguistique. Dorénavant, la langue fait l'objet d'une nationalisation, qui se produit d'abord dans le cas de l'anglais, les Britanniques se repliant alors, devant la menace révolutionnaire française, sur une conception ethnoculturelle de la nation qui se répand dans les colonies d'outre-Atlantique. Dans le cas du français au Bas-Canada, cette nationalisation se réalise après l'écrasement des insurrections patriotes de 1837-1838 et le rejet de l'idéal républicain. Confrontés à la volonté nettement exprimée de les assimiler, les Canadiens français intègrent dès lors le français comme élément consubstantiel à leur vouloir-vivre collectif, à leur nation.

Avec le développement de l'État moderne et l'accession de la bourgeoisie aux postes de commande au milieu du XIXe siècle, l'enjeu linguistique prend de nouvelles dimensions dans les provinces britanniques de l'Amérique du Nord. Reflétant l'hégémonie de l'ordre libéral analysée par l'historien Ian McKay, il épouse le rapport entre le capital et le travail : la bourgeoisie industrielle et commerçante s'exprime principalement en anglais, tandis que nombre d'ouvriers et de paysans ne connaissent que le français. Pour réduire les conflits sociaux engendrés par la cohabitation de différentes communautés ethnolinguistiques, un régime d'accommodement mutuel se met aussi en place, fondé sur *la Loi, l'Ordre et le bon gouvernement*. Grâce à l'établissement de relations informelles entre eux, les membres des élites communautaires promeuvent alors l'idéal de la bonne entente entre la majorité et les minorités. Si certaines minorités participent à la communauté politique — les Canadiens français et les Acadiens —, d'autres en sont carrément exclues, comme c'est le cas des peuples autochtones. Sans passer obligatoirement par la médiation de l'État, cet idéal de la bonne entente entre les membres des élites vise la régulation des conflits éclatant dans leur communauté respective, une régulation reposant sur les modalités du comment-vivre ensemble. Néanmoins, la rhétorique de la bonne entente n'empêche pas l'éclatement de crises majeures, comme celle du Règlement 17 en Ontario, de 1912 à 1927.

Après la Seconde Guerre mondiale, le régime de l'accommodement mutuel s'effrite avec l'accroissement de l'individualisme, le développement de la technologie dans le domaine des communications, l'accélération des mouvements migratoires internationaux et l'accès élargi à l'éducation. Devenant hégémonique au cours des années 1960, une nouvelle culture politique modèle désormais les rapports sociaux sous le joug des normes formelles. Puisque les membres des diverses communautés prennent publiquement la parole en s'affranchissant — parfois dans le désordre — de leurs élites, les conflits ne sont plus balisés par les définitions et les mots d'ordre de ces mêmes élites. Dans le cas précis de l'enjeu linguistique, la langue, référence identitaire et réalité culturelle, constitue le noyau dur du vouloir-vivre collectif pour les francophones, mais aussi pour les membres des peuples autochtones au Canada et au Québec. Dès lors, confrontées à des situations potentiellement explosives — les événements de Saint-Léonard en 1967-1968 et de Moncton en 1968-1969 en font foi —, les élites communautaires doivent se tourner vers l'intervention des États fédéral et provinciaux, en puisant tout particulièrement à leurs ressources normatives et formelles.

Ces ressources relèvent d'abord de l'expertise scientifique, expertise nécessaire pour l'établissement d'un diagnostic en vue d'une intervention. Sur cette assise conçue à partir des travaux des différentes commissions d'enquête instituées au tournant des années 1960 et 1970, les États fédéral et provinciaux font des choix précis en matière de politique d'aménagement linguistique — le bilinguisme ou l'unilinguisme — pour réduire les débordements violents engendrés par les conflits et les désordres sociaux. Ces choix correspondent aux représentations du bien commun qui sont valorisées par les responsables politiques. Ces derniers privilégient au Canada une société bilingue et multiculturelle fondée sur les droits individuels. Quant aux responsables québécois, ils favorisent le modèle d'une société faisant de l'unilinguisme français un instrument du développement socioéconomique et de l'émancipation collective. Pour leur part, les responsables politiques appartenant à des minorités valorisent la langue comme indicateur de la vitalité de leurs communautés, une vitalité qui relève de la survie et du contrôle fragile de leur développement dans le cas des peuples autochtones.

À partir des années 1980, les ressources relèvent de plus en plus du droit et de l'arsenal juridique. À l'instar du régime juridique international qui s'élabore depuis la Déclaration universelle des droits de l'homme de 1948, le Canada et le Québec contribuent à leur manière à la promotion des droits, dont ceux qui relèvent de la langue. Le rapatriement de la constitution canadienne en 1982 permet l'enchâssement de la Charte des droits et libertés, dont les articles sont régulièrement invoqués dans les multiples causes en matière linguistique plaidées devant les tribunaux. Auparavant problème politique, l'enjeu linguistique se transforme en litige juridique. En matière linguistique, les juges, d'ailleurs, ne statuent pas seulement sur les clauses du devoir-vivre collectif. En effet, les tribunaux deviennent le théâtre d'opération par excellence des stratégies du comment-vivre ensemble, un théâtre où les divers protagonistes cherchent à faire prévaloir leurs conceptions respectives de l'enjeu linguistique. Si ces conceptions reflètent d'abord le primat des droits individuels, elles n'excluent pas pour autant le respect des droits collectifs, comme en témoignent les jugements récents de la Cour suprême ou la gestion du contentieux autochtone.

Enfin, l'hégémonie du marché modifie le rapport linguistique entre le capital et le travail. Avec la mondialisation des échanges et l'interaction croissante des cultures, la conception économiste des rapports sociaux et son corollaire, la promotion d'une langue commune pour commercer, gagnent en popularité, au détriment des autres aspects de la vie en commun et du vouloir-vivre collectif, dont la diversité culturelle et linguistique.

Les six temps d'un mouvement

Dans l'histoire du rapport entre langue et politique au Canada et au Québec, les tendances lourdes modelant l'enjeu linguistique se manifestent au cours de six périodes allant de 1539 à nos jours. La présente synthèse en retrace les grandes lignes, les six temps d'un mouvement de la culture politique.

Dans un premier temps, l'enjeu linguistique s'inscrit dans l'exercice du pouvoir par les autorités politiques françaises et britanniques de 1539 à 1848. Dans les colonies, les politiques en matière linguistique traduisent des impératifs métropolitains en matière d'homogénéisation religieuse puis nationale. Elles présentent aussi des similitudes importantes d'une colonie à l'autre, en particulier dans le maintien de l'ordre public. Devant l'exercice du pouvoir au tournant du XIXe siècle, des stratégies de résistance se développent, notamment en intégrant le français comme élément distinctif du vouloir-vivre collectif.

Dans un deuxième temps, l'enjeu linguistique provoque une phase de conflits importants, de 1848 à 1927. Les crises scolaires au Nouveau-Brunswick, au Manitoba, dans les Territoires du Nord-Ouest et en Ontario témoignent de la volonté d'homogénéisation culturelle et linguistique sur le territoire canadien, ainsi que de la résistance citoyenne contre cette volonté des autorités politiques et de certains groupes d'intérêt canadiens-anglais. En instrumentalisant l'État et notamment le système scolaire pour parvenir à leurs fins, ces acteurs politiques montrent qu'ils n'ont cure de ce que les Acadiens et les Canadiens français considèrent comme leurs droits linguistiques et culturels. Dans un climat de tension croissante, qui connaît son apogée avec la crise du Règlement 17, les impératifs du devoir-vivre collectif promus par les responsables étatiques télescopent les modalités du vouloir-vivre collectif.

À la suite de la crise du Règlement 17 et jusqu'à l'orée de la Révolution tranquille, l'enjeu linguistique connaît une période de relatif apaisement, au cours duquel des citoyens canadiens-français et acadiens échafaudent des stratégies de reconquête de leurs droits linguistiques.

Reflet des délicats aménagements du comment-vivre ensemble, cette reconquête n'engendre rien de très spectaculaire en matière de mobilisation publique. Les membres des élites canadiennes-françaises et acadiennes craignent de susciter des réactions négatives de la part de groupes francophobes. La revendication des droits linguistiques se fait de façon timorée : on quémande des droits. Pour sa part, l'État fédéral y va de quelques concessions, sans toutefois élaborer une politique globale d'aménagement linguistique destinée à promouvoir le français comme langue d'usage au pays.

Après le tournant des années 1960, le mouvement s'accélère, et les trois derniers temps défilent rapidement. On assiste à un retour majeur de l'enjeu linguistique dans les débats au sein de l'espace public canadien et québécois. S'étendant de 1963 à 1969, le quatrième temps est un moment fort de la prise de parole citoyenne. Faisant une lecture des relations de domination présentes au Canada et au Québec, des citoyens associent l'usage de la langue anglaise dans l'espace public et dans les milieux de travail à un mal profond, soit celui de la colonisation culturelle des nations canadienne-française et acadienne. Ce mal va en s'accentuant avec l'anglicisation massive des immigrants. Pour guérir le mal mais aussi dans un esprit d'émancipation, les revendications se font nombreuses en faveur d'une revalorisation du statut du français. Cette période voit également les États fédéral et provinciaux déployer des efforts pour canaliser cette parole citoyenne et réduire les risques de désordres sociaux. Il en va du principe de précaution inhérent à l'action politique, d'où la mise en place de commissions d'enquête chargées d'analyser les tenants et les aboutissants de cette nouvelle crise linguistique.

Après la réflexion, les États fédéral et provinciaux passent à l'action législative. Dans ce cinquième temps, de 1969 à 1982, il importe de mettre en place des politiques linguistiques destinées à promouvoir le français comme langue d'usage. Ce faisant, les États réaménagent leur ordre symbolique interne, afin de susciter l'adhésion des citoyens et de colmater les brèches causées par l'effervescence de l'enjeu linguistique. Avec sa Loi sur les langues officielles, en 1969, l'État fédéral adopte le bilinguisme. Quant au Québec, après quelques tergiversations, le choix se porte sur l'unilinguisme avec la Charte de la langue française, en 1977. Les autres provinces optent pour diverses mesures administratives, mais la plupart d'entre elles refusent de se proclamer officiellement bilingues, compte tenu d'une hostilité au fait français plus ou moins répandue, à l'exception notable du Nouveau-Brunswick, où les Acadiens font entendre vivement leur voix.

Le sixième et dernier temps, à partir de 1982, est celui du règne du droit. La constitutionnalisation de la Charte canadienne des droits et libertés représente la pierre d'assise du nouvel ordre symbolique canadien. La Charte énonce désormais les conditions du devoir-vivre collectif. Dès lors, dans les modalités du comment-vivre ensemble ainsi que dans la gestion de la diversité linguistique au Canada et au Québec, les citoyens recourent de plus en plus fréquemment aux tribunaux pour faire valoir leurs droits linguistiques. Si les communautés francophones en milieu minoritaire font des gains, la question de la vitalité du fait français demeure. Au Québec, les efforts de l'État en matière de francisation des communautés immigrantes et de promotion de la langue française débouchent sur un fragile consensus politique autour de l'enjeu linguistique. Toutefois, la question de la qualité de la langue enseignée et parlée reste sensible. Enfin, le problème complexe du développement des peuples autochtones, remis à l'ordre du jour depuis les années 1980, pose la question de la survie et du maintien de leurs langues et de leurs cultures.

CHAPITRE PREMIER

De la religion à la langue, 1539-1848

> *That legislator* [Justinien] *had composed his Institutes, his Code, and his Pandects in a language which he celebrates as the proper and public style of the Roman government, the consecrated idiom of the palace and senate of Constantinople, of the camps and tribunals of the East. But this foreign dialect was unknown to the people and soldiers of the Asiatic provinces, it was imperfectly understood by the greater part of the interpreters of the laws and the ministers of the state.*
>
> EDWARD GIBBON, *The History of the Decline and Fall of the Roman Empire*, 1776

À la fin du Moyen Âge, l'enjeu linguistique n'a pas la même dimension politique que celle qu'il aura à l'époque contemporaine. Bien qu'il se pose déjà comme un élément d'homogénéisation des populations sur un même territoire, il implique l'adhésion au régime juridique des royaumes en place en Europe. Ces royaumes se constituent sur une assise religieuse : le lien avec le roi — l'allégeance — noue l'appartenance à la communauté politique, comprise comme une communauté ayant une foi commune. Plus tard, à l'ère des révolutions, l'ordre ancien est renversé et d'autres relations de domination se mettent en place, de sorte qu'émerge une nouvelle donne de l'enjeu linguistique. Afin d'assurer l'homogénéité de la population sur le territoire de l'État, la langue devient l'objet d'une *nationalisation*. Les colonies de l'Amérique du Nord britannique voient ce processus s'achever au mitan du XIXe siècle.

La langue du roi et de la foi

L'usage d'une langue est fonction, entre autres facteurs, des luttes politiques menées pour assurer une domination sur un territoire donné, d'une part, et pour établir la paix civile autour de normes communes, d'autre part. La propagation du français est ici un exemple évocateur. À la fin du Moyen Âge, le royaume de France s'élargit à la suite de conflits et de la mise en œuvre de diverses stratégies d'alliance. Avec la fin de la guerre de Cent Ans en 1453, les Anglais abandonnent la Guyenne, qui appartenait à la Couronne anglaise depuis trois siècles. Puis, la Picardie et le duché de Bourgogne tombent en 1477 sous la suzeraineté des rois de France. Après la mort du roi René en 1481, Louis XI s'empare de la Provence. Le mariage d'Anne de Bretagne avec le roi Charles VIII, en 1491, fait en sorte que la Bretagne se rapproche du royaume ; les États de Bretagne concluent un traité d'union avec la France, en 1532. Après l'intermède sanglant des guerres de Religion au XVIe siècle, l'expansion se poursuit aux frontières : la Savoie en 1601, une partie de l'Alsace avec les traités de Westphalie en 1648, l'Artois et le Roussillon grâce à la paix avec l'Espagne en 1659, la Franche-Comté et le reste de l'Alsace en 1697, la Lorraine en 1766 et la Corse en 1768. Sans oublier, bien sûr, la Nouvelle-France, que Louis XIV constitue en province du royaume en 1663.

Dans ces multiples fiefs qui relèvent dorénavant de l'apanage royal, les nouveaux sujets doivent prêter allégeance pleine et entière aux rois de France. Pour ce faire, la monarchie française impose sa justice : malgré les résistances, les lois ainsi que le droit pénal et le droit civil relèvent progressivement du souverain. Il faut donc que le roi et ses sujets puissent se comprendre pour que le régime juridique soit efficace. Au début du XVIᵉ siècle, avec l'inclusion de régions dont les langues diffèrent beaucoup de l'idiome répandu dans l'Île-de-France, la normalisation linguistique apparaît nécessaire aux yeux de François Iᵉʳ. Adoptée en août 1539, l'ordonnance de Villers-Cotterêts sur le fait de la justice institue le français, parlé surtout dans le domaine royal, comme langue officielle dans tout le royaume.

Ordonnance sur le fait de la justice
Villers-Cotterêts (août 1539)

« François, etc. : Sçavoir faisons, à tous présens et advenir, que pour aucunement pourvoir au bien de notre justice, abréviation des procès, et soulagement de nos sujets, avons, par édit perpétuel et irrévocable, statué et ordonné, statuons et ordonnons les choses qui s'en suivent : […]
(110) Et afin qu'il n'y ait cause de douter sur l'intelligence desdits arrests, nous voulons et ordonnons qu'ils soient faits et écrits si clairement, qu'il n'y ait ni puisse avoir aucune ambiguïté ou incertitude [ni donner] lieu à demander interprétation.
(111) Et pour ce que telles choses sont souvent advenues sur l'intelligence des mots latins contenus esdits arrests, nous voulons d'oresnavant que tous arrests, ensemble toutes autres procédures, soient de nos cours souveraines et autres subalternes et inférieures, soient de registres, enquestes, contrats, commissions, sentences, testaments, et autres quelconques, actes et exploicts de justice, ou qui en dépendent, soient prononcés, consignés et délivrés aux parties en langage maternel françois et non autrement. »

Source : « Ordonnance sur le fait de la justice. Villers-Cotterêts, août 1539 », dans François-André Isambert et al. (dir.), *Recueil général des anciennes lois françaises depuis l'an 420 jusqu'à la Révolution de 1789, Troisième race, Ordonnances des Valois, Règne de François Iᵉʳ*, Paris, Velin-Leprieur et Verdière, 1827, p. 600-601, 622-623.

Même si la diversité linguistique demeure, le français se propage assez rapidement au XVIᵉ siècle, car il est la langue du pouvoir et de l'administration. Il en va ainsi, au premier chef, de la noblesse, qui parle la langue du roi pour gagner ses faveurs. Grâce au prestige du savoir

— prestige de l'enseignement — et de l'écrit, qui bénéficie de la nouvelle technologie de l'imprimerie, les gens de lettres suivent : avocats, notaires, maîtres, médecins, etc. Dans les villes, surtout dans le nord de la France, les gens de métier et les commerçants le parlent de plus en plus, car, pour transiger et contracter, il faut se comprendre. La situation diffère dans les campagnes et plus particulièrement dans le sud du royaume, où les patois subsistent pour exprimer le quotidien, exception faite des rapports avec le monde divin — qui s'énoncent en latin — et avec la loi temporelle — qui se disent en français. Ainsi, même si catholiques et protestants s'entre-déchirent férocement dans le royaume à la fin du siècle, la langue n'est pas vraiment un enjeu : on se tue en français.

Au moment de la colonisation aux XVIIe et XVIIIe siècles, la Nouvelle-France présente une certaine unité linguistique. Comme le soulignent les travaux des linguistes Philippe Barbaud, Raymond Mougeon et Jean-Claude Corbeil, plusieurs facteurs militent en faveur de cette connaissance étendue du français parmi les colons. Près de 90 % d'entre eux proviennent du nord de la France, où le français est déjà bien répandu. Quelque 70 % des femmes — dont un bon nombre viennent de l'Île-de-France — et 47 % des hommes vivaient en France dans des villes, et la majorité des colons ont reçu une instruction suffisante pour signer les différents actes qui les concernent. Enfin, près d'un tiers des colons occupent un rang social ou exercent une profession exigeant une bonne connaissance de la langue du roi. Ce qui ne signifie pas que tous maîtrisent parfaitement le français, surtout parmi les colons de première génération qui viennent de la Normandie, du Poitou, de l'Aunis, du Perche, de la Saintonge, de la Picardie, de la Bretagne et de la Champagne. Le linguiste Adjutor Rivard relève ainsi le procès-verbal d'un litige entre deux habitants de la seigneurie de Lauzon qui a duré de 1666 à 1669, dans lequel le témoin rapporte une conversation entre le demandeur et le défendeur. Le récit du témoin cesse après un certain moment puisque le défendeur parlait « dans son patois », incompréhensible pour le narrateur. Néanmoins, si beaucoup utilisent un patois à l'arrivée, la concentration des terres, la proximité de l'administration coloniale, les mariages entre colons de provinces différentes et le rôle des mères dans l'éducation des enfants entraînent la disparition progressive des langues régionales au profit du français. Dernier indice de cette unité linguistique qui se raffermit : l'accent. Le linguiste Jean-Denis Gendron signale toute une série de témoignages de contemporains, du père Chrestien LeClercq à Pehr Kalm, du sieur Bacqueville de la Poterie au marquis de Montcalm, relevant le « français pur » et la « prononciation sans accent » des habitants de la province. De part et d'autre de l'Atlantique, les parlants français adoptent des accents différents à partir du milieu du XVIIIe siècle. Le français tel qu'il se prononce dans les collèges parisiens se répand dans l'Hexagone au cours de la Révolution française. Quant à l'accent du Versailles de Louis XIV, il perdure dans le Nouveau Monde. Au cours de son passage au Bas-Canada, au début des années 1830, Alexis de Tocqueville constate l'écart entre les deux prononciations. Même si « le fond de population et l'immense majorité est [*sic*] partout française » et que les villes « ont une ressemblance frappante avec nos villes de province », les avocats de Québec « manquent particulièrement de distinction [et] parlent français avec l'accent normand des classes moyennes[1] ».

Les colons français ayant une maîtrise certaine de la langue française, la diversité linguistique en Nouvelle-France tient beaucoup plus aux multiples tribus amérindiennes qui, des bords de l'Atlantique et du golfe du Mexique jusqu'aux Rocheuses, vivent sur cet immense territoire. Pour communiquer et établir des relations politiques avec eux, il importe de se comprendre. Les autorités coloniales françaises se rendent compte qu'il est presque impossible de pratiquer une politique d'assimilation linguistique rapide : si francisation il y a, elle doit passer par la conversion au catholicisme. Certes, l'Acte pour l'établissement de la Compagnie des Cent-Associés prévoit en 1627 que les Amérindiens, en se convertissant, deviennent des sujets du roi de France et sont par conséquent soumis à ses lois. L'évangélisation constitue alors un moyen pour imposer l'apprentissage du français comme langue, mais surtout comme culture. Les Récollets en 1620, puis les Jésuites en 1634 envoient

L'Abenakis,

Quoy que ie parle des Derniers ie ne suis pas moins auiour
mon pere, vous Sçauez que ie vous ay tousiours esté attaché
ie n'ay plus de haches vous l'auez mise dans vne fosse l'année
Derniere et ie ne la reprendray que quand vous me l'ordonnerez

Les Gens Du Sault

Vous n'ignorez pas vous autres Iroquois que nous ne
Soyons attachéz a nostre pere nous qui demeurons auec luy
et qui Sommes dans Son Sein, vous nous enuoyaste vn collier
il y a trois ans pour nous inuiter a vous procurer la paix
nous vous en enuoyasmes vn en reponse, nous vous donnons
encore celuy cy pour vous dire que nous y auons trauaillé,
nous ne demandons pas mieux qu'elle Soit de Durée faite
aussy devostre Costé ce qu'il faut pour Cela,

Les Gens dela Montagne

Vous auez fait assembler icy nostre pere toutes Les
Nations pour faire vn amas de haches et les mettre
dans laterre, auec la vostre, pourmoy qui n'en auois pas
d'autre, ie me rejouy de ce que vous faites auiourd'huy, et
J'inuite Les Iroquois a nous regarder comme leurs freres

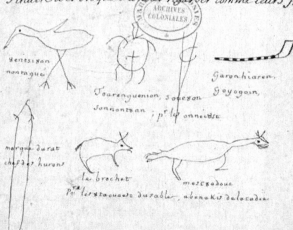

Tentsiŋon
nontague

Toarenguenion, Sonnon
Sonnontoüan ; p.r les onneiout

Garonhiaren.
Goyogoin,

morgua durat
chef des hurons

la brochet
P.r les Outaouatz durable, abenakis delocadie

mes8oüoüe

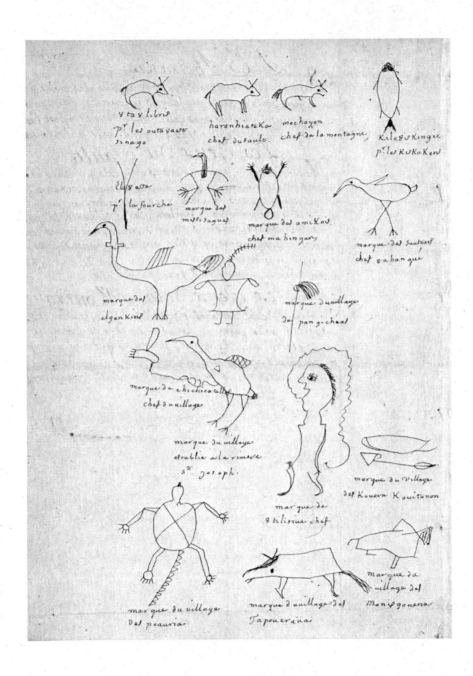

Copie de la ratification de la Grande Paix de Montréal entre les Français et trente-neuf tribus amérindiennes, 1701 (détail). (BAC, MG1-C11A, R11577-4-2-F)

des enfants amérindiens en France, sans succès notable toutefois. Il y a aussi les externats et les pensionnats, où l'on enseigne un mode de vie éloigné des mœurs amérindiennes. Encore là, la réussite n'est pas assurée, même si Marie de l'Incarnation constate en 1668 quelques progrès faits par ses pensionnaires huronnes et algonquines. Aussi, suivant l'exemple des Jésuites, les missionnaires apprennent les langues amérindiennes et traduisent les missels, les catéchismes et les livres de chants en micmac, en abénakis, en attikamek, en algonquin, en innu, en iroquois, etc. Enfin, les colons français empruntent parfois au vocabulaire amérindien pour nommer la nouvelle réalité qui les entoure, de l'achigan à la savoyane, du carcajou au caribou, de la babiche aux ouaouarons.

Il faut dire que la politique française à l'endroit des Amérindiens est ambiguë, comme le constate l'historienne Olive Dickason. Sur le plan international, les Français reconnaissent implicitement, par la stratégie des alliances, la souveraineté autochtone, stratégie opportune car elle leur permet de décliner toute responsabilité à l'endroit de ces alliés parfois encombrants. La situation diffère quelque peu sur le plan interne : en négociant avec les Amérindiens, les Français ne savent pas nécessairement quelle ligne de conduite ils doivent suivre. Ce n'est que lorsque la colonie s'implante plus solidement qu'un consensus se fait sur l'application des lois françaises. Aussi, au cœur des relations linguistiques se trouve le *truchement*, l'interprète soit amérindien, soit français qui traduit dans une langue ou l'autre les messages à communiquer. Les truchements jouent ainsi un rôle capital dans le commerce des fourrures. Selon le linguiste George Lang, leur grande compétence linguistique — ces coureurs des bois sont souvent polyglottes — a empêché le développement d'un pidgin ou d'un créole typique du monde du négoce. Plus tard, les Métis issus des mariages interethniques dans les Prairies adopteront le michif, une langue très singulière qui combine la grammaire et les verbes cris et ojibwés avec la grammaire et les noms français, anglais et gaéliques.

En ce qui a trait aux Amérindiens, l'enjeu linguistique prend aussi une couleur particulière. Leur culture politique valorise fortement l'usage de la parole : les décisions sont prises à la suite de discussions collectives, la mémoire se transmet oralement par les anciens, le chef est celui qui harangue bien les membres de son clan. Les Français doivent tenir compte de l'importance de la parole : un Samuel de Champlain qui traite habilement avec les Hurons-Wendats, un Jean de Brébeuf qui, au moment de son martyre, déclame fortement un prêche en iroquois se méritent un respect certain parmi les Amérindiens. Dès lors, la parole donnée est cruciale dans ces deux cultures politiques qui, chacune à sa façon, accordent une place enviable à l'honneur. Conclue en 1701 entre le gouverneur Louis-Hector de Callière et les chefs de trente-neuf tribus amérindiennes, la Grande Paix de Montréal témoigne de ce fait. Aux yeux des Français, qui participent d'une culture de l'écriture, le document les engage officiellement, puisqu'il est écrit dans leur langue et marqué de la signature du gouverneur et des idéogrammes des chefs. Pour les Amérindiens, ce sont plutôt les gestes symboliques accomplis dans les cérémonies — planter l'arbre de paix, fumer le calumet, enterrer la hache de guerre — et surtout les discours qui importent. À ce titre, Kondiaronk, chef des Tionontatés et artisan principal du traité de paix, captive les esprits avec un éloquent discours de deux heures, avant de mourir quelques jours plus tard, emporté par une fièvre.

Afin de mieux saisir ce qui se déroule au moment de la guerre de la Conquête, de la déportation des Acadiens en 1755 à la Proclamation royale en 1763, il importe de comprendre l'enjeu linguistique tel qu'il se pose en Grande-Bretagne même. De la fin du Moyen Âge jusqu'à la Révolution française et au début du XIXe siècle, les îles Britanniques connaissent un difficile processus d'unification politique, caractérisé par de violents conflits interconfessionnels et le spectre constant d'une invasion étrangère. Ce ne sont pas tant les clivages linguistiques ou régionaux que le sentiment particulièrement vif des divisions religieuses entre protestants et catholiques qui marquent les identités politiques. La violence interconfessionnelle et la crainte d'une invasion importent, car elles vont peser lourdement sur les conceptions politiques de ceux et celles qui deviennent des Britanniques au cours du XVIIIe siècle.

En effet, l'unification de la Grande-Bretagne débute au même moment que l'expansion du protestantisme. La Loi d'union entre l'Angleterre et le pays de Galles ne suit que de deux années l'excommunication du roi Henri VIII et la Loi de suprématie de 1534 établissant le protestantisme de l'Église d'Angleterre comme religion d'État. Dans un contexte où les menaces d'invasion sont récurrentes et où la légitimité de l'autorité est contestée, professer le catholicisme signifie désormais prêter allégeance à un souverain étranger et hostile : le pape. Alors que l'exaltation contre les papistes se fait très vive — il faut dire que le royaume d'Espagne envoie en 1588 sa Grande Armada pour conquérir l'Angleterre —, la langue importe moins que la foi, et la répression contre les catholiques est ferme, surtout au cours du règne d'Élisabeth Ire. S'il y a un relatif apaisement sous le règne de son successeur, Jacques Ier Stuart, qui possède dès 1603 la double couronne d'Angleterre et d'Écosse, la violence interconfessionnelle reprend de plus belle au milieu du XVIIe siècle. De 1641 à 1659, la guerre civile entre les royalistes de Charles Ier — marié à une princesse française catholique et suspecté de sympathies à l'endroit de Rome — et les parlementaires d'Oliver Cromwell fait des ravages, l'Irlande catholique subissant une campagne systématique de massacres et d'expropriations. Après que la menace catholique a été définitivement écartée avec la Glorieuse Révolution de 1688 et l'accession au trône du protestant Guillaume, prince d'Orange aux Pays-Bas, le royaume de Grande-Bretagne prend forme avec la Loi d'union de 1707 entre l'Angleterre et l'Écosse. L'union se raffermit sous les souverains de la dynastie allemande des Hanovre, notamment au cours du long règne de George III (1760-1820), le premier roi de cette dynastie à parler l'anglais.

La gestion politique de l'enjeu linguistique se plaque en filigrane sur le processus d'unification politique et religieuse. Depuis 1487, l'anglais est la *lingua franca* du royaume, notamment après la diffusion de la traduction anglaise de la Bible, dite *King James's Bible,* dès le début du XVIIe siècle. Elle est aussi la langue des lois et de l'administration depuis 1731, année où le Parlement adopte la loi dite *Use of English*

Language in the Law Courts made Obligatory (S.U.K., 4 Geo. II, c. 26), qui impose l'anglais au détriment du français et du latin dans les cours de justice en Angleterre, au pays de Galles et en Écosse. Toutefois, une tolérance relative à l'endroit des autres langues demeure. La noblesse devise aussi en allemand, mais surtout en français : l'émigration massive des huguenots au XVIIe siècle et le prestige du français comme idiome de la diplomatie au cours du siècle suivant militent en faveur de la popularité de la langue de Molière. En dépit de l'absence d'institutions distinctes et d'une proximité plus ancienne avec l'Angleterre, les trois quarts des habitants du pays de Galles parlent toujours le gallois jusque dans les années 1880, grâce à sa transmission par les réseaux familiaux. Étant donné la persistance en Écosse d'institutions politiques et juridiques ainsi que d'un système scolaire particuliers, les Écossais d'obédience presbytérienne conversent pour leur part en gaélique écossais ou entonnent les chants en « scots » du grand poète Robert Burns. Les Écossais entretiennent aussi une relation d'amour-haine avec leurs voisins du sud, ce qui permet à la langue anglaise de se propager parmi les élites d'Édimbourg et de Glasgow qui font des affaires au-delà du mur d'Hadrien. Il en va de même dans la colonie de New York, acquise en 1664. En dépit du fait que l'anglais y est la *lingua franca* des affaires et de la politique, les descendants hollandais et huguenots s'expriment toujours en néerlandais et en français au début du XVIIIe siècle, puisque les femmes assurent la transmission de la langue maternelle et que leurs églises protestantes maintiennent un lien étroit entre foi et langue, comme le constate l'historienne Joyce D. Goodfriend. Une autre colonie, le Delaware — la Nya Sverige, ou Nouvelle-Suède, jusqu'en 1655 —, partage des traits communs avec sa voisine du nord. Au début du XVIIIe siècle, les luthériens parlent toujours le suédois de leurs pères. Mieux encore, dans leurs transactions avec les Amérindiens depuis 1638, les négociants suédois ont développé un pidgin, le *Delaware jargon,* que William Penn confond avec la langue originelle des premiers habitants de cette région.

La situation est très différente en Irlande. Là, le gaélique ne profite

pas de la même latitude, car ses locuteurs sont des catholiques, des ennemis de la foi réformée, qui le parlent. Dès l'époque des Tudor, les autorités royales mènent une vigoureuse politique d'anglicisation, notamment par l'établissement d'un régime juridique de langue anglaise, la
colonisation de terres par des sujets anglais et les conversions au protestantisme. Lorsque, de 1649 à 1659, les troupes d'Oliver Cromwell veulent annihiler radicalement les catholiques par les carnages et les dépor-
tations, le gaélique entre dans la clandestinité. Enfin, après la défaite
irlandaise à la bataille de la Boyne et la conclusion du traité de Limerick
en 1691, la guerre contre les partisans du roi catholique Jacques II prend
fin avec leur exil en France. Toute une série de lois, dites *penal laws,*
excluent alors les catholiques de la vie civile, leur interdisant de contracter et d'hériter, de se marier avec des protestants, de voter et de se faire
élire au Parlement, ainsi que d'enseigner et de diriger des écoles. Ce
régime discriminatoire perdure tout au long du XVIIIe siècle et jusqu'à
l'émancipation des catholiques par Westminster en 1829. Il accentue
l'anglicisation des Irlandais, surtout les notables et les habitants des
villes comme Dublin.

L'expérience irlandaise permet de mieux comprendre la politique
britannique appliquée dans l'Acadie de 1755. Dès le premier hiverne-
ment sur l'île Sainte-Croix en 1604, des Français résident sporadique-
ment sur les rives de la baie de Fundy. À partir de 1632, sous la gouverne
d'Isaac de Razilly, un peuplement de plusieurs familles provenant du
sud de la Loire, surtout du Poitou, s'établit sur une base plus permanente dans les alentours de Port-Royal. Exposée aux attaques maritimes
anglaises, la colonie acadienne virevolte au gré des razzias, pour être
finalement cédée à Londres par le traité d'Utrecht en 1713. Devenus
sujets britanniques, les Acadiens conservent néanmoins leurs missions
catholiques et, grâce à l'éducation familiale, parlent toujours le français.
Qui plus est, durant les quarante années suivantes, la proximité de la
colonie française de l'Île Royale et du fort de Louisbourg, les relations
étroites avec les Micmacs et les Malécites, la création d'Halifax avec des
colons de la Nouvelle-Angleterre et l'implantation allemande de

Lunenburg font de la colonie de la Nouvelle-Écosse un lieu particulièrement contrasté d'échanges culturels et économiques. L'anglais est
toutefois la langue officielle depuis 1749, avec l'adoption de la Constitution coloniale de la Nouvelle-Écosse et les directives adressées au gouverneur Edward Cornwallis, qui imposent la loi britannique de 1731
sur l'*Use of English Language in the Law Courts made Obligatory*. La
guerre de Sept Ans brise ce fragile équilibre. Au début du conflit, en
juillet 1755, le gouverneur militaire Charles Lawrence convoque les
notables acadiens à Halifax pour exiger de leur part une allégeance complète à la Couronne et pour les obliger à prêter serment au roi protestant. Arguant de leur neutralité, les notables catholiques refusent. La
réponse ne se fait pas attendre : puisque la Grande-Bretagne est en

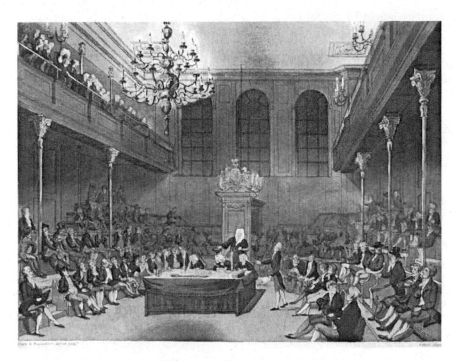

*La Chambre des communes, Palais de Westminster, au début du XIXe siècle. Gravure
de J. Bluck d'après un dessin de Pugin & Rowlandson, éditée à Londres par R. Ackermann, 1808. (Collection de l'Hon. Serge Joyal)*

guerre, les Acadiens sont considérés comme des ennemis. Dès lors, les troupes britanniques appliquent des méthodes bien connues en Irlande, déportant les deux tiers des Acadiens de Port-Royal, de Grand-Pré et des environs, séparant les familles et confisquant leurs terres. Si certains Acadiens, comme Beausoleil Broussard, réussissent à se réfugier dans les bois pour mieux combattre, les autres sont dispersés dans les treize colonies américaines, en Louisiane, à Saint-Domingue, en Guyane, au Canada, aux îles Malouines et en France. Se déplaçant en dehors de la zone de sujétion du roi de Grande-Bretagne, les Acadiens subissent sa vindicte jusqu'à la fin de la guerre. Les articles de la capitulation de Montréal en 1760, rédigés en français comme ceux de la capitulation de Québec, témoignent de cette rancœur : si les Canadiens deviennent immédiatement des sujets de Sa Majesté britannique, étant donné les lois internationales de la guerre, ce n'est pas le cas des Acadiens réfugiés au Canada, qui demeurent des sujets rebelles à leur roi. Ils pourront quitter la clandestinité ou revenir dans la région atlantique seulement après la conclusion du traité de paix de 1763.

L'émergence d'un nouvel enjeu linguistique

L'épisode tragique de la déportation des Acadiens marque les débuts de la guerre de Sept Ans en terre d'Amérique, guerre qui entraînera la conquête de la Nouvelle-France en 1760 et sa cession à la Couronne de Grande-Bretagne par le traité de Paris en 1763.

La Conquête se produit à un moment-clé de l'histoire politique occidentale. Au XVIIIᵉ siècle, la culture politique occidentale se transforme profondément avec le développement de la Modernité et l'ère des révolutions : révolution industrielle, révolution américaine, Révolution française, guerres d'indépendance en Amérique, etc. Le Canada, qui est redessiné dans les nouvelles frontières de la *Province of Quebec* en 1763 puis dans celles du Bas-Canada à partir de 1791, n'échappe pas à cet intense mouvement de transformation. Ce contexte influence fortement les relations interlinguistiques. À la fin de cette période, en 1848, de nouvelles conceptions du bien commun et des communautés politiques, mais aussi de l'usage des langues, vont prédominer.

Un des éléments de cette transformation de la culture politique repose sur la question des droits. Dans une culture politique médiévale, nous l'avons vu, le roi détient l'essentiel de la souveraineté terrestre sur ses sujets, auxquels il accorde des privilèges selon son bon plaisir et selon l'ordre auquel ils appartiennent. La communauté politique se divise ainsi selon les normes d'une société d'ordres : ceux qui combattent, soit les nobles, ceux qui prient, soit les religieux et le clergé, et ceux qui travaillent, soit tous ceux et celles qui composent l'immense majorité des sujets. Après les guerres de Religion aux XVIe et XVIIe siècles, qui ont ébranlé rudement les assises des royaumes européens, fait son chemin l'idée d'une souveraineté dont la communauté politique serait la dépositaire. Selon cette conception, l'individu ne bénéficierait plus de privilèges découlant de l'arbitraire du roi : il aurait plutôt des droits et des libertés lui appartenant de nature et de fait, peu importe son statut de noble, de religieux ou de censitaire. Ces droits doivent être le fruit d'un consensus social, et leur définition est âprement discutée, car il en va du maintien de la paix civile et de l'ordre public. Ainsi, le XVIIIe siècle voit de multiples manifestations de la lutte pour les droits et les libertés civils, soit ceux qui assurent l'appartenance à la communauté politique. Par exemple, les libertés d'expression et de religion et le droit à la propriété privée deviennent des enjeux importants et sont souvent acquis de haute lutte, comme ce fut le cas, on l'a vu, en Irlande.

Reflétant les transformations de la culture politique occidentale, le nouveau régime mis en place par les Britanniques voit aussi ces luttes se jouer pour l'exercice des droits : des droits religieux d'abord, des droits linguistiques ensuite. Si le traité de Paris, conformément aux pratiques de la diplomatie du XVIIIe siècle, est rédigé en français, son article II implique déjà l'usage de l'anglais dans la nouvelle colonie de l'Empire britannique. En établissant la *Province of Quebec*, la Proclamation royale d'octobre 1763 prend bien soin de souligner que le gouvernement a la compétence d'adopter des lois et des statuts « *as near as may be agreeable to the Laws of England, and under such Regulations and Restrictions as are used in other Colonies* ». L'anglais et surtout la foi protestante acquièrent ainsi leur caractère officiel, ce qui écarte les Canadiens catholiques des postes de décision. Des conflits éclatent rapidement entre les tenants d'une interprétation restrictive des lois britanniques et ceux qui en prônent une lecture plus libérale. Parmi les premiers, on trouve un juriste d'ascendance huguenote, Francis Maseres, qui, rappelant le souvenir de Jacques II en Irlande, juge en 1766 que les Canadiens sont « *bigoted, as they are, to the Popist religion, unacquainted with, and hitherto prejudiced against, the laws and customs of England* », tout en étant « *almost universally ignorant of the English language, so as to be absolutely incapable to debating in it*[2] ». Dans le second groupe, il y a ces quatre-vingt-quatorze signataires d'une pétition envoyée au gouverneur James Murray en 1763, qui se demandent « [ce] que deviendroit le Bien Général de la Colonie, si ceux qui en composent le Corps principal en deviendroient des membres inutiles par la différence de la Religion[3] ». Adopté à l'aube de la révolution américaine, l'Acte de Québec de 1774 temporise en rétablissant le droit civil français et en libéralisant la pratique de la religion catholique, notamment avec le remplacement du serment du Test, qui imposait la renonciation de l'allégeance à tout souverain étranger, le pape en l'occurrence. Même si la mesure choque vivement les insurgés américains — dans la déclaration du Congrès continental de Philadelphie, ils en font l'un des vingt-sept griefs justifiant l'indépendance des treize colonies —, l'Acte de Québec assure la solide fidélité des nobles canadiens et des membres du clergé catholique pendant la guerre des années suivantes.

Conclu en 1783, le traité de Versailles signale la fin des hostilités et l'indépendance des treize colonies, qui se constituent en république fédérale en 1789. Nombre d'habitants de ces nouveaux États-Unis récusent le verdict des armes et de la diplomatie. Toujours loyaux à la Couronne, ils se réfugient dans les colonies britanniques du Nord : en Nouvelle-Écosse et dans le tout récent Nouveau-Brunswick, créé

en 1784, dans les territoires du sud de la *Province of Quebec,* mais surtout à l'ouest de la rivière des Outaouais, dans le futur Ontario. Au
Québec, les loyalistes ne tiennent pas à être soumis au droit coutumier
français. Aussi, les pressions sont grandes pour une modification du
régime politique. Suivant les recommandations du gouverneur Guy
Carleton — alors Lord Dorchester — et d'autres tels que le directeur
des Postes, Hugh Finlay, Westminster adopte la Loi constitutionnelle
de 1791 (S.U.K., 31 Geo. III, c. 31), créant deux nouvelles provinces de
part et d'autre de l'Outaouais : le Haut-Canada et le Bas-Canada. « *This
division* », juge le premier ministre britannique, William Pitt le jeune,
lors de la présentation de la loi, « *was hoped would put an end to the
competition between the old French Inhabitants and the new settlers from
Britain or British colonies*[4] ».

Le contexte international joue fortement dans l'adoption de la loi
constitutionnelle. Il y a l'hostilité latente de la république américaine
voisine qui nourrit les craintes des autorités coloniales britanniques et
favorise le développement d'une véritable mentalité de garnison, pour
reprendre les propos de l'historien F. Murray Greenwood. Cependant,
c'est surtout le contexte européen qui alarme Londres et sa colonie.
Renversant la société d'ordres, la Révolution française vient d'éclater, et
le modèle qu'elle propose, celui des droits du citoyen, suscite une sympathie certaine à travers l'Occident. En Grande-Bretagne, des voix s'élèvent contre le modèle français ; la plus éloquente est celle de l'auteur des
Reflections on the Revolution in France, Edmund Burke. À ces droits du
citoyen, qu'il juge abstraits et dangereux, le député de Dublin oppose le
droit de naissance : dûment limitée pour être exercée, la liberté constitue selon lui un héritage inaliénable provenant des ancêtres, destiné à
être transmis aux descendants. Sa conception de l'héritage issu du droit
de naissance ennoblit les Anglais en regard des autres nations. Elle
devient le fondement idéologique du nationalisme britannique qui
germe dès la révolution industrielle et qui s'épanouit dans cet empire
sur lequel le soleil ne se couche jamais.

Whig de tendance conservatrice, Edmund Burke rompt en

mai 1791 avec son chef Charles Fox, au moment des débats parlementaires sur le projet de loi créant le Haut-Canada et le Bas-Canada. Le
geste et surtout les motifs invoqués ont un retentissement considérable
partout dans le royaume de Grande-Bretagne. Condamnant vivement
« *the horrible consequences flowing from the French idea of the rights of
man*[5] », Burke considère que les Britanniques protestants et les Canadiens catholiques ne peuvent être réunis sous le même gouvernement :
« *an attempt to join people dissimilar in law, language, and manners* » lui
apparaît ainsi « *highly absurd*[6] ». Néanmoins, comme il le soulignera
plus tard à un jeune collègue irlandais, la religion ne constitue plus un
critère d'exclusion puisque, sous le gouvernement quasi monarchique
de la *Province of Quebec*, « *popish Canada was the only place which pre-
served its fidelity ; the only place in which France got no footing ; the only
peopled colony which now remains to Great Britain*[7] ». Dès lors, la Couronne de Grande-Bretagne peut accorder une relative confiance aux
nobles et au clergé catholiques. Fidèle à sa doctrine de l'héritage et du
droit de naissance, le député de Dublin énonce, au cours des débats
parlementaires, le principe ethnique qui constituera par la suite la trame
des relations politiques au Haut-Canada et au Bas-Canada : « *Let the
Canadians have a constitution formed upon the principles of Canadians,
and Englishmen upon the principles of Englishmen*[8]. »

Adoptée avec la bénédiction d'Edmund Burke, la Loi constitutionnelle de 1791 (S.U.K., Geo. III, c. 31) s'inscrit dans une série de réformes
impériales qui touchent l'Inde en 1784 et l'Irlande en 1800, comme le
note l'historienne Linda Colley. Cette loi vise à la fois à renforcer l'emprise de Londres sur ses colonies et à apaiser les causes éventuelles de
mécontentement parmi les sujets qui seraient tentés par l'exemple révolutionnaire — ils sont nombreux au Bas-Canada, où la très grande
majorité des habitants sont de confession catholique et de langue française. Reflet de ce double mouvement d'emprise et d'apaisement, la Loi
constitutionnelle de 1791 reconduit l'Acte de Québec en ce qui concerne
les privilèges seigneuriaux au Bas-Canada et ceux de l'Église catholique,
tout en instaurant une assemblée élective où les élus du peuple peuvent

Edmund Burke (ca 1730-1797). Gravure d'Alonzo Chappel, d'après le portrait de Sir Joshua Reynolds, éditée à New York par Johnson et Wilson. (Collection de l'Hon. Serge Joyal)

siéger. Plus encore, elle introduit une timide reconnaissance officielle du français en prévoyant un serment formulé dans les deux langues pour l'électeur (art. 24) ainsi que pour les membres de l'Assemblée et du Conseil législatifs (art. 29). À l'instar des autres colonies dont le peuplement provient des îles Britanniques, le Haut-Canada adopte l'anglais comme langue des institutions politiques. Ce n'est qu'au Bas-Canada que cette reconnaissance politique du français devient effective.

Et encore, nombre de loyaux sujets britanniques remettent en question cette reconnaissance : l'allégeance à la Couronne ne saurait souffrir d'aucune exception. Le débat sur la Règle touchant la langue statuante de la Chambre d'assemblée en donne un bon exemple, en janvier 1793. Ce débat témoigne de la prégnance des normes de la société d'ordres au Bas-Canada. Il fait aussi référence à la gestion des langues en Grande-Bretagne. Il oppose deux groupes : les députés d'origine britannique, qui ne voient pas pourquoi une dérogation linguistique serait en vigueur dans les instances parlementaires bas-canadiennes ; et les députés canadiens — surtout des aristocrates —, qui plaident pour le maintien de leurs prérogatives en matière de langue, étant donné leur loyauté à l'endroit du souverain. Ainsi, une *Gazette de Québec* fort partisane rapporte que « ceux qui ont argué en faveur de la langue Anglaise ont défié de bonne foi les autres de faire voir qu'une prétension telle que statuer les loix dans une langue étrangère ait jamais été accordée par la Nation Britannique à aucune autre colonie et province de l'empire, ou que d'autres nations aient procédé sur une maxime telle que celle que l'on réclame. Ils ont affirmé que depuis la conquête nos loix ont été uniformément faites en Anglais avec une traduction Française, et que nulle pétition de cette Province au Trône ou au Parlement ne s'en était jamais plainte comme d'un grief[9] ». Sous l'influence évidente de la lecture d'Edmund Burke, le député de Montréal-Quartier-Ouest, John Richardson, précise même qu'« être gouverné par des lois faites dans la langue anglaise est un droit de naissance de tout sujet britannique, et aucun pouvoir sur la terre, excepté le Parlement de la Grande-Bretagne, ne peut le destituer de ce privilège inhérent[10] ».

Le Débat sur les langues, toile de Charles Huot (ca 1910) commémorant la séance de l'Assemblée législative du Bas-Canada du 21 janvier 1793. Photo de Francesco Bellomo, Éditions Stromboli. (Assemblée nationale du Québec)

La réplique de l'autre camp ne se fait pas attendre. Le député d'York, le noble Michel-Eustache-Gaspard-Alain Chartier de Lotbinière, rétorque en rappelant le privilège accordé par le souverain : « Le plus grand nombre de nos Électeurs étant placés dans une situation particulière, nous sommes obligés de nous écarter des règles ordinaires et sommes contraints de réclamer l'usage d'une langue qui n'est pas celle de l'empire ; mais, aussi équitables envers les autres que nous espérons qu'on le fera pour nous-mêmes, nous ne voudrions pas que notre langage vint à bannir ceux des autres Sujets de Sa Majesté ; mais demandons que l'un et l'autre soient permis. » Protestant de sa loyauté, il ajoute que « nous sommes persuadés que les nouveaux Sujets [les Canadiens] lui sont aussi chers [au roi George III] que les autres ». « Quand une partie de nos constituants [les sujets canadiens] seront en état d'entendre la langue de l'Empire », ajoute-t-il, « alors le moment sera arrivé de passer *toutes* nos loix dans le texte Anglois, le faire avant seroit une cruauté, que le meilleur des rois, ni son parlement ne voudroit jamais permettre. » Un autre noble, le député de Dorchester, Gabriel-Elzéar Taschereau, renchérit en soulignant que la Loi constitutionnelle de 1791, « qui nous constitue libres […] commande aux deux premières puissances de la Législation [les Conseils exécutif et législatif] de concourir avec nous » dans l'usage des deux langues, « de manière à répondre aux intentions bienfaisantes de sa Majesté et de son Parlement[11] ». Après débats, un compromis est trouvé pour assurer les privilèges de tout un chacun : la Chambre d'assemblée du Bas-Canada accepte l'emploi du français et de l'anglais, mais seule la version anglaise des lois a un statut officiel. Toutefois, comme le relèvent le juriste Henri Brun et l'historien John Hare, si le français n'est pas encore admis à exprimer la législation courante, cela ne signifie pas qu'il est dépourvu d'un statut juridique. Le bilinguisme des lois du Bas-Canada traduit dès lors cette ambiguïté originelle.

La nationalisation de la langue

Au fur et à mesure que le XIXe siècle progresse, les transformations de la culture politique se poursuivent : les valeurs de la société d'ordres et de l'allégeance au souverain selon sa confession religieuse déclinent progressivement ; les idéaux de la nation et de la démocratie fleurissent ; le parlementarisme se déploie ; l'État moderne s'implante solidement, un État — même s'il demeure colonial — qui établit sa discipline grâce à la rationalité juridique et bureaucratique, à un ordre fondé sur les droits et libertés individuels et à la pensée scientifique. Dans un mouvement libéral de reconnaissance des droits, la lutte glisse dorénavant vers le terrain des droits et libertés politiques, qui régissent la participation aux activités de la communauté politique. Les droits de voter et de briguer des postes publics sont au cœur de ces débats, comme en témoignent les vives querelles sous le gouvernement de James Henry Craig au Bas-Canada, de 1807 à 1811, à propos de l'éligibilité des juges et de celle d'un député de religion juive, Ezekiel Hart.

Dans ce contexte, la question du rapport entre langue et politique en Amérique du Nord britannique gagne une dimension nouvelle. La pensée d'Edmund Burke suscite une profonde adhésion parmi les Britanniques établis dans les différentes provinces, tant les loyalistes qui ont quitté les treize colonies que les immigrants qui viennent s'installer après les guerres napoléoniennes. Elle soude ceux et celles qui se sont inquiétés de la menace française en Europe et de la guerre contre les États-Unis menée de 1812 à 1815. Elle prend prétexte des victoires de l'empire et de son expansion à travers le monde pour souligner le caractère exceptionnel de la nationalité britannique entendue selon une conception ethnique, voire de la *race* anglo-saxonne, une catégorie pseudo-scientifique à teneur biologique qui acquiert une grande popularité à partir des années 1830. Le droit de naissance constitue désormais, pour nombre de sujets loyaux, la raison par excellence pour justifier les relations de domination existantes, y compris dans ses formes les plus violentes. La prose enflammée du rédacteur en chef de la *Montreal*

Gazette, James Moir Ferres, qui pousse en 1849 les émeutiers orangistes à incendier l'immeuble du Parlement du Canada-Uni à Montréal, en témoigne[12]. Dès la première moitié du XIXᵉ siècle, la langue anglaise gagne donc une valeur ajoutée sur le plan ethnique, elle devient celle qui transmet tout *naturellement* l'héritage inaliénable des sujets de la Couronne. Dorénavant, le développement du sentiment national parmi les différentes ethnies de l'Empire britannique exige la *nationalisation* de la langue anglaise : par elle passent les relations de domination, les droits et libertés selon leur acception burkéenne ainsi que l'appartenance au régime politique.

La conception ethnique de la communauté politique ne s'est pas imposée sans heurts. Une autre vision lui fait concurrence, celle de l'idéal républicain. L'historien Louis-Georges Harvey souligne que cet idéal — qui se retrouve notamment dans le discours des patriotes du Bas-Canada — propose une représentation de la collectivité nationale dans sa dimension territoriale, dans une incarnation civique plutôt qu'ethnique, et qu'il s'inspire fortement du modèle américain, notamment celui de la démocratie de Thomas Jefferson et d'Andrew Jackson. En effet, pour les patriotes de Louis-Joseph Papineau, mais aussi, dans une certaine mesure, pour les réformistes de William Lyon Mackenzie au Haut-Canada, le projet républicain porte en son sein l'aboutissement du parcours de l'histoire coloniale, soit l'indépendance par rapport à la métropole, comme pour les autres républiques du Nouveau Monde. Pour les patriotes, ce ne sont pas tant les éléments de l'appartenance ethnique, entre autres la langue, qui sont sources de conflit que le régime ancien des privilèges, privilèges qui engendrent la corruption des institutions coloniales.

La querelle à propos du projet d'union des deux Canadas met bien en relief ces tensions entre la conception ethnique et la conception républicaine autour de l'enjeu linguistique. Mis de l'avant par James Stuart et d'autres marchands anglo-montréalais, le projet vise à favoriser le développement commercial des deux colonies en les unissant sous un même gouvernement et sous un seul régime juridique, celui de la *com-*

mon law. Ne faisant pas mystère de son objectif assimilationniste — pour ces gens d'affaires, l'homogénéisation de la population sur des assises ethniques lèverait les entraves au progrès économique —, le projet de loi est déposé en juin 1822 à Westminster par Edward Ellice. Son article 24 prévoit notamment que les documents officiels de la Chambre d'assemblée et du Conseil législatif soient en anglais seulement et que les débats parlementaires se déroulent uniquement dans cette langue durant les quinze années suivantes.

Dès que les habitants du Haut-Canada et du Bas-Canada ont vent du projet d'union, une véritable tempête éclate, traduisant les clivages au sein de la communauté politique. Un total de 68 739 électeurs dans les deux provinces — 60 642 à l'est de l'Outaouais, 8 097 à l'ouest — signent des pétitions contre le projet de loi. Cependant, les motifs divergent. Au Bas-Canada, ils traduisent les sympathies à saveur républicaine, en insistant sur le bien commun et sur la protection des droits. Ainsi, les pétitionnaires — ayant à leur tête Louis-Joseph Papineau et John Neilson — soulignent que l'union aviverait les disputes sur la langue, les lois, la religion et les intérêts locaux, ce qui serait préjudiciable aux objectifs d'une législation éclairée et bénéfique pour tous. Pis encore, la prohibition du français à la Chambre d'assemblée disqualifierait la grande partie des électeurs qui ne parlent que cette langue et priverait de leurs droits ces sujets de Sa Majesté. Au Haut-Canada, ce sont des motifs à teneur ethnique qui prévalent. Les pétitionnaires des comtés de Stormont et de Wentworth relèvent un autre élément contre l'union : ils n'ont ni la même origine, ni la même religion, ni les mêmes coutumes, ni les mêmes institutions, ni la même langue que les habitants de la colonie voisine. Ils ne croient pas en l'union de deux corps si hétérogènes et si discordants et ne se sentent pas engagés envers la province voisine. Devant un mouvement d'opposition si imposant, Westminster bat retraite en 1823.

Toutefois, les séquelles du projet d'union sont profondes. Certains patriotes, comme Louis-Victor Sicotte en 1832, concluent implicitement à la justesse de la conception d'Edmund Burke, considérant le

Bas-Canada comme « un mauvais amalgame d'intérêts, de mœurs, de langue, de religion qui tôt ou tard produira une collision[13] ». Toutefois, avant les insurrections de 1837-1838, la plupart des patriotes se rallient encore à l'idéal républicain de Louis-Joseph Papineau. Les 92 Résolutions de 1834 expriment bien la conception patriote de la question linguistique : la langue n'est ni un attribut transcendant d'un groupe ethnique ni un motif d'exclusion ou de subordination ; son usage public assure aux citoyens la plénitude de leurs droits et libertés, en particulier dans le règlement des litiges ; dans l'exercice des fonctions de l'État, méconnaître ou ignorer la langue de la majorité non seulement prive les individus de leurs droits et libertés, mais est fortement préjudiciable au bien commun, car cela viole des lois et favorise indûment des intérêts particuliers.

Les 92 résolutions (1834)

52. Résolu, Que c'est l'opinion de ce comité, que puisqu'un fait, qui n'a pas dépendu du choix de la majorité du peuple de cette province, son origine française et son usage de la langue française, est devenu pour les autorités coloniales un prétexte d'injure, d'exclusion, d'infériorité politique et de séparations de droits et d'intérêts, cette chambre en appelle à la justice du gouvernement de Sa Majesté et de son parlement, et à l'honneur du peuple anglais ; que la majorité des habitants du pays n'est nullement disposée à répudier aucun des avantages qu'elle tire de son origine et de sa descendance de la nation française, qui sous le rapport des progrès qu'elle a fait faire à la civilisation, aux sciences, aux lettres et aux arts, n'a jamais été en arrière de la nation britannique, et qui, aujourd'hui, dans la cause de la liberté et la science du gouvernement, est sa digne émule ; de qui ce pays tient la plus grande partie de ses lois civiles et ecclésiastiques, la plupart de ses établissements d'enseignement et de charité, et la religion, la langue, les habitudes, les mœurs et les usages de la grande majorité de ses habitants. [...]

76. Résolu, — Que c'est l'opinion de ce comité, que cet usage partial et abusif de n'appeler en grande majorité aux fonctions publiques de la province, que ceux qui tiennent le moins à ses intérêts permanents et à la masse de ses habitants, a été particulièrement appliqué au département judiciaire, les juges ayant été systématiquement choisis pour les

trois grands districts, à l'exception d'un seul dans chacun, d'entre la classe qui, née hors du pays, est la moins versée dans ses lois et dans la langue et les usages de la majorité de ses habitants ; [...] la majorité des dits juges ont introduit une grande irrégularité dans le système général de notre jurisprudence, en négligeant de co-ordonner leurs décisions à ses bases reconnues ; et que les prétentions des dits juges à régler les formes de la procédure d'une manière contraire aux lois du pays, sans l'intervention de la législature, ont souvent été étendues aux règles fondamentales du droit et de la pratique ; qu'en outre par suite du même système, l'administration de la justice criminelle a été partiale, peu sûre, et peu protectrice, et a manqué d'inspirer la confiance qui en doit être la compagne inséparable.

77. Résolu, — Que c'est l'opinion de ce comité, que par suite de leurs liaisons avec les membres des administrations provinciales et leurs antipathies contre le pays, quelques-uns des dits juges ont, en violation des lois, tenté d'abolir, dans les cours de justice, l'usage de la langue parlée par la majorité des habitants du pays, nécessaire à la libre action des lois et formant partie des usages à eux assurés, de la manière la plus solennelle, par des actes du droit public et statuts du parlement britannique.

Source : cité dans Théophile-Pierre Bédard, *Histoire de cinquante ans (1791-1841). Annales parlementaires et politiques du Bas-Canada depuis la Constitution jusqu'à l'Union,* Québec, Léger-Brousseau, 1869, p. 349-377.

Quelques jours avant les batailles de 1837, le discours républicain est toujours le même sur la question linguistique. Rédigée par Wolfred Nelson, Amaury Girod et d'autres, l'adresse de la Confédération des Six-Comtés rappelle que « Dieu ne créa aucunes distinctions artificielles entre l'homme [*sic*] » et que le peuple demeure la « seule source légitime de tout pouvoir » ; elle en appelle aux citoyens « de quelque origine, langue ou religion » à s'organiser en vue de la défense de leurs principes[14]. Écrite par Robert Nelson en février 1838, la Déclaration d'indépendance du Bas-Canada constitue un baroud d'honneur pour l'idéal républicain qui, d'une constante fidélité à ses valeurs civiques, reconnaît l'usage des deux langues dans toute matière publique.

Le rapport entre langue et politique ne se cantonne pas à la seule question de la reconnaissance du français ou de l'anglais dans la communauté politique. Avec la révolution industrielle qui s'amorce, avec aussi l'entrée dans l'ère des nations et à l'orée du printemps des peuples, ce rapport se pose également avec la question de la transmission de la langue aux jeunes générations. Il s'avère crucial que la communauté politique — que ce soit sous les formes pleines ou partielles d'une nation, d'un groupe ethnique ou d'une république — puisse se renouveler, s'inscrire dans une continuité historique, se développer sur le plan social et s'enrichir économiquement. Dès le début du XIXe siècle, l'établissement d'un système scolaire moderne et efficace, capable d'assurer l'alphabétisation des enfants et leur préparation au marché du travail industriel, préoccupe les responsables politiques des colonies de l'Amérique du Nord britannique. Ce faisant, la langue acquiert une importance capitale : sa maîtrise, grâce à l'éducation, permet la participation à la vie politique, la transmission des valeurs culturelles et du patrimoine national, mais aussi l'acquisition de richesses par le commerce ou l'industrie. Ainsi, les commis trilingues des compagnies de pêche jersiaises présentes en Gaspésie et ailleurs autour du golfe du Saint-Laurent, formés dans les écoles des îles Anglo-Normandes, usent volontiers de leur langue maternelle entre eux afin que les pêcheurs clients, anglophones comme francophones, ne puissent pas les comprendre.

Or, dans une société coloniale divisée par des clivages ethnolinguistiques, dont un groupe possède un meilleur accès aux institutions politiques métropolitaines, la donnée linguistique comporte une dimension matérielle : celle du rapport entre le capital et le travail. Dès lors, les débats politiques sur le système d'éducation prennent pour fondement l'inégalité des individus dans la répartition du capital, une inégalité qui a de plus en plus des assises linguistiques.

L'exemple des Acadiens au début du XIXe siècle montre bien l'importance de la langue d'enseignement au sein du système d'éducation. Après la déportation de 1755, les Acadiens reviennent progressivement dans les provinces maritimes. Ces colonies adoptent des lois scolaires établissant des écoles locales — les *grammar schools* — et la qualification des maîtres : la Nouvelle-Écosse dès 1780, le Nouveau-Brunswick en 1802, l'Île-du-Prince-Édouard en 1825. À l'origine, ces réseaux d'écoles sont financés par des souscriptions de parents et, le plus souvent, doivent propager les valeurs de l'Église anglicane. Confinés aux terres les plus pauvres et aux activités moins lucratives de la pêche, les Acadiens pratiquent souvent une économie de subsistance, où l'apport de tous les membres de la famille est essentiel. Pour ces familles, le financement d'une école constitue alors un idéal difficile à atteindre, et ce sont souvent des missionnaires français, comme l'abbé Jean-Mandé Sigogne, ou canadiens, tels les abbés André-Toussaint Lagarde et Jean-Louis Beaubien, qui assurent l'alphabétisation des enfants. Après les guerres napoléoniennes, surtout au cours des années 1820, les différentes provinces maritimes vont subventionner les réseaux d'écoles primaires, dont les acadiennes; la Nouvelle-Écosse instaure même en 1841 un système scolaire uniforme en anglais qui tolère l'enseignement en allemand, en gaélique et en français. Toutefois, étant donné les contraintes financières, l'accès à l'enseignement supérieur est très restreint pour les Acadiens de langue française. Fondé à Memramcook en 1854, le séminaire Saint-Thomas, premier collège où l'enseignement est donné en français, doit fermer ses portes en 1862, faute de revenus. Le collège Saint-Joseph lui succède en 1864, sous l'égide de l'abbé Camille Lefebvre. Entre-temps, de 1789 à 1855, pas moins de dix collèges universitaires et universités, tous confessionnels, ouvrent leurs portes dans les Maritimes. Si certains établissements sont catholiques, comme St. Mary's et St. Francis Xavier en Nouvelle-Écosse, aucun ne donne ses cours en français.

Au Bas-Canada, les rapports linguistiques entre capital et travail se posent assez tôt au XIXe siècle. Le principal indice de ce rapport de force est la connaissance et la qualité de la langue parlée au travail. Ainsi, pendant son séjour au Bas-Canada, de 1807 à 1809, John Lambert a des propos peu aimables sur l'ignorance de l'anglais par les Canadiens, ignorance qu'il attribue au clergé catholique et à son refus d'enseigner cette langue dans les écoles. Il remarque toutefois un curieux « jargon » utilisé sur les places du marché, aux tournures pleines d'anglicismes, entre les parlants français et anglais qui ne se comprennent pas les uns les autres. Au début des années 1830, comme le constate la linguiste Chantal Bouchard, Michel Bibaud et Alexis de Tocqueville relèvent chacun de son côté la contamination du français par l'anglais parmi les Canadiens, particulièrement ceux dont le travail ou la profession les mènent à fréquenter quotidiennement des Britanniques.

Dès lors, là aussi, le rapport entre le capital et le travail renvoie à la question de l'éducation. À la suite de la Conquête en 1760, beaucoup d'écoles ferment. Appauvri, le clergé catholique ne subvient plus au maintien des établissements d'enseignement, et, après le décès du dernier jésuite en 1800, la province du Bas-Canada récupère les biens de cette communauté dont l'ordre a été dissous par le pape Clément XIV en 1773. Devant les nouvelles exigences de l'économie et dans un souci d'assimilation, les autorités coloniales, sous l'impulsion du gouverneur Robert Shore Milnes, mettent sur pied en 1801 un réseau scolaire public, celui de l'Institution royale pour l'avancement des sciences, dont l'objectif est d'« établir des écoles gratuites pour l'instruction des enfants dans les premiers éléments des connaissances utiles et dans la langue anglaise[15] ». La mesure est un échec : seuls une trentaine d'établissements sont ouverts en quinze ans, surtout parmi les Britanniques, car le clergé catholique refuse toute collaboration avec un système favorisant trop, à son avis, le protestantisme. La Chambre d'assemblée adopte donc en 1824 la Loi des écoles de fabrique (S.B.C., 4 Geo. IV, c. 31) afin de répandre les principes d'une éducation morale, contribuant ainsi aux progrès de l'industrie et de l'agriculture. Encore là, malgré l'ouverture d'une soixantaine d'écoles paroissiales, le succès est mitigé, car le financement n'est pas constant. Avec l'adoption de la Loi pour encourager l'éducation élémentaire, dite « loi des écoles de syndics » (S.B.C., 9 Geo. IV, c. 46), promue par le parti patriote, l'État colonial intervient pour « répandre les bienfaits de l'éducation dans toutes les classes des Sujets de [Sa] Majesté en cette province ». Suivant cet objectif fort républicain, les écoles reçoivent des subsides de la province ; elles sont gérées par des syndics élus par les contribuables. Cette fois, la réussite est au rendez-vous : pas moins de 1 600 écoles de syndics existent en 1836 et offrent un enseignement dans la langue de la majorité de la population locale. Ordonné en 1836 par le gouverneur Archibald Acheson, comte de Gosford, l'arrêt du versement des subsides provoque la colère des patriotes. L'asphyxie financière de ces écoles se prolonge pendant les tumultueuses années suivantes.

À la suite des insurrections de 1837-1838, il faut rétablir l'ordre, fondement du progrès social et de la prospérité économique. Afin que l'État moderne ait une légitimité et une efficacité optimales dans les colonies, il importe pour ses promoteurs d'établir une homogénéisation de la communauté politique autour de critères communs. L'idéal républicain, celui d'un État fort qui assure des droits et des libertés à tous les citoyens, peu importe leur condition et leur origine, est désormais écarté de l'horizon politique avec la répression des patriotes. Les critères privilégiés deviennent donc ceux de l'ethnie : l'origine, la religion, les coutumes, des institutions mobilisatrices de la société civile qui assistent un État moins directif. Pour opérer cette homogénéisation, plusieurs responsables politiques mettent de l'avant une série de mesures : la création d'instances politiques stables avec l'union des deux provinces et la responsabilité ministérielle, puis la réforme des instances anciennes avec l'abolition du régime seigneurial et la refonte du droit civil. Enfin, certains vont plus loin et font la promotion d'un seul mode de communication entre les individus — une seule langue — grâce entre autres au système d'éducation, ce qui abolirait les frontières ethniques au moyen de l'assimilation. Le rapport de John George Lambton, Lord Durham, résume en 1839 ce vaste programme.

Reflétant les préjugés de la bourgeoisie anglo-saxonne conquérante, le rapport Durham illustre bien ce que l'on appelle « l'interprétation whig de l'histoire », qui met l'accent sur les principes de progrès dans le passé pour produire un récit de ratification et de glorification du présent. Selon cette interprétation, la position dominante du Royaume-Uni dans le système-monde capitaliste serait le produit d'une croissance économique remarquable, d'une mobilité sociale tout aussi exceptionnelle et d'une progression sans faille des libertés politiques. Les tenants de l'interprétation whig attribuent ainsi un rang aux acteurs historiques et aux peuples, selon leur contribution au progrès ou au retard du libéralisme et de la démocratie — libéralisme et démocratie compris selon le modèle britannique. Lorsqu'il compose son rapport, Lord Durham, qui s'est mérité le surnom de *Radical Jack* en raison de son entière adhésion au libéralisme whig, fait une lecture historique des relations entre les deux groupes ethnolinguistiques. Selon lui, les institutions françaises au cours de la colonisation de l'Amérique du Nord étaient « peut-être, plus que celles de n'importe quelle autre nation d'Europe, propres à étouffer l'intelligence et la liberté de la grande masse du peuple[16] ». Les colons canadiens auraient donc connu le même despotisme centralisateur et incompétent que celui qu'ont subi les autres sujets français dans la métropole. Avec condescendance, Durham juge qu'ils forment un peuple ignare, apathique et rétrograde, soumis à la domination de l'Église. De plus, puisque deux peuples hostiles à l'origine et de caractère différent ont été mis en juxtaposition sous un gouvernement commun, mais avec des institutions différentes, « on apprit à chacun à chérir sa propre langue, ses lois et ses usages[17] ». Le gouverneur en conclut que le conflit repose « sur de vains efforts pour assurer l'existence d'une nationalité canadienne-française au milieu de colonies et d'États anglo-américains[18] ». Pour garantir le progrès social et économique ainsi que la paix civile, l'assimilation lui apparaît donc être la solution. S'inspirant du cas de la Louisiane, où « l'union n'est jamais troublée par la querelle de ces races [puisque] la langue et les mœurs françaises sont destinées à suivre leur fatalité et à disparaître comme les particularités hollandaises de New York », Lord Durham propose le même traitement : « un gouvernement du peuple dans lequel une majorité anglaise prédominera constamment[19] » serait un remède aux désordres et assurerait, s'il est administré promptement, la paix au Bas-Canada.

La logique assimilatrice de Lord Durham ne se limite pas à l'union des deux Canadas. Partagée par plusieurs responsables politiques, elle s'applique également au monde de l'éducation. L'un des enquêteurs de

Lord Durham et membre du Conseil spécial du Bas-Canada en 1838, Arthur William Buller, se fait le chantre d'un système public unique selon le modèle en vigueur en Irlande. Financé par les communautés locales, ce système scolaire serait de langue anglaise et sans dénomination religieuse autre que chrétienne. À l'évêque de Québec, Mgr Joseph Signay, A. W. Buller expose sans ambages son objectif. Puisque les distinctions de race et de religion prévalent au Bas-Canada, il importe que chaque établissement soit conçu « *with a view of uniting and nationalizing its entire population* ». Ainsi, « *the children that are brought up together in the same schools and play together and are punished together become friends*[20] ». L'angélisme de l'enquêteur rencontre une opposition certaine parmi les clercs de différentes confessions religieuses, qui tiennent à leur exclusivité, ainsi que chez les députés de langue française, qui s'inquiètent à la fois de la rigueur de la nouvelle imposition et des conséquences néfastes de l'assimilation.

Le projet Buller meurt rapidement de sa belle mort. Délaissant la mise sur pied d'un nouveau système scolaire, les responsables provinciaux instaurent en 1842 un poste de surintendant à l'instruction publique pour chacune des parties, ouest et est, du Canada-Uni, ce qui pare aux objectifs d'anglicisation du projet Buller, comme le remarque l'historienne Lucia Ferretti. À la suite de la « guerre des Éteignoirs » en 1846, une polémique sur le paiement d'un impôt foncier destiné à l'ensemble des écoles, la province doit financer en partie la construction et l'entretien des établissements scolaires.

Dès lors, les Églises prennent l'initiative en matière d'éducation, dont l'Église catholique sous le leadership énergique de l'évêque de Montréal, Mgr Ignace Bourget. Dans la foulée du renouveau ultramontain qui fleurit en Europe, Mgr Bourget attribue les récentes insurrections aux désordres de la modernité libérale et anticléricale. D'après lui, il faut rechristianiser le Canada français par le réveil des pratiques religieuses, l'encadrement des fidèles par les clercs et les diverses congrégations catholiques, ainsi que l'utilisation d'une presse religieuse dirigée par des laïcs. Qui plus est, comme le notent le sociologue Fernand

Dumont et l'historien Roberto Perin, cette *rechristianisation* au Canada-Uni s'opère grâce à une Église ethnique, composée surtout de Canadiens français qui en dirigent également la hiérarchie.

Enfin, depuis la création des commissions scolaires confessionnelles de Montréal et de Québec en 1845, le renouveau catholique passe par le contrôle des établissements scolaires, du primaire aux collèges classiques et à l'université, où œuvre de plus en plus le personnel des différents ordres enseignants provenant de la France — les Clercs de Saint-Viateur, les Jésuites et les Oblats de Marie-Immaculée — ou de nouvelles congrégations. Du Canada-Est, l'opération de contrôle s'étend à l'ouest de l'Outaouais. Mgr Joseph-Eugène-Bruno Guigues, nouvel évêque de Bytown (Ottawa), fonde ainsi en 1848 le collège Saint-Joseph pour offrir aux catholiques ontariens une formation classique dans les deux langues. Ce collège devient l'Université d'Ottawa en 1866, quelques années après la création de l'Université Laval à Québec.

Au Canada maintenant français, la nationalisation de la langue française — une des conséquences de la politique assimilationniste pendant l'Union — s'accompagne de sa confessionnalisation. Grâce entre autres au contrôle catholique exercé sur les établissements d'enseignement, le lien entre la langue et la foi se noue au cours des années 1840. Lieu de pouvoir autonome vis-à-vis de l'État, enchâssée dans sa communauté et ayant une dimension universelle, l'Église catholique s'attribue une responsabilité première dans la définition de la nation canadienne-française, comme le relève Fernand Dumont. Ce lien entre langue et foi reste solide jusqu'à l'aube de la Révolution tranquille au Québec.

* * *

Le rapport Durham, de pair avec la Loi d'union de 1840, dont l'article 41 instaure l'anglais comme langue officielle exclusive, provoque une onde de choc importante dans les colonies britanniques de l'Amérique du Nord. Pour les Canadiens, qui deviennent à cette époque des Canadiens *français*, il envoie un signal fort : l'État ne saurait plus être le seul garant de leur existence collective. Ce sera le rôle accordé à la nation, une nation qui doit dorénavant assurer les conditions de la survivance par un combat sans relâche pour « notre langue, nos institutions, nos lois », selon la formule d'Étienne Parent. Le français ne constitue plus un simple mode de communication, ni un code par lequel on fonde la distinction sociale. Tel un canari dans une mine, il indique la vigueur de la nation combattante, ou ses avanies devant les percées menaçantes de l'assimilation. Son usage public témoigne maintenant des stratégies de résistance des parlants français contre un ordre disciplinaire qui cherche à les refouler aux marges de l'espace politique. À son tour, après la langue anglaise, mais dans un contexte de domination qui le défavorise nettement, le français est somme toute *nationalisé*. Ainsi, la lutte pour la reconnaissance du français renvoie désormais à la reconnaissance politique de la nation canadienne-française.

Louis-Hippolyte La Fontaine vers 1840. (BANQ, centre d'archives de Québec, fonds J.-E. Livernois, P560, S2, D1, P1553)

D'où toute l'importance symbolique des débats autour du français dans les enceintes parlementaires, à l'époque du Canada-Uni. En réponse au député de Toronto-City, John Henry Dunn, qui le somme de parler en anglais puisque « *the honorable gentleman could speak English very well* », Louis-Hippolyte La Fontaine affirme en 1842 ses droits à user du français à l'Assemblée législative, étant donné son appartenance ethnique. « A-t-il [J. H. Dunn] oublié déjà que j'appartiens à une origine si horriblement maltraitée par l'Acte d'Union ? » clame le député d'York-Fourth-Riding. « Je dois informer l'honorable membre, et les autres honorables membres, et le public du sentiment de justice duquel je ne crains pas d'en appeler, que quand même la connaissance de la langue anglaise me serait aussi familière que celle de la langue française, je n'en ferais pas moins mon premier discours dans la langue de mes compatriotes canadiens-français, ne serait-ce que pour protester contre cette cruelle injustice de cette partie de l'Acte d'Union qui tend à proscrire la langue maternelle d'une moitié de la population du Canada. Je le dois à mes compatriotes, je le dois à moi-même[21]. » À partir de ce moment, dans ce régime d'union où la bourgeoisie conquerra le pouvoir en 1848 avec la responsabilité ministérielle, l'enjeu politique de la langue se présente sous des formes nouvelles, des formes modernes.

CHAPITRE 2

Premières secousses linguistiques : les crises scolaires au Canada, 1848-1927

For he might have been a Roosian,
A French, or Turk, or Proosian,
Or perhaps Itali-an ! […]
But in spite of all temptations
To belong to other nations,
He remains an Englishman !
He remains an Englishman !

WILLIAM S. GILBERT et ARTHUR SULLIVAN,
For He Is an Englishman (H.M.S. Pinafore)

Ô notre Histoire ! écrin de perles ignorées !
Je baise avec amour tes pages vénérées.
Registre immortel, poème éblouissant
Que la France écrivit du plus pur de son sang !

LOUIS FRÉCHETTE, *La Légende d'un peuple*

Période où la nouvelle culture politique traduit les valeurs de la bour-geoisie conquérante, les années 1848 à 1927 se caractérisent par un activisme étatique dans le domaine des politiques d'aménagement lin-guistique. En 1848, les députés de l'Assemblée législative du Canada-Uni rétablissent le français comme langue d'usage, réduisant à néant un des irritants de la Loi d'union de 1840. En 1927, le gouvernement de George Howard Ferguson en Ontario amende sa réglementation scolaire qui limitait l'usage du français comme langue d'enseignement. Entre ces deux années charnières, l'enjeu linguistique relève principalement de la question scolaire. Cette dernière renvoie à la tension entre la volonté étatique d'homogénéiser la population sur un territoire donné et la participation à la communauté politique avec l'exercice des droits et libertés, une dimension cruciale de ce nouvel ordre des choses libéral mis en place avec l'ère des révolutions et l'accession de la bourgeoisie au pouvoir. La question scolaire se trouve également au cœur de la transmission des valeurs de la communauté, car la pérennité de la nation passe par l'école. Elle concerne aussi les rapports entre capital et travail, puisque la maîtrise de la langue du travail et de l'économie assure un meilleur accès aux ressources. D'importants conflits scolaires remettent donc en cause les droits des minorités canadiennes-françaises et acadiennes concernant l'usage de leur langue.

Plusieurs provinces vivent de tels conflits, qui ont des échos à l'échelle canadienne. L'article 133 de la Loi constitutionnelle de 1867 fait

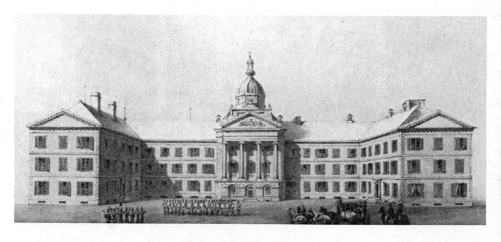

Le Parlement du Canada-Uni à Québec en 1852. Lithographie de Sarony et Major, New York. (Collection de l'Hon. Serge Joyal)

du français et de l'anglais les langues officielles du pays, mais il a une portée limitée puisque seuls les institutions parlementaires ainsi que les tribunaux fédéraux et ceux du Québec y sont assujettis. En ce qui concerne l'article 93, les concepteurs du pacte fédératif attribuent la responsabilité de l'éducation aux provinces, tout en protégeant le droit des minorités confessionnelles au Québec et en Ontario à avoir leurs écoles. Dans les années subséquentes, des gestes accomplis par divers États provinciaux montrent la limite des droits conférés aux catholiques puisqu'ils entraînent la suppression du financement des écoles confessionnelles : c'est le cas en Nouvelle-Écosse en 1864, avant son entrée dans la Confédération, au Nouveau-Brunswick en 1871, puis au Manitoba en 1890. Dans les Territoires du Nord-Ouest (1892), au Manitoba (1916) et en Saskatchewan (1931), le législateur fait de l'anglais l'unique langue d'enseignement.

Ces conflits cristallisent les opinions et soulèvent, entre autres, le débat sur les droits garantis à la minorité canadienne-française. Ils remettent surtout en question la nature du compromis politique qui a donné naissance à la Confédération canadienne en 1867. Ils traduisent aussi la promotion ardente d'un modèle unitaire de communauté politique, un modèle national fondé sur des attributs ethniques — les attributs de l'origine, de la religion, de la langue et de la mémoire — qui accorde au Canada et dans l'Empire britannique en général une place dominante à un groupe en particulier : la communauté anglo-saxonne. Ainsi, dans le domaine des rapports entre langue et politique, cette période allant de 1848 à 1927 en est une de transformations cruciales. Si, au début, la confession religieuse est au centre des luttes, progressivement la langue gagne en valeur pour devenir l'enjeu principal des combats nationalistes. Désormais, sa maîtrise est essentielle non seulement pour favoriser la promotion socioéconomique, mais aussi pour marquer son appartenance à une communauté nationale et à sa mémoire. À partir des premières décennies du XXe siècle, la question de la langue occupe le cœur de la Cité.

Proscrire dans un contexte de peur

À l'extérieur du Québec, les communautés acadiennes et canadiennes-françaises sont confrontées à des politiques linguistiques et scolaires favorisant leur assimilation linguistique. L'État devient un instrument d'oppression aux mains de la communauté anglo-saxonne, qui forme la majorité au Canada, mais qui frissonne toutefois devant l'arrivée de plus de trois millions d'immigrants entre 1896 et 1914. Contrairement aux vagues migratoires du début du XIXe siècle, provenant principalement des îles Britanniques, celles du début du XXe siècle proviennent de l'Europe de l'Est et, dans une moindre mesure, de l'Asie. Toutefois, dans ce dernier cas, l'État fédéral met en place des mécanismes de régulation discriminatoires destinés à limiter fortement l'entrée des immigrants et à rassurer les citoyens de la Colombie-Britannique, dont certains sont carrément hostiles à la présence des Asiatiques.

Influencée par les théories du darwinisme social et par la croyance que la race anglo-saxonne doit mouler le Canada à son image, traversée par une tradition de défense du protestantisme, la communauté anglo-saxonne choisit la politique de l'assimilation comme réponse au défi de la gestion de la diversité culturelle. Ainsi, les immigrants provenant de bassins autres que la Grande-Bretagne et les États-Unis doivent abandonner leur culture et leurs croyances qui empêchent leur intégration à la communauté anglo-canadienne. Pour favoriser ce travail de destruction des références culturelles des immigrants, le système scolaire devient un outil de socialisation et de valorisation de l'empire et de ses symboles, mais surtout un moyen d'imposer l'anglais comme langue d'usage commune. En maîtrisant la langue de Shakespeare, les nouveaux arrivants, croit-on, peuvent mieux s'intégrer à la société, respecter l'ordre public et assurer leur promotion économique.

Le cas des Amérindiens et des Inuits diffère quelque peu. La nouvelle culture politique des années 1840-1850 détruit le système d'alliances avec les tribus autochtones et instaure un régime juridique fondé sur les valeurs de la bourgeoisie conquérante, dont celle de la propriété privée. Dorénavant, une logique paradoxale guide les relations avec les autochtones : pour être émancipés aux yeux des sujets britanniques et gagner les pleins droits d'appartenance et de participation à la communauté politique, ils doivent abandonner leurs valeurs traditionnelles et s'assimiler à la civilisation en marche. Dès 1850 au Canada-Est et en 1857 au Canada-Ouest, les autorités canadiennes adoptent des lois « sur la civilisation graduelle des tribus indiennes aux Canadas ». Au titre de ces lois, dont l'esprit est repris dans la Loi sur les Indiens de 1876, tout adulte masculin ayant une bonne conduite morale, étant libre de dettes et sachant lire et écrire dans la langue de l'État — surtout l'anglais — peut obtenir l'émancipation. Entre-temps, les Amérindiens et les Inuits conservent un statut de mineurs aux yeux de l'État et, pour être progressivement « civilisés » et assimilés, ils sont cantonnés dans des réserves. Puisque les Prairies canadiennes et les Rocheuses constituent une *terra nullius* selon le Dominion du Canada, l'État s'approprie les terres au moyen d'une série de traités par lesquels les autochtones renoncent à leurs droits de propriété. Qui plus est, l'instauration un peu partout au Canada, depuis 1883, des tristement célèbres pensionnats éloigne les enfants amérindiens de leur culture et favorise ainsi fortement leur assimilation linguistique. Parlées de plus en plus par les anciens seulement, les différentes langues amérindiennes et inuites connaissent des jours difficiles ; les premiers programmes d'enseignement des langues autochtones dans les réserves n'apparaîtront qu'un siècle plus tard, dans les années 1980.

En matière de gestion de la diversité culturelle et de politique d'assimilation, la communauté anglo-saxonne fait face à un autre cas plus complexe, celui des Canadiens français. Mis en présence des communautés canadiennes-françaises à l'extérieur du Québec dont l'implantation date du Régime français — par exemple dans les régions de Winnipeg et de Windsor —, les porte-parole de la communauté anglo-saxonne les assimilent à des groupes ethniques qui participent au peuplement du pays. Ils pressent les États provinciaux d'envoyer un message clair à tous ceux qui, par le maintien de leur langue et de leur culture, refusent de se conformer au modèle anglo-saxon protestant. L'assimilation linguistique, culturelle et religieuse, dans le cas des groupes ethniques non chrétiens, est de mise. Pour des intellectuels tels que George Monro Grant, George Parkin et Agnes Macphail, partisans de l'Empire britannique au tournant du siècle, le Canada français est destiné inexorablement à se fonder dans une Amérique du Nord *britannique* : ils jugent néfaste le combat des militants canadiens-français comme Henri Bourassa, puisque ce combat va à l'encontre de la marche de l'Histoire. La majorité anglo-saxonne tolère la présence française au Québec dans la mesure où celle-ci accepte la vision du monde anglo-saxon. Dès que les Canadiens français quittent le Québec pour s'installer ailleurs au pays, ils doivent accepter qu'ils vivront dorénavant dans un territoire dominé par la communauté de langue et de culture anglaises.

Lorsque les États provinciaux légifèrent pour préserver et promouvoir le caractère anglo-saxon de leur territoire, ils reçoivent un appui indirect du Vatican. Les luttes scolaires montrent que les objectifs de Rome sont souvent incompatibles avec ceux des milieux canadiens-français et acadiens, soucieux de préserver leurs écoles, dans lesquelles le français est une langue d'enseignement. Tandis qu'au Québec la hiérarchie catholique est sous le contrôle des Canadiens français, dans les Maritimes elle est, depuis son détachement du diocèse de Québec en 1818, dominée par les Irlandais. Le clergé acadien lutte pour se tailler une place au sein de la hiérarchie. En fait, les Acadiens améliorent progressivement leur situation puisque leur clergé dirigera une partie de la hiérarchie catholique, du moins au Nouveau-Brunswick, au cours du XXe siècle, à partir de la nomination en 1912 de Mgr Édouard-Alfred Le Blanc à titre d'évêque du diocèse de Saint-Jean. D'ailleurs, les prêtres tel Mgr Marcel-François Richard sont parmi les fers de lance du projet national en Acadie, lequel se structure au moment des conventions de Memramcook en 1881, de Miscouche en 1884 et de Pointe-de-l'Église en 1890.

Dans l'Ouest canadien, la situation est inversée : les Canadiens français ont bien en main les rênes de la hiérarchie catholique. Pour les autorités romaines, cependant, l'Ouest canadien est une terre de mission où l'anglais deviendra la langue dominante. Comme l'indiquent les délégués du Vatican, M^{grs} Donato Sbarretti et Francesco Pellegrino Stagni, dans leurs rapports rédigés respectivement en 1903 et en 1913 après leurs tournées dans l'Ouest, les nouveaux diocèses qui verront le jour devront être dirigés par « des évêques de langue anglaise[1] ». L'arrivée de nombreux immigrants signifie que les évêques francophones doivent lutter pour conserver leur contrôle. Cette lutte est toutefois perdue d'avance, car, comme pour les catholiques francophones des Maritimes, le Vatican favorise l'assimilation des catholiques établis en Amérique du Nord à la majorité anglophone. Petit à petit, la domination des évêques francophones dans l'Ouest s'effrite. Malgré les efforts de l'archevêque de Saint-Boniface, Mgr Louis-Philippe-Adélard Langevin, pour encadrer les catholiques allemands, polonais, irlandais et flamands, souvent à la suite des pressions de ces groupes, en attirant des prêtres bilingues[2] et parfois multilingues responsables de l'éducation et du travail pastoral, la lutte contre les Irlandais catholiques pour le contrôle de l'Ouest ne mène à rien. En 1912, l'archevêque de Saint-Boniface perd sa bataille pour assurer la nomination d'un Canadien français à la direction du diocèse de Calgary. En 1914 et 1915, les Irlandais catholiques de Winnipeg pressent le Vatican de diviser le

Henri Bourassa, député à l'Assemblée législative du Québec de 1908 à 1912. (BANQ, centre d'archives de Québec, P1000, S4, D83, PB90-2)

diocèse de Saint-Boniface et de nommer un des leurs à la direction du futur évêché de Winnipeg, ce qui sera fait. En 1921, le nouvel archevêque d'Edmonton ne parle que l'anglais. Aux yeux du Vatican, les batailles scolaires doivent amener les catholiques à opter pour l'essentiel, soit la préservation de la foi et non de la langue. Mgr Francis Bourne, archevêque de Westminster, le rappelle crûment au Congrès eucharistique international de 1910. Il s'attire ainsi la réplique farouche d'Henri Bourassa, qui revendique le même droit que celui des Irlandais pour ses compatriotes : « prier Dieu dans la langue qui est en même temps celle de leur race, de leur pays, la langue bénie du père et de la mère[3] ».

Dans les Maritimes, avec l'intervention de l'État dans le domaine de l'éducation, la question des écoles confessionnelles suscite des bouleversements importants qui ont des répercussions sur la question linguistique. Dès 1864, sous l'égide de Charles Tupper, le Parlement de la Nouvelle-Écosse adopte une loi instaurant un système d'enseignement non confessionnel : ce système impose l'anglais comme langue d'enseignement, au détriment du français et du gaélique, qui étaient pourtant reconnus depuis 1841. À compter de 1902, le gouvernement libéral de George H. Murray en Nouvelle-Écosse permet l'usage du français comme langue d'enseignement au cours des trois premières années du cycle primaire. La province de l'Île-du-Prince-Édouard suit le même exemple en 1877. Toutefois, c'est au Nouveau-Brunswick qu'une mesure semblable déclenche une crise politique pancanadienne, en 1871. Devant la loi proposée par le procureur général George E. King, loi stipulant le non-financement des écoles confessionnelles, les catholiques de la province, Acadiens comme Irlandais, demandent à l'État fédéral d'intervenir en rétablissant leurs écoles. Demande vaine, puisque la motion déposée par le député John Costigan est rejetée par la majorité à la Chambre des communes. Le comportement de la députation fédérale et notamment celui du chef de file des conservateurs de la province de Québec, George-Étienne Cartier, soulèvent l'ire du redoutable évêque de Montréal, Mgr Ignace Bourget. Dans cette bataille, Mgr Bourget croit fermement que le devoir de l'État fédéral est de « tout faire et tout sacrifier pour que les faibles soient protégés contre les forts[4] », et que le devoir des députés fédéraux catholiques est de se demander s'ils peuvent voter pour des écoles non confessionnelles. Comme le révèle l'étude de Roberto Perin sur Ignace Bourget, l'évêque de Montréal presse le journal catholique *Le Nouveau Monde* de dénoncer le chef de file des conservateurs au Québec. Ce geste crée un malaise au sein du clergé : à la veille des élections fédérales de 1872, certains de ses membres craignent la défaite électorale de Cartier, ce qui nuirait à leur capacité d'influencer le gouvernement conservateur afin qu'il adopte les objectifs poursuivis par l'Église catholique. Les conservateurs de John A. Macdonald sont réélus, mais sans George-Étienne Cartier, qui est battu dans sa circonscription de Montréal-Est. Ce dernier est cependant élu dans la circonscription de Provencher, au Manitoba, quelques mois plus tard. Le scandale du chemin de fer du Canadien Pacifique provoque toutefois la chute des conservateurs un an plus tard. Mgr Bourget ne jette pas l'éponge à l'arrivée des libéraux, car il juge légitimes la cause des catholiques et leur droit à des écoles confessionnelles, mais il est amer devant la tournure des événements. Les jugements des tribunaux confirment la constitutionnalité de la loi, et, devant la désobéissance civile encouragée entre autres par le clergé catholique — refus de payer la taxe scolaire, création d'écoles parallèles —, les tensions montent. À Caraquet, en 1875, elles culminent dans une émeute où deux individus sont tués, dont Louis Mailloux, qui devient dès lors un symbole de la résistance acadienne. À la suite de cette crise, les députés fédéraux se prononcent de nouveau sur la question des écoles du Nouveau-Brunswick. D'une part, ils rejettent une motion qui amenderait la Constitution canadienne pour protéger les droits des catholiques dans cette province. D'autre part, ils invitent le premier ministre à inciter l'État néo-brunswickois à respecter les droits scolaires de sa population catholique. Le premier ministre du Nouveau-Brunswick, George E. King, temporise alors en proposant aux catholiques un compromis qui permettrait à la fois l'enseignement par des membres de communautés religieuses ainsi que l'instruction religieuse après les heures de classe.

C'est au Manitoba que se poursuit la bataille pour les droits du français. Cette province naît à la suite du premier soulèvement des Métis, dirigés par Louis Riel, en 1869 et 1870. Riel et les Métis s'opposent à la prise de possession des Prairies par les autorités fédérales sans que celles-ci tiennent compte de leurs droits acquis et de leurs demandes, notamment au chapitre des droits linguistiques. Certes, le Dominion du Canada souhaite réprimer, comme l'atteste l'envoi de la milice, ce qu'il définit comme une rébellion. Il est néanmoins forcé de négocier avec les représentants du gouvernement provisoire des Métis. Le Manitoba naît en 1870, et sa Constitution interne, du moins au chapitre des droits scolaires et linguistiques, s'inspire de la situation du Québec. Ainsi, l'article 22 garantit l'existence des écoles confessionnelles, tandis que l'article 23 fait du français l'une des deux langues officielles de la province.

Puisque l'État fédéral est soucieux de peupler l'Ouest, des Canadiens et des immigrants s'installent dans la nouvelle province, ce qui modifie l'équilibre religieux et linguistique dans ce territoire. La proportion respective des catholiques et des Canadiens français diminue, comme l'indiquent les recensements décennaux. Ainsi, 45 % de la population manitobaine était catholique en 1871, alors que cette proportion n'est plus que de 18,56 % dix ans plus tard. Au cours de la même période, la proportion des Canadiens français et des Métis diminue tout autant, passant respectivement à 25 % et à 15 %.

À la suite de ce changement démographique, le point de vue des militants manitobains favorables à l'homogénéisation culturelle triomphe en 1890. Soucieux de faire du système scolaire un outil d'assimilation culturelle comme dans les Maritimes, le procureur général Joseph Martin, membre du gouvernement dirigé par Thomas

◄ *L'émeute de Caraquet de 1875, selon* Canadian Illustrated News. *Le magazine représente ici la mort du constable Gifford, en passant sous silence celle de Louis Mailloux. (BAC, C-062552,* Canadian Illustrated News, *13 février 1875)*

Greenway depuis 1888, introduit une loi supprimant le financement des écoles confessionnelles. Il fait aussi adopter l'*Act to Provide that the English Language Shall Be The Official Language of the Province of Manitoba*, qui, comme son titre l'indique, abolit le français en tant que langue officielle.

L'abolition du français et l'absence d'un soutien financier aux écoles confessionnelles transforment radicalement le capital symbolique de la province, et surtout la manière dont le Manitoba se définit et se projette à l'extérieur. Il s'agit de la réponse étatique au défi de la gestion de la diversité ethnique. En même temps, ces gestes imposent à l'État d'allouer des ressources administratives en vue de faire respecter cette importante reformulation du contrat social liant les Manitobains à leur État provincial. Certes, l'État manitobain a la capacité de légiférer et de réglementer. Lorsque vient le temps de mettre en œuvre des lois et des règlements, et surtout de veiller à leur respect, il s'appuie sur différents agents, dont certains ne sont pas nécessairement des fonctionnaires.

L'action étatique interpelle les catholiques — surtout les Métis et les Canadiens français, puisque la vaste majorité d'entre eux partagent cette foi. Les tribunaux invalident, en 1892 et 1909, la loi abolissant le français comme langue officielle, mais les gouvernements de Thomas Greenway et de Rodmont Palen Roblin font fi de ces jugements. Par ailleurs, l'État manitobain s'appuie sur les municipalités pour faire respecter sa nouvelle loi scolaire, adoptée en 1890. Comme le rappelle l'historien Roberto Perin dans son étude sur le Vatican et les crises scolaires au Canada, dans les secteurs où les catholiques francophones forment la majorité au sein des conseils municipaux, ces derniers espèrent atténuer les effets de la loi provinciale. En effet, ces conseils veulent se réserver une partie des impôts municipaux, destinés dorénavant aux écoles dites « neutres » qui, n'ayant pas le titre d'établissements confessionnels, sont confessionnelles de fait puisque les catholiques les fréquentent et que le personnel enseignant est catholique. La situation est différente dans les municipalités où les catholiques francophones forment une minorité, notamment en milieu urbain, comme à Winnipeg et à Brandon. Dans ces derniers cas, les catholiques sont confrontés à une forme de double fiscalité. Non seulement doivent-ils payer des impôts municipaux pour financer des écoles que leurs enfants ne fréquentent pas, mais, s'ils souhaitent envoyer leurs enfants dans une école catholique privée, ils doivent nécessairement en assumer les coûts.

Cette situation de double fiscalité amène les parents, souvent appuyés par le clergé, à tenter d'infléchir l'action de l'État manitobain, mais leur démarche est vaine. Cette crise provinciale a des échos ailleurs au pays, devient un conflit entre une province et le pouvoir fédéral et, surtout, contraint le Dominion du Canada à assumer ses responsabilités, telles que définies par l'article 93 de la Loi constitutionnelle de 1867.

Arrivé à Winnipeg en 1893, et devenu le successeur de Mgr Alexandre Antonin Taché à compter de 1895 à la direction de l'évêché de Saint-Boniface, Mgr Louis-Philippe-Adélard Langevin est un adversaire acharné des écoles dites « neutres » ou non confessionnelles du gouvernement Greenway. Il exerce des pressions sur les responsables fédéraux pour que ces derniers respectent leurs obligations constitutionnelles et désavouent la loi manitobaine. Entre-temps, il presse les catholiques de donner leur appui financier aux écoles privées confessionnelles jusqu'à ce que le gouvernement provincial modifie sa loi.

Mgr Langevin peut compter sur l'appui indéfectible de Mgr Louis-François Laflèche, évêque de Trois-Rivières et ultramontain notoire. Ce dernier devient l'un des piliers de la mobilisation des évêques canadiens-français au Québec. Il veut préserver les écoles confessionnelles, empêcher l'État d'intervenir dans le domaine de l'éducation et préserver la mission nationale du système scolaire confessionnel.

Mgr Laflèche presse le gouvernement conservateur de John A. Macdonald de désavouer la loi manitobaine. Dans sa lettre envoyée au ministre conservateur Joseph-Adolphe Chapleau, il écrit :

C'est au nom du pacte fédéral que la minorité du Manitoba vient demander protection contre une loi injuste qui viole ce pacte fédéral, car ce pacte [lui] garantit l'usage officiel de la langue française sur le même pied que la langue anglaise, et le maintien des écoles séparées, conditions sans lesquelles la population catholique et francologue [*sic*] du Manitoba n'aurait jamais consenti à entrer dans la Confédération. Or, c'est cette garantie que la loi [manitobaine] vient de fouler aux pieds, pour dépouiller injustement, sans même l'ombre d'un prétexte, cette minorité du droit auquel un peuple tient le plus, le droit de conserver la langue et la foi de ses pères[5].

Le Dominion du Canada refuse de désavouer la loi manitobaine et préfère laisser les tribunaux intervenir. Des facteurs tactiques sont ici en cause. L'intervention des tribunaux a l'avantage de faire gagner du temps au gouvernement fédéral. De plus, les tribunaux deviennent une échappatoire fort utile, car ils permettent au gouvernement Macdonald de saluer la justesse de l'action des juges s'ils tranchent en faveur des catholiques ou, au contraire, de justifier son incapacité d'agir par un jugement défavorable. Le gouvernement craint aussi la répétition d'une crise nationale, comme au moment du procès et de la mort de Louis Riel en 1885. Dans ces circonstances, l'intervention des tribunaux est préférable à l'action politique, comme le confie le ministre Chapleau à Mgr Laflèche dans sa lettre du 23 mai 1890.

Les cours de justice, si elles rendaient un arrêt décrétant l'illégalité de cette mesure, mettraient fin à cette question sans donner lieu à une agitation politique que l'acte officiel du gouvernement fédéral ne manquerait pas de soulever. Supposons le veto du gouverneur général en conseil publié contre la loi [manitobaine] ; [le gouvernement de cette province] ne manquerait pas de soulever une agitation qui, même limitée à la province du Manitoba, conduirait sûrement à une dissolution de la législature, et un appel électoral ne laisse pas de doute sur son issue. La nouvelle législature passerait la même loi en l'accentuant encore, appuyée qu'elle serait par un élément aussi puissant que violent dans tout le pays.

[…] Une décision judiciaire ne saurait au contraire provoquer d'agitation populaire. Confirmée par les autorités légales de l'Empire, elle s'imposerait même aux plus remuants, la passion politique ne pouvant y trouver prise[6].

Une première défaite judiciaire sème l'émoi parmi les catholiques francophones. Dans son jugement rendu en juillet 1892, le plus haut tribunal du pays, le Comité judiciaire du Conseil privé de Londres, déclare que la section 1 de l'article 22 de la loi du Manitoba ne garantit pas l'existence des écoles confessionnelles. Trois ans plus tard, cette cour statue toutefois, dans la cause Brophy, que les catholiques ont subi un préjudice. Par conséquent, ils sont autorisés à demander au Dominion du Canada d'intervenir en vertu de l'article 93 de la Loi constitutionnelle de 1867. Par ailleurs, les juges indiquent également que les lois de 1890 n'ont pas à être désavouées, comme l'indique l'historien Roberto Perin dans son étude sur le Vatican et les crises scolaires. Il s'agit d'une victoire précaire, puisque le sort de la minorité catholique manitobaine dépend du bon vouloir du gouvernement du Dominion. Ce dernier, dirigé par Mackenzie Bowell, présente un projet de loi réparatrice le 11 février 1896, mais ce projet de loi meurt au feuilleton de la Chambre des communes.

Au terme des élections fédérales de 1896, les libéraux dirigés par Wilfrid Laurier forment le gouvernement, et le nouveau premier ministre engage des négociations avec le premier ministre manitobain, Thomas Greenway. Connue sous le nom de « compromis Laurier-Greenway », l'entente conclue en novembre 1896 ne rétablit pas les écoles confessionnelles, mais elle assure un certain appui aux parents catholiques en autorisant l'enseignement de la religion une heure par jour. Fort de sa victoire, le gouvernement de Greenway poursuit sa politique d'homogénéisation en faisant de l'anglais la seule langue d'enseignement à compter de 1916. Ce n'est qu'en 1947 que le français est de nouveau toléré comme langue d'enseignement, à raison d'une heure par jour.

Au moment où le Manitoba mobilise l'attention des responsables politiques, des cours de justice, du clergé catholique et de l'ensemble des citoyens, le Conseil législatif, puis à compter de 1888 l'Assemblée législative des Territoires du Nord-Ouest, agit également en matière linguistique. En 1875, le lieutenant-gouverneur du Manitoba perd le contrôle administratif des Territoires du Nord-Ouest, vaste territoire qui correspond actuellement à une portion des provinces du Manitoba, de la Saskatchewan et de l'Alberta, puisque l'État fédéral dote les Territoires de leur propre administration. Deux ans plus tard, le Parlement fédéral reconnaît le français et l'anglais comme langues officielles des tribunaux et des débats de l'Assemblée législative instituée pour assister le lieutenant-gouverneur dans l'administration du territoire. Toutefois, les pressions pour l'unilinguisme anglais et l'homogénéisation culturelle s'accroissent au sein de l'Assemblée législative des Territoires du Nord-Ouest. Contrôlée essentiellement par des Anglo-Saxons venus de l'Ontario, l'Assemblée compte des alliés parmi les députés fédéraux. Ainsi, le député conservateur ontarien D'Alton McCarthy, partisan du principe « *One Nation, One Language* » et dirigeant de l'Equal Rights Association, propose l'abolition du bilinguisme dans les Territoires du Nord-Ouest en 1890. Le député se fait alors l'écho de la demande formulée par l'Assemblée législative des Territoires du Nord-Ouest. Le gouvernement de John A. Macdonald propose un compromis lorsque le ministre de la Justice, John Thompson, présente un projet de loi autorisant l'Assemblée législative à déterminer la langue d'usage pour ses travaux législatifs.

Il s'écoule bien peu de temps avant que l'Assemblée législative des Territoires du Nord-Ouest n'exerce ses nouveaux pouvoirs. Dès 1892, l'Assemblée reconnaît l'anglais comme seule langue d'usage pour ses travaux législatifs. De plus, tout texte juridique et étatique sera dorénavant publié uniquement en anglais. Lors du débat, les intervenants mettent de l'avant les économies budgétaires qu'engendrerait le fait de ne plus imprimer les comptes rendus des travaux et les autres documents du Conseil dans les deux langues officielles. Bien entendu, il leur est quasiment impossible de quantifier l'importance des sommes ainsi

D'Alton McCarthy (1836-1898), député conservateur et dirigeant de l'Equal Rights Association. (BAC, Fonds Topley Studios, PA-025698)

épargnées. Cette question d'économies est en fait un prétexte pour imiter le Manitoba et la transformation de son ordre symbolique. En faisant de l'anglais la langue d'usage, on souhaite lancer un message clair à tous les habitants sur les objectifs poursuivis par le gouvernement, soit la promotion de l'unilinguisme et de l'homogénéisation. De plus, les intervenants ne se gênent pas pour rappeler que le français est une langue étrangère qui est de toute façon peu utilisée, puisque la proportion des Canadiens français diminue dans les Territoires du Nord-Ouest. Alors que dans les années 1870 les parlants français, qui incluent les

Métis, formaient 85 % de la population des Territoires, ils n'en constituent plus que 17 % en 1885[7].

L'offensive se poursuit avec l'adoption d'une ordonnance proclamant l'anglais comme seule langue d'enseignement à la fin de 1892. Comme l'indique l'étude d'Edmund A. Aunger sur la question du bilinguisme dans les Territoires du Nord-Ouest, l'ordonnance autorise toutefois les commissaires à permettre l'usage du français au cycle primaire.

La création des provinces de l'Alberta et de la Saskatchewan en 1905, à même les Territoires du Nord-Ouest, ramène à l'avant-plan la question des droits scolaires. Elle oblige le législateur à s'interroger sur la manière de protéger ces droits, compte tenu du fait que les leaders d'opinion canadiens-anglais souhaitent que le programme de « canadianisation » ou d'homogénéisation culturelle des immigrants s'applique aussi aux Métis et aux Canadiens français. Comme l'indique l'historien Réal Bélanger dans sa biographie de Wilfrid Laurier, le premier ministre souhaite assurer le droit aux écoles confessionnelles de la minorité catholique. Mais à la suite des pétitions et des protestations de la presse canadienne-anglaise, dont le quotidien *The Globe,* et de l'opposition au sein de son cabinet, dont celle du ministre Clifford Sifton, qui démissionne pour empêcher la reconnaissance des écoles confessionnelles, Laurier recule, au grand dam des députés du Québec, notamment Henri Bourassa. Devant ce tollé, la question du statut de la langue française est laissée de côté.

Forte de ses nouvelles compétences en matière d'éducation, la province de la Saskatchewan limite l'utilisation du français comme langue d'enseignement à la première année du primaire et à une heure par jour pour les autres années scolaires, à compter de 1918. De plus, comme l'indique le sociologue Wilfrid B. Denis, tout costume et tout symbole religieux dans les écoles publiques sont interdits en 1930. Puis, un an plus tard, l'emploi du français comme langue d'enseignement est interdit, sauf si les écoles font une demande d'exemption. Si l'exemption est accordée, l'usage du français est limité à une heure par jour. En Alberta, la loi de 1905 limite à une demi-heure par jour l'enseignement de la religion catholique dans les écoles séparées, tandis que le recours au français comme langue d'enseignement n'est permis que pendant les premières années du cycle primaire. Par la suite, l'utilisation du français n'est autorisée que pour l'enseignement de cette langue[8].

Préoccupés par la survie de la culture et de la langue anglaises en Ontario, les partisans du mouvement English Only élisent les conservateurs lors des élections provinciales de 1905. Sur la base du rapport du Dr F. A. Merchant, qui conclut à la faible qualification des maîtres d'école canadiens-français, le gouvernement de James Whitney promulgue en 1912 le Règlement 17. Cette règle administrative du ministère de l'Éducation limite l'usage du français comme langue d'enseignement. Contrairement au cas manitobain, toutefois, l'État provincial n'abolit pas les écoles confessionnelles. Ce geste résulte en partie des efforts de l'évêque catholique du diocèse de London, Mgr Michael Francis Fallon, qui craignait les pressions des Canadiens anglais et l'abolition des écoles confessionnelles comme au Manitoba en 1890.

Circulaire d'instruction n° 17 sur les écoles séparées de l'Ontario pour l'année scolaire 1912-1913

Article 1 : Il n'existe que deux catégories d'écoles primaires en Ontario : les écoles publiques et les écoles séparées ; mais, comme indication usuelle, la désignation *anglo-française* s'applique aux écoles des deux catégories que le Ministère soumet — toutes les fois qu'il en est prié par les conseils scolaires ayant juridiction dans la matière — à l'inspection établie par l'article 5 ci-dessous, et dans lesquelles le français servira de langue d'enseignement et de communication, avec les restrictions indiquées au paragraphe 1 de l'article 3. [...]
Article 3 : Les modifications qui suivent sont faites dans le cours d'étude des écoles publiques et séparées.

Emploi du français comme langue d'enseignement et de communication
1) Lorsqu'il s'agit d'élèves de langue française, le français peut être employé comme langue d'enseignement et de communication, mais cet usage du français ne sera pas maintenu pour l'étude de l'anglais après le premier cours, sauf lorsque l'inspecteur décidera que le français peut

servir comme langue d'enseignement et de communication pour l'étude de l'anglais dans le cas d'élèves qui, après le premier cours, sont incapables de parler et de connaître suffisamment la langue anglaise.

Classe spéciale d'anglais pour les élèves de langue française
2) Le dispositif suivant s'appliquera désormais aux élèves de langue française qui sont incapables de comprendre et de parler l'anglais suffisamment pour les fins de l'enseignement et des communications :
(a) Dès que l'élève entre à l'école, il doit être mis à l'étude et à la pratique de la langue anglaise.
(b) Dès que l'élève a acquis une connaissance suffisante de l'anglais, il doit poursuivre dans cette langue l'étude de l'anglais.

Source : www.salic-slmc.ca/showpage.asp?file=legislations_ling/documents_hist/1912_reglement_17&language=fr&updatemenu=false&noprevnext (site consulté le 9 juin 2009).

La décision gouvernementale suscite la mobilisation de la communauté canadienne-française de l'Ontario. Au grand désespoir de celle-ci, les tribunaux donnent raison à l'État provincial. En effet, en novembre 1916, le Comité judiciaire du Conseil privé de Londres statue que le Règlement 17 est légal, puisqu'il respecte l'article 93 de la Loi constitutionnelle de 1867, qui protège le droit des minorités à un enseignement confessionnel. Contrairement à ce que croyaient les dirigeants de l'Association canadienne-française d'éducation d'Ontario (ACFÉO), le droit de recevoir l'enseignement dans sa langue n'est nullement garanti par l'article 93. Par conséquent, la résolution de la crise scolaire devient strictement politique. Jusqu'en 1916, l'ACFÉO applique une stratégie de mobilisation et de confrontation dans l'espoir de faire reculer les gouvernements conservateurs de James Whitney et de William Hearst, mais elle n'obtient pas de gains notables. Certes, la mobilisation des citoyens en Ontario français est grande, et le Québec manifeste sa solidarité, notamment en 1915 avec une motion de l'Assemblée législative sur le respect des droits des minorités, puis en 1916 avec une loi autorisant les commissions scolaires québécoises à contribuer de leurs deniers à la campagne menée contre le Règlement 17. Au Parlement fédéral, Wilfrid Laurier et Ernest Lapointe déposent en 1916 une motion qui, tout en

Manifestation d'instituteurs et d'élèves de l'école Brébeuf à l'époque du Règlement 17, Ottawa, février 1916. (Université d'Ottawa, CRCCF, Fonds Association canadienne-française de l'Ontario [C2], Ph2-142a)

affirmant le respect de l'autonomie provinciale en matière d'éducation, invite l'État ontarien à ne pas porter atteinte aux droits de la minorité ; le gouvernement de Robert Borden refuse cependant de l'appuyer. Le grand tribun Henri Bourassa joint sa voix à celles des résistants, mais en vain. Pour sa part, le Comité permanent du premier Congrès de la langue française organise deux souscriptions pour venir en aide aux Canadiens français de l'Ontario[9]. La polémique du Règlement 17 accentue vivement la polarisation entre les deux nations au Canada, polarisation qui trouve son apogée lors de la crise de la conscription en 1917.

Selon l'historien Pierre Savard, l'arrivée du sénateur Napoléon-Antoine Belcourt à la direction de l'ACFÉO en 1921 entraîne un changement de stratégie. Dorénavant, l'organisme s'emploie à gagner des alliés à la cause franco-ontarienne parmi ses concitoyens de langue anglaise, ce qui se fait grâce à l'Unity League, fondée par des Canadiens anglais avec l'aide de Belcourt. Il faut également corriger les faiblesses des écoles dites bilingues relevées dans le rapport Merchant de 1912. Par conséquent, les enseignants doivent avoir une formation pédagogique appropriée et aider les jeunes à acquérir une meilleure connaissance de l'anglais. En 1923, l'École de pédagogie de l'Université d'Ottawa voit le jour. Toutefois, la mobilisation publique des citoyens s'épuise. Désormais, les leaders franco-ontariens privilégient un discret travail de lobbying auprès des autorités provinciales, aidés en cela par les pressions du premier ministre québécois, Louis-Alexandre Taschereau, sur ses homologues ontariens.

Ces initiatives portent fruit. Le ministre de l'Éducation au moment de l'entrée en vigueur du Règlement 17, George Howard Ferguson, est devenu premier ministre de l'Ontario en 1923. Or, comme la crise scolaire a déjà trop duré selon lui, il désire y trouver une solution. Le conflit scolaire prend fin en 1927 : les nouvelles directives du ministère de l'Éducation permettent l'enseignement de certaines matières en français, ce qui n'empêche pas l'apprentissage de l'anglais. Dans les années subséquentes, le défi pour l'ACFÉO consistera à accroître la part du français comme langue d'enseignement.

La question de l'inspection des écoles constitue un enjeu important. Puisque l'État provincial s'appuie sur les inspecteurs scolaires pour s'assurer que les établissements se conforment aux directives et aux objectifs pédagogiques du ministère, il importe pour les Canadiens français de l'Ontario d'exercer un certain contrôle sur leurs écoles. À défaut de déterminer les objectifs du ministère, ils comptent sur la complicité d'inspecteurs favorables aux objectifs de l'ACFÉO et à sa conception du rôle de l'école dans la formation de la communauté canadienne-française pour obtenir une certaine autonomie pour les écoles fréquentées par les catholiques francophones. Le choix des inspecteurs est donc crucial. L'ACFÉO remporte une victoire puisque les écoles dites bilingues ne sont plus sujettes à une double inspection. À l'avenir, l'inspection faite par des Canadiens français suffira. Sur le plan de la formation des enseignants, le ministère reconnaît par ailleurs l'École de pédagogie de l'Université d'Ottawa.

Cette crise scolaire a des conséquences importantes pour les Canadiens français de l'Ontario. D'abord, il n'y a pas unanimité parmi eux, et la communauté affiche ses divisions. Dans les régions d'Ottawa et de Pembroke ainsi que dans les régions de l'Est, de nombreux francophones mènent une lutte féroce, notamment à la Commission scolaire d'Ottawa, dans la région de Windsor ; cependant, la plupart des communautés de langue française n'ont pas contesté le Règlement 17. Au contraire, les parents se réjouissent de ne plus avoir à débourser des sommes supplémentaires pour envoyer leurs enfants à l'école. De plus, l'apprentissage de l'anglais permettra à ces jeunes de décrocher des emplois dans l'industrie automobile naissante. Ces réactions contrastées créent des tensions entre les dirigeants canadiens-français de l'Est et ceux du Sud. Ces conflits révèlent aussi les rapports de classe et les façons dont les diverses classes sociales entrevoient l'importance de l'éducation des enfants, du moins dans la région de Prescott, située dans l'Est ontarien. L'étude de l'historien Chad Gaffield sur la crise scolaire révèle que les parents canadiens-français dans les milieux agricoles ne se préoccupent guère des questions d'éducation tant et aussi longtemps que le travail de leurs jeunes contribue aux revenus familiaux. Lorsque la situation économique change et que le travail des enfants n'est plus nécessaire, les parents réagissent négativement lorsque l'État provincial entrave leur décision d'envoyer leurs enfants dans des écoles où le français est une langue d'enseignement.

Québec : dénoncer et prescrire

La période allant de 1848 à 1927 se caractérise par un activisme de la société civile. Cet activisme se fonde sur une conception élitiste de la langue et du rôle des élites dans la bataille pour la préservation du français. À l'aide de campagnes dans les journaux, de pétitions et d'autres moyens, de nombreux militants cherchent à sensibiliser les Canadiens français à leur devoir d'exiger des services dans leur langue de la part des administrations et du secteur privé. Ainsi, en 1908, plus de 435 000 individus signent la pétition de l'Association catholique de la jeunesse canadienne-française pour le bilinguisme dans les services publics.

La préservation de la langue repose sur une stratégie s'appuyant sur des moyens individuels et collectifs. D'abord, les membres des élites attribuent à la mère canadienne-française la responsabilité d'enseigner les rudiments de la langue française. Le travail de la mère s'appuie sur la vigilance de la famille. Ensuite, le réseau scolaire prend le relais. Les associations canadiennes-françaises jouent aussi un rôle dans la préservation de la langue. L'État, pour sa part, n'est pas considéré comme faisant partie de cette stratégie, sauf lorsqu'il doit donner son appui aux établissements contrôlés par les Canadiens français. Si l'action étatique entrave le réseau institutionnel et d'autres associations qualifiées d'essentielles à la préservation du fait français, les Canadiens français se mobilisent.

En dépit des critiques régulières que formulent les inspecteurs scolaires sur l'incompétence des enseignants et surtout sur la faiblesse de leur formation, le système scolaire contribue à l'amélioration du taux d'alphabétisation tout au long du XIXᵉ siècle. Ainsi, pour la décennie allant de 1890 à 1899, le taux d'alphabétisation est de 74,4 %. Ce pourcentage est légèrement inférieur chez les hommes — il est de 69,3 % — et supérieur chez les femmes, soit 79,4 %[10].

Cette disparité entre hommes et femmes révèle les rapports entre capital et travail. Elle souligne surtout à quel point les milieux ouvriers, petits-bourgeois et bourgeois valorisent différemment l'éducation et la maîtrise de la langue française. Alors que le milieu bourgeois canadien-français, celui des affaires et celui des professions libérales ont des taux d'alphabétisation avoisinant les 100 %, il en est autrement chez les boutiquiers, les artisans et les journaliers. Les taux d'alphabétisation pour la période 1890-1899 parmi ces trois catégories sont respectivement de 87,5 %, 88,9 % et 70,4 %[11].

Les familles ouvrières, notamment chez les journaliers et les artisans, n'encouragent pas leurs enfants à fréquenter l'école, surtout lorsque ceux-ci sont en âge de décrocher un emploi. Cette tendance est particulièrement importante pendant la période de l'émigration massive des Canadiens français vers les États-Unis, le phénomène majeur de l'histoire québécoise au XIXᵉ siècle. Comme le soulignent les historiens Bruno Ramirez, Yves Roby et François Weil, de 1840 à 1929, la misère dans les campagnes et l'endettement poussent près de 900 000 personnes vers les villes industrielles de la Nouvelle-Angleterre. En fait, le travail en usine des enfants âgés de 10 ou 11 ans s'inscrit dans les stratégies de survie économique des familles migrantes. Ces dernières encouragent leurs jeunes à travailler plutôt qu'à fréquenter l'école pour affronter les défis économiques de la vie industrielle en milieu urbain. Il s'agit souvent de familles ouvrières dans lesquelles le père a un emploi précaire ou mal payé, ce qui rend tout aussi précaire la survie économique de l'ensemble de la famille. Si un ou deux adolescents obtiennent un travail salarié, leur apport financier permet à la famille de joindre les deux bouts. Le travail dans les villes industrielles américaines constitue pour beaucoup le premier contact avec la langue anglaise. Bien qu'ils soient attachés à leur langue maternelle, les immigrants canadiens-français comprennent rapidement que la connaissance de l'anglais est un gage de promotion économique, d'autant plus que les membres de la deuxième génération se marient souvent avec des personnes issues d'autres groupes ethniques. Bien entendu, le fait que ce comportement est dicté par des besoins économiques échappe à ceux qui dénoncent la piètre qualité du français et le manque d'intérêt de certains parents, notamment ceux des milieux ouvriers, à inculquer une bonne maîtrise de la langue française à leurs enfants.

En même temps, il y a une volonté d'imposer des normes à la langue parlée pour lui assurer une meilleure qualité, ce qui traduit une certaine distinction sociale entre les locuteurs. Durant cette période, on constate la fragilité de la langue française, certains n'hésitant pas à dire qu'elle est dans un piteux état. Plusieurs proposent alors l'organisation de campagnes d'éducation populaire afin de répandre les normes du bon parler, celui des élites culturelles. Ainsi, en 1895, l'École littéraire de Montréal puis, sept ans plus tard, la Société du parler français au Canada, à l'initiative de l'abbé Stanislas Lortie et d'Adjutor Rivard, voient le jour. Sise à Québec, la Société a le souci d'épurer la langue française en faisant la chasse aux anglicismes. Au début, elle publie le *Bulletin du parler français au Canada*, qui est ensuite remplacé par *Le Canada français*. Outre son *Glossaire du parler français au Canada*, l'organisme de Québec publie des chroniques appelées « Corrigeons-nous » à compter des années 1930. Ces chroniques sont souvent reprises par des quotidiens français du Québec et d'ailleurs en Amérique française. On les retrouve également dans les maisons d'enseignement. Ainsi, la Société du parler français au Canada opte pour une démarche normative, espérant améliorer la qualité de la langue parlée. Au début des années 1920, l'Association catholique de la jeunesse canadienne-française, inquiète de la présence d'anglicismes dans le langage, emboîte le pas et lance une campagne de refrancisation, comme le notent les politologues Guy Bouthillier et Jean Meynaud.

En plus du travail de ces organismes, des individus utilisent leur capital symbolique et leur poste d'autorité pour sensibiliser les Canadiens français au soin qu'ils doivent apporter à leur langue. Les journalistes Arthur Buies et Jules-Paul Tardivel et l'écrivain Edmond de Nevers dénoncent l'utilisation des anglicismes et proposent de les chasser du vocabulaire. Pour sa part, Tardivel publie en 1880 une brochure au titre accrocheur : « L'anglicisme, voilà l'ennemi ». Selon le fougueux journaliste, il faut combattre les anglicismes pour « que notre langue reste véritablement française[12] ». Buies utilise les divers quotidiens auxquels il collabore au fil de sa carrière pour dénoncer, parfois avec véhémence, les anglicismes qui polluent la langue française et pullulent dans la presse écrite. Dans un article publié par *L'Électeur* le 14 janvier 1888, il écrit que « l'anglicisme nous déborde, nous inonde, nous défigure et nous dénature[13] ». Le jésuite Louis-Joseph-Papin Archambault publie plusieurs articles dans *Le Devoir*, avant et après le Congrès de la langue française de 1912, sur le triste sort réservé au français dans l'affichage commercial et les raisons sociales des commerces et des entreprises.

En 1913, avec l'aide d'Anatole Vanier et de Joseph Gauvreau, il crée la Ligue des droits du français, qui deviendra en 1921 la Ligue d'action française, puis la Ligue d'action canadienne-française, avant de disparaître en 1928. L'action de la Ligue a d'abord une valeur éducative, qui consiste à répandre l'usage des bons termes français par la publication de listes de mots et d'expressions techniques à employer. La Ligue devient également un organisme de pression, notamment en canalisant les plaintes de la population pour forcer les entreprises et les gouvernements à se franciser ou à franciser le paysage commercial. Le père Archambault poursuit son action dans la revue *L'Action française*. Celle-ci participe au travail de sensibilisation dans le but de faire du citoyen un agent vigilant de l'usage du bon français[14].

Ces actions suscitent un débat sur la qualité de la langue et surtout sur ce qu'on qualifie de patois français. Alors que certains dénoncent ce patois et lancent des flèches vers ceux et celles qui négligent la langue, d'autres cachent mal leur inconfort devant ces dénonciations de ce qu'ils considèrent comme des particularismes du français au Québec. L'ancien député Narcisse-Henri-Édouard Faucher de Saint-Maurice, auteur de *Honni soit qui mal y pense*, souligne en 1892 qu'il faut cesser d'affirmer que les Canadiens français et les Acadiens parlent un patois, en référence à la langue française[15]. Bien que le journaliste Jules-Paul Tardivel critique l'emploi d'anglicismes, il invite les gens à être fiers du patois et des canadianismes. Ainsi, il prévient qu'il ne faut pas partager « la mauvaise opinion du langage qui se parle chez nous[16] ».

L'État québécois intervient de plusieurs manières dans le dossier linguistique. D'abord, les responsables politiques s'inquiètent vivement de l'émigration vers les villes de la Nouvelle-Angleterre, car ce mouvement de population menace la survie de la nation canadienne-française, vu le danger sournois de l'assimilation. Leur première réaction en est une de condamnation, comme le montrent ces propos méprisants attribués à George-Étienne Cartier : « Laissez-les partir, c'est la canaille qui s'en va. » Toutefois, ce mépris ne dure qu'un temps, comme le constate l'historien Yves Roby. Après avoir tenté de rapatrier les émigrants par le biais des politiques de colonisation appliquées de 1873 à 1879, les membres des élites québécoises se rendent compte de l'inéluctabilité du mouvement migratoire vers le sud et font amende honorable, comme l'ancien premier ministre Pierre-Joseph-Olivier Chauveau en 1880. Un nouveau discours prend alors forme. Les Canadiens français auraient la mission providentielle d'établir la langue française et la foi catholique en Amérique du Nord. Le Québec en serait ainsi le château fort ; les communautés franco-américaines en Nouvelle-Angleterre ou canadiennes-françaises dans les autres provinces en deviendraient les avant-postes.

Armand LaVergne (1880-1935), député à l'Assemblée législative du Québec de 1908 à 1916. Photo de M.-A. Montminy (Assemblée nationale du Québec, mosaïque 1912)

Sur le front canadien, les responsables politiques québécois ne sont pas indifférents au sort des Canadiens français du Manitoba et de l'Ontario qui dénoncent leur gouvernement respectif à la suite de l'adoption de lois interdisant ou limitant l'usage du français comme langue d'enseignement. Souvent, les députés de l'Assemblée législative du Québec adoptent des motions d'appui au combat des Canadiens français et encouragent, comme nous l'avons vu à propos de l'Ontario, le gouvernement de la province concernée à faire preuve de compréhension et de respect à l'égard de cette communauté. De temps en temps, les députés s'inspirent de la notion de pacte fondateur pour justifier l'action fédérale en matière linguistique. En 1907, le député de Montmagny, Armand LaVergne, dépose une motion indiquant « qu'il est de l'intérêt et du bonheur de la Confédération, et dans l'esprit du pacte fédératif de 1867, que la langue française, officielle en vertu de la Constitution, soit mise dans les affaires publiques, notamment la frappe des monnaies et l'administration des postes, sur un pied d'égalité avec la langue anglaise[17] ».

À de rares occasions, les députés vont affirmer que les États fédéral et provinciaux ont le droit de promouvoir et de protéger la langue française. À l'initiative du député Armand LaVergne en 1910, l'État du Québec intervient à proprement parler dans le domaine de l'aménagement linguistique en adoptant une loi de quelques paragraphes seulement, destinée aux entreprises de chemin de fer, de téléphone, de télégraphe, d'électricité, de transport et de messageries, qui les invite à offrir des services et à publier leur documentation en français. Les entreprises fautives se voient imposer une amende d'au plus 20 $. Par contre, les moyens d'intervention de l'État sont limités. La loi ne prévoit pas l'allocation de ressources administratives pour forcer les entreprises à proposer à leurs clients une offre active de services en français. Si les clients sont insatisfaits, ils peuvent intenter une poursuite devant les tribunaux.

Loi amendant le Code civil concernant les contrats faits avec les compagnies de services d'utilité publique (1 Geo. V, c. 40), dite loi LaVergne (1910)

Article 1 : Les articles suivants sont ajoutés après l'article 16826 du Code civil, tel qu'édicté par la loi 5 Édouard VII, chapitre 28, section I :

1682c. Doivent être imprimés en français et en anglais les billets des voyageurs, les bulletins d'enregistrement des bagages, les imprimés pour lettres de voiture, connaissements, dépêches télégraphiques, feuilles et formules des contrats, faits, fournis ou délivrés par une compagnie de chemin de fer, de navigation, de télégraphe, de téléphone, de transport et de messageries ou d'énergie électrique, ainsi que les avis ou règlements affichés dans ses gares, voitures, bateaux, bureaux, usines ou ateliers.

1682d. Toute contravention par une compagnie de chemin de fer, de navigation, de télégraphe, de téléphone, de transport, de messageries

ou d'énergie électrique, faisant affaires en cette province, à une des dispositions de l'article précédent sera punie d'une amende n'excédant pas vingt piastres, sans préjudice du recours pour dommages.
Article 2 : La présente loi entrera en vigueur le premier janvier 1911.

Source : www.salic-slmc.ca/showpage.asp?file=legislations_ling/documents_hIst/1910_loi_lavergne&language=fr&updatemenu=false&noprevnext. Site consulté le 9 juin 2009.

Se solidariser pour mieux agir

La bataille scolaire du Manitoba et la lutte menée au sujet des écoles dans les provinces de l'Alberta et de la Saskatchewan montrent au clergé canadien-français et aux milieux politiques la présence de forces hostiles à la diversité linguistique et désireuses de modeler l'Ouest, acquis en 1869, en fonction des idéaux civilisateurs anglo-britanniques. Ces événements influencent la représentation des rapports entre les Canadiens français et anglais qu'élaborent les élites. Des images axées sur l'assimilation et le fanatisme pour évoquer la nation canadienne-anglaise, destinées à donner un sens à ces événements, imprègnent les représentations. Sur un autre plan, on assiste aussi à l'élaboration d'un mythe politique important, celui du pacte entre les deux peuples fondateurs. Son propagandiste le plus actif est Henri Bourassa, député fédéral au tournant du XXe siècle, mais surtout figure marquante de la pensée nationaliste canadienne et canadienne-française. Il s'exprime notamment à la tribune du Congrès de la langue française au Canada de 1912 pour diffuser sa vision constitutionnelle et nationaliste.

Concurremment à l'élaboration de la théorie du pacte, lequel constituerait la véritable nature de la Confédération, les communautés canadiennes-françaises deviennent dépositaires d'une mission salvatrice pour le Canada français, mais aussi pour tout le Canada. Leur présence dans les provinces devient essentielle pour assurer la transformation de la représentation du Canada parmi les Canadiens anglais. Le Canada est donc jugé en fonction du respect des droits de ces communautés. Jusqu'à l'acceptation de cette conception théorique du Canada, le quotidien de la nation est fait de luttes pour la survie et de sacrifices pour la préservation du fait français hors du Québec[18].

Cette lutte quotidienne des communautés canadiennes-françaises acquiert un sens puisqu'elle donne vie à la nation canadienne-française. La présence de ces diverses communautés est indispensable à l'ensemble puisque chacune d'entre elles constitue un avant-poste du Canada français. Dans cette conception défensive des rapports entre les Canadiens français et les Canadiens anglais, conception influencée par l'interprétation des crises scolaires, qui deviennent des révélateurs de l'hostilité de l'autre nation à l'égard des communautés de langue française, ces dernières sont représentées par une image, celle des avant-postes. Comme le signale l'évêque de Regina, Mgr Olivier-Elzéar Mathieu, le Québec est le « château fort » de la nation, et « tout ce qui contribue à la grandeur de [sic] Québec contribue à la force et à la grandeur des groupes français du dehors. [...] Tout ce qui fortifie les avant-postes tourne à la gloire et à la force de [sic] Québec[19] ».

Pour les groupes acadiens et canadiens-français à l'extérieur du Québec, cette lutte est vitale, car elle assure la sauvegarde des acquis. Comme l'indique le sénateur Napoléon-Antoine Belcourt aux congressistes réunis à Québec en 1912, « c'est vous dire que la survivance du français dans [l']Ontario sera le prix d'une vigilance constante, d'un combat de tous les instants, exigeant de grands sacrifices d'argent et de temps, une détermination finale et irréductible à parler le français et à la [sic] faire parler à nos enfants[20] ».

Au terme de ce congrès, les espoirs des congressistes reposent sur la création d'un organisme chargé de coordonner le milieu associatif. Le Comité permanent du premier Congrès de la langue française reçoit le mandat de défendre « la culture » et de favoriser « le développement de la langue et de la littérature françaises au Canada et en général chez les Acadiens et les Canadiens français de l'Amérique du Nord[21] ». Le comité ne connaîtra cependant qu'une brève existence puisqu'il cesse ses activités au cours des années 1920.

* * *

Pour les communautés acadiennes et canadiennes-françaises impli-
quées dans les diverses crises scolaires et linguistiques depuis 1848, les
années 1920 se terminent sur un constat sévère : celui de leur condition
minoritaire. La gestion de la diversité linguistique signifiait, pour les
minorités de langue française dans les provinces anglophones, l'obligation de se fondre dans l'homogénéité culturelle et linguistique anglo-
saxonne. Qu'ils soient membres du clergé, politiciens, professionnels,
fermiers ou ouvriers, les Acadiens et les Canadiens français prennent
conscience de la précarité de leurs droits. Il s'en dégage une conclusion
forte : le Canada est dominé par une majorité qui compte faire prévaloir
ses droits au détriment de ceux des parlants français. Dans les circonstances, il faut développer des stratégies de résistance et d'accommodement, dans l'espoir de regagner, comme au Manitoba et en Ontario, le
droit d'utiliser le français comme langue d'enseignement. Cela pose problème : il importe de trouver une solution politique, à défaut d'une solution juridique, pour assurer la survie de la nation canadienne-française
partout au Canada. Sinon, le spectre de l'assimilation s'abattra sur la
nation, à l'exemple des avant-postes franco-américains qui abandonnent le français à l'orée de la Grande Dépression. Ces crises deviennent
aussi des mythes fondateurs de ces communautés francophones, qui
intègreront la mémoire de ces événements à leurs références identitaires.

Dans le cas de l'État fédéral, le contrôle que les Canadiens français
exercent sur les instances étatiques résulte d'une négociation constante
avec les représentants de la majorité. Dans la dynamique du rapport
entre une majorité et une minorité, les Acadiens et les Canadiens français savent qu'ils doivent faire face à la stratégie des solutions politiques
dans le dossier de la gestion de la diversité linguistique et dans celui du
respect de leurs droits collectifs au pays. On se raccroche aux garanties
constitutionnelles, notamment l'article 133 de la Loi constitutionnelle
de 1867, mais surtout à l'esprit de la Constitution. Par conséquent, pour

établir la paix, l'ordre et un bon gouvernement, la nation canadienne-anglaise est appelée à adhérer à une conception autre de la nature de la Confédération de 1867 : celle du pacte entre les deux peuples fondateurs.

À travers l'expérience des communautés acadiennes et canadiennes-françaises en milieu minoritaire, une conception des rapports entre les deux groupes linguistiques du Canada est élaborée et incite à l'action. Au temps de la survivance, la lutte est le lot quotidien des Canadiens français, particulièrement pour ceux vivant à l'extérieur du Québec. C'est une lutte pour le sol, pour la sauvegarde de la foi et de la langue. C'est aussi une lutte pour le renforcement du réseau institutionnel, dont la présence est indispensable à la survie du groupe. C'est enfin une lutte contre les relations de domination inégalitaires dans lesquelles sont confinés les prolétaires canadiens-français et acadiens au tournant du XXe siècle. La situation linguistique qui prévaut a des incidences économiques. Elle empêche le développement de la nation en n'assurant pas une juste répartition des ressources, car les locuteurs de la langue des affaires et de l'industrie ont un avantage certain sur les autres.

Dans ce contexte, les Canadiens anglais sont présentés tels des assimilateurs et des patrons gardant jalousement leur capital, surtout lorsque certains éléments de cette nation mènent une guerre culturelle contre le fait français, comme aux moments forts de la question scolaire en Ontario. Après 1927, ces représentations se modifieront lentement avec le passage des années. Dans la perspective de la *bonne entente* privilégiée par des membres des élites francophones, les Canadiens anglais deviendront des alliés, du moins ceux qui appuient la théorie du pacte entre les deux peuples fondateurs.

CHAPITRE 3

Rien à signaler sur le front : du rappel du Règlement 17 à la commission Laurendeau-Dunton, 1927-1963

Il en est qui n'ont pas voulu partir
Qui ont voulu ne pas partir, mais demeurer
On les regarde on ne sait pas
Nous ne sommes pas de la même race [...]
On n'a rien à dire et l'on n'entend pas la voix d'un compagnon

HECTOR DE SAINT-DENYS GARNEAU,
Il nous est arrivé des aventures

En s'atténuant, la crise du Règlement 17 laisse des cicatrices profondes qui sillonnent l'espace public au Canada. Désormais, l'idée d'homogénéiser l'ensemble canadien sous l'ordre de la nation britannique est caduque, car, avec la politique d'affrontement et la forte résistance des membres de la nation canadienne-française, la paix civile entre les *deux solitudes* — selon l'expression du romancier Hugh MacLennan en 1945 — n'est plus possible sans un armistice ou un compromis majeur. Pendant que les protagonistes se retirent momentanément dans leur pré carré, la poussière des combats autour de l'enjeu linguistique retombe, de 1927 à 1963, même si l'écho des luttes résonne encore.

Références identitaires et linguistiques

À l'aube de la Grande Dépression des années 1930, le Canada constitue ce que le politologue néerlandais Arendt Lijphart définit comme une démocratie « consociationnelle ». Ce vocable désigne un système politique traversé par d'importants clivages sociaux et ethniques, mais doté d'une démocratie stable. À l'intérieur de ce système politique, chaque groupe social est relativement distinct de l'autre et possède ses propres idéologies et institutions. Le sentiment d'union nationale reste d'autant plus faible que les divers groupes entretiennent une communication sociale minimale. Cette communication passe surtout par le filtre des élites communautaires, qui établissent entre elles des rapports d'accommodation mutuelle, de voisinage cordial ou de *bonne entente*. La démocratie « consociationnelle » implique ainsi l'expression d'une indifférence envers les problèmes politiques vécus par l'autre groupe, tant et aussi longtemps que ceux-ci ont une influence minime ou nulle sur soi. Cette insensibilité est encore plus marquée lorsqu'il s'agit de problèmes découlant de relations de domination inégalitaires, que ces dernières apparaissent naturelles et que le groupe dominant conserve sa position favorable par rapport à l'autre. Comme le signale le politologue Kenneth McRae, le Nouveau-Brunswick des loyalistes *maritimers* et des Acadiens est à cet égard un cas d'espèce. Tel qu'il se manifeste au Canada anglais et français dans les années 1927 à 1963, l'enjeu linguistique est un indicateur sensible de la démocratie « consociationnelle », dans toute sa force d'inertie et tout le poids de son indifférence.

Au Canada anglais se développent de plus en plus les germes de nouvelles références identitaires. L'attachement à l'Empire britannique devient plus tiède après la Première Guerre mondiale et la crise de la conscription de 1917. Des phénomènes sociaux et politiques influent sur la transformation de ces références. D'abord, les immigrants issus des pays du Rideau de fer, de l'Italie, de la Grèce et du Portugal ne possèdent pas les critères de l'anglo-conformité. Aussi l'assimilation de ces groupes, différents sur les plans ethnique, linguistique et religieux, moins sensibles aux idéaux nationaux canadiens-anglais, prend plus de temps. Toutefois, le contexte de l'après-guerre n'est plus celui qui prévalait durant la période précédente : la discrimination ethnique contre les immigrants après leur entrée au pays contrevient maintenant au nouveau régime juridique international qui se met en place. Qui plus est, le Canada acquiert son indépendance formelle du Royaume-Uni après la signature du traité de Westminster de 1931. Dans le contexte de la crise économique, de la guerre et du retour subséquent à la paix, il importe, pour maints Canadiens anglais inquiets de la survivance de leur nation, de marquer leur différence avec les États-Unis, puisque les réalités urbaines, industrielles et sociales des deux pays se ressemblent de plus en plus. Ainsi, après 1945, le Canada anglais connaît sa propre Révolution tranquille, comme le note l'historien José Igartua. De l'instauration de la citoyenneté canadienne en 1946 jusqu'à l'adoption de la politique du multiculturalisme en 1971, un consensus émerge lentement. Afin d'assurer l'homogénéité de la population sur le territoire canadien, une homogénéité essentielle pour se distinguer du voisin américain et pour intégrer les immigrants, il est nécessaire de redéfinir les références collectives de la nation et de revoir les frontières ethniques convenues qui découpent la démocratie « consociationnelle » canadienne. Comme le remarquent l'historien Ramsay Cook, le politologue Philip Resnick et l'anthropologue Eva Mackey, cette redéfinition et cette révision imposeront un nouvel ordre symbolique au sein duquel l'enjeu linguistique prendra une autre signification à partir des années 1960.

Un impérialiste convaincu tel que Stephen Leacock constate en 1936 le lien plus distendu avec la mère patrie, en relevant la question des différences linguistiques. Selon lui, la langue anglaise au Canada se parle autrement qu'en Grande-Bretagne. Lorsqu'il a quitté à six ans le Hampshire, souligne alors le sexagénaire de l'Université McGill, « *I spoke English. But I've lost it, and it might be too late to pick it up again*[1] ». Néanmoins, l'autre langue au Canada, le français, ne reçoit qu'une considération condescendante de la part de Leacock. « *A little group of our French people* », note l'écrivain avec hauteur en 1939, « *like to talk to a sort of dream republic called Laurentia. It is a lovely place : there are no English there, and no capitalists or power companies, and there are no soldiers and armies* […] *in this dream world, the government is all by orators — young orators — and they talk and talk, and write newspapers and pamphlets, and fall asleep and wake up and talk*[2]. » Le dédain traduit bien le peu d'attention accordé aux relations inégalitaires entre les deux groupes ethnolinguistiques. Il témoigne également de la persistance d'une représentation hégémonique au sein du Canada anglais de cette période, soit celle de l'infantilisation du Canada français, pour reprendre l'analyse de l'historien Daniel Francis.

Au Canada français et en Acadie, la donne linguistique se pose différemment, car la relation de domination n'est pas vécue de la même façon. Les crises scolaires des années précédentes ont débouché sur le dur constat de la minorisation du fait français au Canada. La Grande Dépression frappe rudement les communautés francophones où la prolétarisation est importante : la misère, la pauvreté et le chômage sévissent à la campagne et en ville. Après la Seconde Guerre mondiale, la reprise de l'immigration pose avec plus d'acuité la question de l'intégration des nouveaux arrivants. Aussi, devant ces phénomènes, les instances de la société civile du Canada français et de l'Acadie font face à une demande sociale encore plus grande qu'au Canada anglais, puisque la méfiance envers l'État, un État potentiellement assimilateur, reste vive.

Dès lors, la lecture de l'enjeu linguistique diverge. De nombreux intervenants au Canada français et en Acadie établissent un diagnostic : la langue française affiche un état anémique qui exige une vigoureuse prescription. Des congrès sur la langue française ont donc lieu en 1937 et en 1952 à Québec, un autre porte sur la refrancisation en 1957. Organisés par les milieux cléricaux et nationalistes, ils obéissent à la tradition accordant la prééminence au personnel du clergé, aux responsables politiques et à d'autres membres de l'élite petite-bourgeoise. Les gens d'affaires et les ouvriers sont quasi absents, du moins parmi les organisateurs et les conférenciers. Ces congrès fournissent l'occasion de pré-

Les élites et l'accommodement linguistique. Mgr Villeneuve, cardinal de Québec, et le lieutenant-gouverneur de la province, Ésioff-Léon Patenaude, au Deuxième Congrès de la langue française à Québec, juin 1937. (BANQ, centre d'archives de Québec, P600, S6, D2, P37)

senter un bilan de la vitalité de la langue française en Amérique du Nord. Ils permettent aux conférenciers d'insister sur la négligence ou la complaisance que de nombreux groupes sociaux montrent à l'égard de la langue puisque ceux-ci seraient peu soucieux de bien la maîtriser. Ces conférenciers sermonnent alors les citoyens pour leur grave négligence : leur inattention et leur insensibilité présumées nuisent à la qualité et à la vitalité de la langue.

Les congrès sur la langue française permettent aussi aux groupes minoritaires francophones, en provenance des autres provinces canadiennes ou des États-Unis, de témoigner de leurs difficultés et des ravages causés par l'assimilation linguistique et culturelle, même si ces ravages ne sont pas quantifiés empiriquement. Certains conférenciers du Québec profitent de leur présence à cette tribune pour dénoncer le manque de vigilance des habitants de leur province à l'égard du français. Plusieurs d'entre eux présentent les communautés francophones comme des modèles pour les Québécois, en dépit des difficultés auxquelles elles doivent faire face. Les conférenciers concluent souvent leurs propos en soulignant l'importance de maintenir les rapports entre le Québec et les communautés francophones en milieu minoritaire. Ces dernières comptent sur l'indispensable solidarité entre les diverses communautés de langue française afin d'assurer que le poids démographique des francophones au Canada demeure significatif. Elles servent aussi de prisme au travers duquel on juge la société canadienne-anglaise lorsque cette dernière est confrontée au respect des droits des Canadiens français. À ce chapitre, les provinces canadiennes-anglaises fournissent de nombreux exemples d'intolérance et de négation de ces droits. Par conséquent, plusieurs conférenciers réfléchissent et s'interrogent sur la signification du pacte de 1867 entre les deux nations fondatrices. Ils insistent sur le fait que le Québec, contrairement aux autres provinces, respecte ce pacte.

Malgré les griefs à l'égard du manque de respect des droits des francophones à l'éducation en français, les congrès permettent aux participants de renouveler leur foi dans la vision nationaliste d'un Henri Bourassa. Ainsi, les communautés francophones de l'extérieur du Québec sont bien sûr des avant-postes dans la bataille menée pour prévenir l'assimilation, mais elles sont surtout des composantes indispensables de la stratégie de solidarité qui doit animer le Canada français comme un espace national en quête de reconnaissance politique et constitutionnelle. En même temps, les communautés francophones en milieu minoritaire, nonobstant leur poids démographique et l'état de leur vitalité linguistique, constituent des épouvantails utiles pour rappeler ce qui peut advenir aux Canadiens français si ces derniers refusent de préserver leur langue.

Définies comme des avant-postes, ces communautés canadiennes-françaises et acadiennes ont un rôle indispensable, celui de lutter pour elles-mêmes et pour le Québec, mais aussi pour le Canada. Dans ce dernier cas, il s'agit de faire en sorte que le Canada, conçu autour du pacte entre deux nations fondatrices, ne soit plus de l'ordre de l'imaginaire, mais se reflète dans le cadre constitutionnel et les symboles d'appartenance. Dans leur réponse à l'invitation au deuxième Congrès de la langue française au Canada en 1937, les porte-parole institutionnels de l'Ontario français rappellent le sens de la lutte menée de 1912 à 1927 contre le Règlement 17.

> Nous avons réussi à briser la vague d'anglicisation qui, par intermittence, pour ne pas dire d'un mouvement continu, menaçait de déferler sur le Québec, et à l'instar des héros de Verdun nous avons la légitime fierté de pouvoir affirmer que nos communs envahisseurs n'ont pas franchi la ligne interprovinciale qui nous sépare, nous éprouvons, par ailleurs, un vif besoin d'être secourus dans la mise en pleine valeur de notre victoire décisive[3].

Au cours des congrès sur la langue française au Canada, les conférenciers rappellent que les luttes des communautés francophones sont génératrices de vie. Au congrès de 1937, Mgr Émile Yelle réitère le sens des batailles menées par les francophones. Parlant du cas des Canadiens français de l'Ouest, l'évêque de Saint-Boniface affirme qu'ils « ont conservé leur héritage français parce qu'ils l'ont défendu, ils entendent, sans se faire illusion sur les difficultés de demain, continuer à se défendre pour conserver leur héritage français[4] ».

Ces luttes pour la survivance remettent de l'avant la nécessité de construire un réseau institutionnel aussi complet et aussi diversifié que possible, dans chaque province mais également à l'échelle nationale. Pour ce faire, la paroisse, l'école, les organismes culturels, les sociétés mutuelles, les coopératives économiques et autres institutions financières, ainsi que les associations provinciales constituent des composantes du réseau institutionnel en construction. Les conférenciers profitent de l'occasion pour rappeler aux dirigeants politiques et religieux du Québec qu'ils devraient encourager les migrations interprovinciales de Canadiens français. Le succès de cet incitatif consoliderait les milieux francophones hors Québec. Il permettrait aussi de corriger les déficiences du réseau institutionnel quant à sa capacité d'intégrer les immigrants principalement européens qui, après la Seconde Guerre mondiale, choisissent le Canada pour terre d'accueil.

Ces congrès ne sont pas les seuls lieux où des représentants du clergé, du monde de l'enseignement et des milieux culturels s'expriment sur la piètre qualité de la langue et sur l'indifférence affichée par certains devant cette situation. Victor Barbeau, professeur de français à l'École des hautes études commerciales et l'un des fondateurs de la Société des écrivains canadiens, y va de déclarations fracassantes. Ainsi, en 1935, dans une conférence prononcée devant les membres de la Société d'étude et de conférences, il affirme que les gens ne parlent pas français puisque leur prononciation des mots est déficiente et que leur langage comporte de nombreux anglicismes. En 1952, sur les ondes de Radio-Canada, il dénonce sans vergogne le système scolaire, qu'il qualifie de désastreux, car les jeunes quittent les bancs d'école avec de sérieuses lacunes dans leur maîtrise de la langue parlée et écrite[5]. Un peu moins sévère que Barbeau, le chroniqueur Pierre Daviault invite les gens préoccupés par l'état de la langue à reconnaître l'existence de ce qu'il appelle le « français canadien ». Il insiste néanmoins sur l'obligation de bien parler la langue française, puisque la langue permet d'accéder à la culture. Si la première est déficiente, la seconde en souffre nécessairement[6].

Ces jugements constituent une forme de contrôle social de la part des milieux bourgeois et petit-bourgeois du Québec. Ces derniers transforment leur préoccupation pour la correction langagière en un problème social. Ce faisant, ils cherchent à imposer à leurs concitoyens de langue française leur conception de la norme langagière et de ce qu'ils considèrent comme le bon parler. Ils font toutefois abstraction des réalités socioéconomiques de l'époque, puisque l'anglais est une langue de travail pour bien des gens. De plus, ils ne célèbrent pas les progrès obtenus en matière d'alphabétisation. Ainsi, en 1931, les taux d'alphabétisation sont de 93,9 % pour les hommes et de 96,7 % pour les femmes. Des comparaisons avec d'autres groupes ethniques et d'autres provinces viennent toutefois assombrir les apparentes réussites du système scolaire. Par exemple, les taux sont respectivement de 97,3 % et de 98,1 % en Ontario. De plus, la performance québécoise est celle de l'ensemble de la population, nonobstant l'origine ethnique ; si la proportion des illettrés dépasse à peine 1 % parmi les gens d'origine anglaise, elle est de 5,2 % parmi ceux d'origine française. Enfin, la loi provinciale, adoptée par le gouvernement libéral d'Adélard Godbout en 1943, qui rend la fréquentation scolaire obligatoire pour les enfants de 6 à 14 ans masque la faible proportion des élèves qui poursuivent leurs études au-delà du cycle primaire. Cette proportion n'est que de 34 % en 1954[7].

Puisque l'anglais est une langue de travail au Québec, il exerce un attrait auprès de la population francophone, mais aussi immigrante. Comme le rappelle l'historien Jean-Pierre Charland, il est impossible d'évaluer le nombre des parents francophones qui envoient leurs enfants dans un établissement scolaire où la langue d'enseignement est l'anglais. Il en va autrement pour les communautés immigrantes[8]. Terre d'immigration, le Québec accueille de nombreux expatriés à la fin de la

Seconde Guerre mondiale. Qu'ils viennent de l'Europe occidentale ou qu'ils soient des « réfugiés du communisme » — expression utilisée par les élites religieuses et conservatrices pour désigner la vague d'immigration qui a suivi la répression soviétique en Hongrie en 1956 —, le défi de la gestion de la diversité culturelle confronte la société et l'État québécois. Ces immigrants choisissent en très grand nombre les établissements scolaires anglophones, notamment anglo-catholiques : c'est le cas des Italiens, des Ukrainiens et des Portugais. Ce choix se fait avec la complicité des dirigeants du système scolaire catholique francophone, qui estiment que ces nouveaux arrivants sont éloignés des référents culturels canadiens-français et, par conséquent, qu'ils ne peuvent s'intégrer à la communauté majoritaire. La scolarisation en anglais des immigrants facilite leur intégration à la communauté anglophone. La réalité socioéconomique dicte aussi le choix des écoles anglaises, puisque l'anglais au Québec est une langue de travail, mais également une langue de mobilité socioéconomique.

Cette situation suscite des réactions parmi les militants du fait français de 1948 à 1960. Certes, des gains sont faits pour un meilleur contrôle de l'intégration sociale des immigrants. Ainsi, le gouvernement de Mackenzie King adopte le décret PC 4186 le 16 septembre 1948, qui accorde aux Français le même statut d'immigrants privilégiés qu'aux Britanniques et aux Américains. Toutefois, cela ne suffit pas vraiment. D'autres initiatives sont mises de l'avant, comme celle de la Commission des écoles catholiques de Montréal (CÉCM), qui crée le Comité des Néo-Canadiens en 1947. À ce moment, comme le souligne l'étude de l'historien Miguel Simão Andrade, environ 65 % des Néo-Canadiens envoient leurs enfants dans les écoles catholiques de langue anglaise. Le Comité poursuit l'objectif de franciser les Néo-Canadiens en créant une variété de programmes d'apprentissage de la

➤ *La rue Sainte-Catherine, vers l'est, Montréal, octobre 1937. (BANQ, centre d'archives de Montréal, Fonds Conrad-Poirier, P48, S1, P01900)*

langue française. Dans les années 1950, il offre des cours de français le soir ainsi que des classes bilingues le samedi, qui seront toutefois abolies en 1969. Les projets de la CÉCM auprès des nouveaux immigrants connaissent cependant d'importants problèmes. La faible qualification des enseignants affectés à ces cours nuit au programme de francisation. Si la francisation ne connaît pas un succès significatif, il en va autrement dans le dossier de l'intégration des enfants des nouveaux immigrants aux écoles catholiques. Subissant les pressions des commissaires anglo-catholiques, la CÉCM réoriente ses efforts pour attirer dorénavant les enfants des immigrants dans son secteur anglophone. Cette situation suscite la colère des néo-nationalistes, notamment Jean-Marc Léger et André Laurendeau.

Pour certains militants du fait français, la question de l'éducation montre l'urgence que revêt l'intervention de l'État du Québec en matière d'intégration des immigrants à la majorité francophone. Dès le début des années 1950, *Relations,* avec René Gauthier, *L'Action natio-nale,* avec Camille L'Heureux, Pierre Laporte et Jean-Marc Léger, et *Le Devoir,* avec Gérard Fillion et André Laurendeau, en appellent à l'action provinciale. Afin d'assurer l'immigration française, le député indépendant René Chaloult dépose en janvier 1952 une motion, qui meurt au feuilleton, préconisant la création d'un organisme d'accueil pour les immigrants et d'un programme de subventions pour les organismes existants. Au moment des assises de la Commission royale d'enquête sur les problèmes constitutionnels, dite commission Tremblay, la Société d'assistance aux immigrants et la Chambre de commerce du district de Montréal plaident pour une sélection des immigrants par l'État québécois, une sélection favorisant notamment l'admission de Français. Même si le rapport de la commission Tremblay reprend en 1956 la solution prônée par les mémoires des organismes, l'heure n'est pas encore venue pour une intervention de l'État provincial, faute de pressions suffisantes exercées sur des responsables politiques plutôt désintéressés.

L'État, dans tout cela ?

On le voit, là où les francophones exercent un contrôle effectif, comme au Québec, la société civile fait peu pour transformer l'État en un instrument d'établissement de normes linguistiques et de promotion du français comme langue de communication et de travail. Les militants du fait français plaident souvent pour des incitatifs, mais sans plus. À d'autres moments, on quémande le respect des droits du peuple canadien-français.

Ailleurs au pays, les militants du fait français repèrent des domaines d'intervention pour l'État fédéral, puisque les francophones en milieu minoritaire ont une capacité limitée d'influencer les États provinciaux. Ces limites s'expliquent par le faible poids démographique des francophones et par la variabilité de leurs capacités de mobilisation politique. Il faut ajouter à cette liste les divisions qui minent parfois l'action des communautés canadiennes-françaises en milieu minoritaire, et aussi leurs difficultés à soutenir un lobby requérant une importante mobilisation financière et humaine, comme l'ont révélé les crises scolaires au Nouveau-Brunswick, au Manitoba, en Alberta, en Saskatchewan et en Ontario, à la fin du XIXe siècle et au début du XXe. En ciblant l'État fédéral, ces communautés s'appuient sur l'ensemble de la députation francophone, notamment le fort contingent provenant du Québec. Elles espèrent que tout geste contribuant à la mise en place d'une politique d'aménagement linguistique inspirée par la notion du pacte entre les deux peuples fondateurs aura un effet d'entraînement sur les États provinciaux.

Les organismes de promotion des droits des Canadiens français et des Acadiens, ce qui inclut l'Ordre de Jacques-Cartier, les Sociétés Saint-Jean-Baptiste, le Conseil de la vie française en Amérique et les associations d'éducation dans la plupart des provinces anglophones, font du lobbying auprès des États provinciaux mais surtout de l'État fédéral. Ils cherchent à les forcer à offrir des services en français par l'envoi de lettres, de pétitions, de mémoires, ou encore au moyen de rencontres privées et publiques avec des représentants de la classe politique. Ce lobbying connaît cependant un succès limité, comme le révéleront les travaux de la Commission royale d'enquête sur le bilinguisme et le biculturalisme, mieux connue sous le nom de commission Laurendeau-Dunton, au cours des années 1960.

Les actions entreprises par les membres du réseau institutionnel canadien-français auprès de l'État fédéral sont nombreuses, mais souvent ponctuelles, et elles n'obéissent pas nécessairement à une stratégie de promotion d'une politique d'aménagement linguistique globale. À défaut de formuler une longue liste de demandes, les militants canadiens-français procèdent à la pièce, à la suite de l'annonce d'une politique ou de la tenue d'événements. Cela devient un prétexte pour rappeler à l'État fédéral ses obligations, du moins morales, puisque les tribunaux ne se sont guère montrés généreux dans leurs interprétations lorsqu'ils sont intervenus dans les causes scolaires à la fin du XIXe siècle et au début du XXe.

Les membres du réseau institutionnel, certains députés fédéraux et provinciaux ainsi que des figures de proue des milieux intellectuels, tel André Laurendeau, ciblent des dossiers particuliers. Ils s'attaquent entre autres à l'offre de services, ce qui indique une mutation des conceptions du rôle de l'État et de l'exercice des droits. À défaut de voir l'État fédéral mettre en place une offre active et systématique de services dans les deux langues, ces militants plaident pour l'embauche de fonctionnaires francophones capables de donner des services en français. Déjà, la traduction des lois est moins soumise qu'auparavant aux aléas du recrutement de contractuels, comme le signale le linguiste Alain Otis. Le Parlement du Canada institue ainsi en 1934 le Bureau des traductions, où une petite équipe spécialisée de juristes fonctionnaires s'affaire à traduire en français la version anglaise des textes juridiques. Toutefois, la situation reste nettement défavorable aux Canadiens français, qui demeurent sous-représentés dans la fonction publique fédérale. Alors que, en 1918, 22 % des fonctionnaires fédéraux sont canadiens-français, ils ne sont plus que 13 % en 1946. Les militants du fait français se mobilisent donc

pour faire pression. Agissant seuls ou dans le cadre d'une action concertée, ils profitent du départ d'un haut fonctionnaire ou d'un sous-
ministre — comme celui de la Commission de l'assurance-chômage au
début des années 1940 — pour demander l'embauche d'une personne
bilingue. En 1947, la question rebondit même à l'Assemblée législative du Québec, où le député indépendant René Chaloult dépose
une motion de blâme. Les députés québécois protestent unanime-
ment « auprès du gouvernement d'Ottawa contre l'injustice dont est
victime la minorité canadienne-française de ce pays », une injustice
qui est contraire « à l'esprit de la Constitution[9] ». Enfin, au cours des
années 1950, les militants du fait français suggèrent également l'embauche de sous-ministres francophones pour assurer « une juste représentation » des citoyens de langue française.

À d'autres moments, les militants félicitent le législateur d'avoir
posé les premiers jalons d'une politique favorisant l'embauche de francophones. Ainsi, ils se réjouissent du projet de loi déposé par le député
libéral Wilfrid Lacroix et adopté en 1938 par le Parlement fédéral. En
vertu de la Loi modifiant la Loi du service civil (S.C., 2 Geo. VI, c. 7), il
n'est plus possible, dorénavant, de transférer des fonctionnaires dans
une autre province si ces derniers ne parlent pas la langue de la majorité
dans cette province. On espère ainsi favoriser l'embauche de fonctionnaires maîtrisant le français. Par contre, les responsables politiques, élus
comme fonctionnaires, ne sont pas pressés d'y donner suite, comme
l'indique le politologue Daniel Bourgeois. D'ailleurs, la Commission
royale d'enquête sur le bilinguisme et le biculturalisme soulignera
en 1964 la persistance de la sous-représentation des francophones au
sein de l'administration publique fédérale.

**Loi modifiant la Loi du service civil
(S.C., 2 Geo. VI, c. 7), dite loi Lacroix (1938)**

Ce projet de loi a été adopté par le Parlement du Canada en avril 1938.
[...] aucune nomination permanente ou temporaire ne doit être faite à

un emploi local dans une province, et aucun employé ne doit être transféré d'un emploi dans une province à un emploi local dans la même ou une autre province, qu'il soit permanent ou temporaire, jusqu'à ce que le candidat ou l'employé se soit qualifié, par voie de concours, dans la connaissance et l'usage de la langue de la majorité des personnes avec lesquelles il est tenu de traiter ; toutefois, cette langue doit être le français ou l'anglais. [...]

Chaque examen prévu par la présente loi doit avoir lieu en anglais ou en français, au choix du candidat ; avis de chaque examen doit être publié en anglais et en français dans la Gazette du Canada, et cet avis doit indiquer le nombre d'emplois qu'il est projeté de remplir, les emplois alors vacants et, dans chaque cas, les qualités exigées pour ces emplois.

Source : S.C., 2 Geo. VI, c. 7, art. 1 et 2.

Le second domaine d'intervention vise l'ordre symbolique. Il s'agit d'encourager l'État fédéral à s'afficher dans les deux langues officielles, en vue de faire échec à ceux qui cantonnent le fait français au Québec et refuse de reconnaître la présence francophone dans le reste du pays. Le Conseil de la vie française en Amérique, connu en 1939 sous le nom de Comité permanent de la survivance française en Amérique, dénonce l'absence du français au pavillon du Canada à l'exposition universelle de New York. Pour faire suite à la promulgation de la Loi sur la mobilisation des ressources nationales en juin 1940, dans le cadre de l'effort de guerre, l'État fédéral décrète l'enregistrement de tous les Canadiens âgés de plus de 16 ans pour la défense du Canada. Les fonctionnaires fédéraux distribuent les formulaires d'inscription uniquement en anglais à l'extérieur du Québec, ce qui suscite les protestations d'organismes de défense des droits des Canadiens français. À la fin des années 1950, le Conseil de la vie française en Amérique presse l'État fédéral de publier simultanément dans les deux langues le nouvel atlas géographique du pays[10].

La tenue des scrutins fédéraux est un prétexte pour rappeler à l'État fédéral son obligation de distribuer toute documentation dans les deux langues officielles, partout au Canada. Lors du plébiscite sur la conscription en 1942, le Comité permanent de la survivance française en Amérique exige de l'État fédéral l'impression et la distribution de bulletins bilingues dans tous les bureaux de scrutin. Le gouvernement en décide autrement : il distribue des bulletins en français seulement dans les agglomérations où résident au moins une quinzaine d'électeurs parlant cette langue[11].

Ces luttes en viennent à cibler un symbole important de la souveraineté de l'État, le privilège de battre monnaie. Après la victoire obtenue en 1927 pour l'impression des timbres dans les deux langues, c'est la bataille pour le bilinguisme de la devise canadienne qui mobilise, dans les années 1930, le milieu associatif et le quotidien *Le Devoir*, où le journaliste Omer Héroux milite activement pour cette cause. Les pressions font progressivement effet. Ainsi, en 1934, le gouvernement conservateur de Richard Bennett autorise l'impression d'une double série de billets de banque unilingues, qui peuvent être en anglais ou en français selon le cas. Deux ans plus tard, le gouvernement de William Lyon Mackenzie King fait adopter la Loi modifiant la Loi sur la Banque du Canada (S.R.C. 1936, 1 Édouard VIII, c. 22), qui impose de manière permanente le bilinguisme de la monnaie canadienne, ce qui évite la duplication abusive du numéraire.

Signe des temps, une autre bataille se met en place, qui touche également à une fonction symbolique de l'État, un État-providence cette fois : celle qui vise à assurer à tous les citoyens les moyens financiers d'exercer leurs droits socioéconomiques et à réduire les inégalités. Après la remise du rapport de Leonard Marsh en 1942, l'État fédéral élabore un filet de protection sociale, qui se mettra en place après la Seconde Guerre mondiale. Les différents programmes fédéraux de soutien au revenu font ainsi parvenir une aide financière sous forme de chèques aux citoyens qui y ont droit. Dès lors, l'enjeu linguistique se glisse en cette matière, car les citoyens canadiens ne sont pas égaux devant l'État, surtout en ce qui concerne la connaissance de l'anglais. Selon les militants du milieu associatif canadien-français, la lutte menée alors vise à modifier de manière durable l'ordre symbolique canadien en rappelant constamment à l'État fédéral son obligation d'émettre et de distribuer des chèques dans les deux langues. La cause mobilise ainsi le réseau institutionnel sur une longue période. Lors de l'envoi des premiers chèques de pension de vieillesse en 1952, les militants pressent l'État fédéral d'agir en ce sens, car la solution que représente l'envoi de chèques bilingues au Québec seulement n'est qu'un premier pas. Certes, ils se réjouissent de ce geste, tout en renouvelant leur demande pour l'envoi de chèques bilingues de pension de vieillesse partout au Canada. Si l'État fédéral accepte de le faire dans le cas des pensions, son geste constituera un précédent qui sera invoqué afin qu'il généralise sa pratique à l'ensemble des chèques provenant des autres programmes sociaux. Quels sont les moyens de pression privilégiés par les militants du milieu associatif ? Il y a d'abord l'envoi de lettres aux responsables politiques. Puis, des membres du réseau institutionnel du Québec et des groupes francophones en milieu minoritaire forment des délégations et font du lobbying auprès des autorités fédérales. Des projets de loi d'intérêt privé sont aussi déposés, tels que ceux du député indépendant de Beauce, Raoul Poulin, et à compter de 1958 ceux de Louis-Joseph Pigeon et de Samuel Boulanger, qui meurent toutefois au feuilleton de la Chambre des communes. La publication d'articles dans les quotidiens par des journalistes sympathiques à la cause permet de donner de l'importance au lobby et surtout de soutenir cette longue bataille, qui se termine en février 1962. À ce moment-là, l'État fédéral annonce l'impression de tous les chèques dans les deux langues[12].

La durée de cette bataille s'explique par les obstacles qui se retrouvent sur le chemin des militants. Ces derniers se confrontent à l'opposition active et passive des élus fédéraux qui craignent pour leurs succès électoraux, notamment dans les circonscriptions électorales unilingues anglaises, à la suite de la distribution de chèques bilingues. Le chèque constitue un symbole important pour les citoyens, et cette dimension n'échappe ni aux Canadiens de langue française ni au personnel politique, et encore moins aux Canadiens de langue anglaise.

Résultant du travail d'un lobby qui a duré près d'une dizaine d'années, la victoire des chèques bilingues est toutefois suivie de lendemains qui déchantent. Selon les milieux nationalistes québécois au début des années 1960, cette longue bataille montre clairement le manque de leadership des élus fédéraux, qui ne veulent pas créer une politique d'aménagement linguistique fondée sur la notion des deux peuples fondateurs. Pour ces militants, les symboles canadiens et les pratiques bureaucratiques étatiques doivent refléter cette dualité linguistique et culturelle partout au pays. En fait, cette lutte pour les chèques bilingues laisse présager des batailles encore plus acharnées et probablement vaines. Par exemple, les membres du réseau institutionnel canadien-français sont peu confiants d'obtenir des gains significatifs dans le dossier de la langue de service, qui vise à forcer l'État canadien au dialogue avec les citoyens dans les deux langues officielles, ou celui de la langue de travail, qui vise à faire reconnaître aux fonctionnaires fédéraux le droit de travailler dans l'une ou l'autre des langues officielles.

Ces actions pour transformer les symboles de l'État fédéral ne relèguent pas au second plan la question scolaire, bien au contraire. Cette dernière demeure importante pour les communautés francophones en milieu minoritaire. Bien que toute libéralisation des politiques à l'égard du français comme langue d'enseignement résulte de décisions prises par les élus et les fonctionnaires provinciaux, les représentants des communautés minoritaires estiment que l'État fédéral a des responsabilités reconnues par l'article 93 de la Loi constitutionnelle de 1867. Ainsi, ils tirent parti des tribunes offertes par les commissions royales d'enquête fédérales — telles que celle présidée par Newton W. Rowell et Joseph Sirois sur les relations entre le Dominion du Canada et les provinces (1937-1940), celle présidée par Vincent Massey et le père Georges-Henri Lévesque sur l'avancement des arts, des lettres et des sciences au Canada (1949-1951), et enfin celle présidée par Robert Fowler sur la radio et la télévision (1955-1957) — pour présenter leurs demandes. Même si ces commissions ne traitent pas précisément d'éducation, les leaders communautaires en profitent pour rappeler l'obligation de régler la question scolaire et de garantir l'usage du français dans les provinces. Devant les membres de la commission Rowell-Sirois en 1938, les Acadiens s'exclament : « Quelle folie eût été celle des "Pères" [de la Confédération] en décrétant cet usage du français au Parlement et devant les tribunaux fédéraux si leur intention n'avait pas été de rendre possible partout au Canada l'emploi du français ? » Selon eux, la solution consiste à amender les articles 93 et 133 de la Loi constitutionnelle de 1867 « de façon à ce que les minorités françaises des provinces maritimes jouissent des droits et privilèges que la province de Québec accorde actuellement à ses minorités anglaises et protestantes[13] ». Pour leur part, les Canadiens français de l'Alberta exigent « la reconnaissance officielle de la religion catholique et de la langue française dans les écoles de chacune des provinces du Canada et [...] que la langue française soit officielle dans tous les Parlements et devant tous les tribunaux du pays[14] ».

Le dernier domaine d'intervention des militants est celui des médias d'information. Avec l'arrivée de la radio, les Canadiens français du Québec et les communautés francophones en milieu minoritaire se tournent vers la Société Radio-Canada (SRC). Jusqu'en 1958, cette société de la Couronne est à la fois un organisme de régulation du développement de l'industrie radiophonique — par l'attribution des permis de radiodiffusion — et un radiodiffuseur. Les leaders communautaires demandent alors au bureau des gouverneurs de la SRC la création de stations de radio et de télévision françaises, lorsque ce nouveau média se développe à compter de 1952.

Au début des années 1930, il n'y a que deux stations radiophoniques à Montréal : CFCF, qui diffuse en anglais, et CKAC, qui est une radio bilingue. Lors de la création de la Commission canadienne de la radiodiffusion en 1932, remplacée par la SRC en 1936, la question du français sur les ondes radiophoniques et les responsabilités de l'État fédéral à l'égard du bilinguisme dominent le développement de cette nouvelle technologie. La Commission canadienne de la radiodiffusion ouvre des postes à Québec et à Chicoutimi. Hors du Québec, l'intervention de la Commission suscite de vives réactions d'hostilité.

L'historienne Mary Vipond rappelle que, lorsque de nouvelles stations radiophoniques amorcent leurs activités à Ottawa, à Toronto, à Vancouver et à Windsor, les plaintes affluent en très grand nombre à la Commission canadienne de la radiodiffusion au sujet de la part attribuée aux émissions de langue française. De nombreux Canadiens n'acceptent tout simplement pas la présence du français à la radio. La bataille pour le bilinguisme se transpose dorénavant sur les ondes radiophoniques. Elle soulève des questions importantes quant au rôle de l'État fédéral dans ce domaine. Les partisans de l'entreprise privée s'agitent et s'opposent à l'intrusion de l'État fédéral dans un domaine qui relèverait surtout du privé. Selon eux, le gouvernement fédéral ne devrait avoir aucune responsabilité en matière de radiodiffusion. L'entreprise privée et la loi de l'offre et de la demande détermineraient la présence du français sur les ondes radiophoniques. D'autres opposants, notamment les loges orangistes et les militants du Ku Klux Klan, font connaître leur opinion avec véhémence à l'ouverture de stations radiophoniques diffusant quelques émissions en français hors des frontières du Québec. Ils écrivent à la Commission canadienne de la radiodiffusion pour manifester leur hostilité. Ils font directement des pressions sur le premier ministre du pays pour court-circuiter l'action de la Commission, et surtout pour s'assurer que les élus fédéraux saisissent bien la force de l'opposition à la présence du français à la radio. L'État fédéral forcerait les gens à écouter des émissions bilingues ou en français, selon ces radicaux — quoique moins de 5 % des émissions soient en français ou dans les deux langues en 1934. Au Québec, 80 % des émissions radiophoniques sont diffusées en anglais. Aux yeux de ces opposants, qui entretiennent des préjugés à l'égard des Canadiens français et qui sont parfois profondément hostiles à leur langue et à leur culture, la diffusion d'émissions en français doit se limiter aux seules frontières du Québec. Hors de cette province, l'anglais doit occuper tout le paysage radiophonique. Les radicaux cherchent ainsi à empêcher le développement du bilinguisme au pays et la réalisation effective du pacte entre les deux peuples fondateurs, ce qui impliquerait le respect des droits collectifs partout au pays, même si l'un de ces peuples est en fait une minorité sur le plan démographique.

Parmi les partisans du bilinguisme, la question de sa mise en œuvre pose un dilemme : faut-il créer des stations dont la programmation serait bilingue ou, au contraire, créer deux réseaux radiophoniques, l'un de langue française et l'autre de langue anglaise ? Des impératifs économiques et politiques dictent les choix de la Commission canadienne de la radiodiffusion, puis de la Société Radio-Canada à compter de 1936. Ainsi, les coûts du développement d'un réseau radiophonique de langue française, la faiblesse des marchés francophones à l'extérieur du Québec et la concurrence entre des intérêts privés pour l'obtention des permis de radiodiffusion disponibles marquent le développement de la radio au Canada. Ces facteurs deviennent de sérieux obstacles aux francophones et à leur volonté de syntoniser la radio en français.

Devant la lenteur de la Société Radio-Canada à étendre son réseau en français hors du Québec, des membres des communautés se mobilisent. Lorsque les promoteurs de la radio française présentent une demande pour exploiter une station, des groupes anglophones et ethnoculturels s'y opposent, sous prétexte que la SRC favorisera un groupe ethnique au détriment des autres. Le refus de la Société Radio-Canada de faire de la radio française une priorité dans ses plans de développement obligent les membres des communautés francophones de l'Alberta, de la Saskatchewan et du Manitoba à réunir les sommes nécessaires pour l'ouverture de quatre postes de radio. Pour ce faire, les dirigeants font appel à la générosité de leur communauté respective. Pour couvrir les coûts importants de ce projet, ils participent à l'organisation d'une souscription au Québec en 1945, comme les Acadiens l'avaient fait en 1943 pour un quotidien du Nouveau-Brunswick, *L'Évangéline*. Quatre stations radiophoniques ouvrent ainsi leurs portes au cours des années 1940 et 1950, mais les coûts d'exploitation très élevés de ces stations amènent la Société Radio-Canada à les acquérir.

Là où les postes de radio existent, le potentiel de ce nouveau moyen de communication n'échappe pas à ceux qui se préoccupent de la correction langagière. Ainsi, lors du troisième Congrès de la langue française, tenu à Québec en 1952, les congressistes adoptent les résolutions suivantes :

> Que nos postes de radio s'appliquent de plus en plus à soigner la langue française, en vue de se constituer eux-mêmes les gardiens et les propagateurs de la culture française au Canada, de l'Atlantique au Pacifique ;
> Que la télévision de demain, respectant les lois de la morale, devienne aussi une école de bon goût et de bon langage ;
> Que le même souci de culture française anime les producteurs et les propagandistes du film canadien[15].

L'activisme en matière linguistique concerne aussi les États provinciaux. En 1959, la Fédération des Sociétés Saint-Jean-Baptiste de l'Ontario invite le ministère ontarien de la Voirie à imprimer dans les deux langues les dépliants expliquant les règlements de la sécurité routière[16]. Deux ans plus tard, l'Association canadienne-française d'éducation d'Ontario convainc les responsables provinciaux de ne pas interdire l'utilisation de panneaux de signalisation bilingues, notamment les panneaux d'arrêt obligatoire[17].

En 1957, le Congrès de la refrancisation prône un plus grand respect à l'égard du français. L'intervention des États fédéral et provinciaux comme outil de promotion de la langue française est toutefois quasi absente des propos des conférenciers. Elle se limitera à la création d'un organisme destiné à conseiller les entreprises dans l'adoption d'une raison sociale en français et d'un second organisme responsable de la promotion de la culture française. On confie plutôt le soin de promouvoir le bon usage de la langue à la société civile et à ses instances, telles que les sociétés littéraires et le milieu des affaires. Bref, une politique d'aménagement linguistique destinée à « influencer, ou ayant pour effet d'influencer, le comportement des autres, en ce qui concerne l'acquisition, la structure et la répartition fonctionnelle de leurs codes linguistiques » n'est pas encore à l'ordre du jour[18].

Tourmente et nouveaux questionnements

Dans les années 1950, la qualité de la langue française et son usage font l'objet d'un nouveau débat dans l'espace public. Non seulement la langue devient un problème social, mais certains intervenants identifient l'État comme un acteur institutionnel pouvant remédier à cette situation. En parallèle, le nombre des locuteurs français devient un objet de préoccupation. Ancien membre de la commission royale d'enquête sur les problèmes constitutionnels présidée par le juge Thomas Tremblay et directeur de la revue *Relations* de 1959 à 1969, le jésuite Richard Arès sonne l'alarme avec ses articles publiés au cours des années 1950 et 1960. À la lecture de ses textes sur les communautés francophones en milieu minoritaire, les rangs nationalistes au Québec sont passablement inquiets.

Grâce à un séjour comme enseignant au Collège de Saint-Boniface au Manitoba, au début des années 1940, le père Arès connaît bien la réalité des communautés francophones en milieu minoritaire. Préoccupé par la question de leur survivance, il décide de mesurer leur vitalité ethnolinguistique en utilisant des données dites objectives : celles contenues dans les recensements décennaux. Fondant ses calculs sur la différence entre le nombre de locuteurs ayant le français pour langue maternelle et le nombre de locuteurs d'origine ethnique canadienne-française, Arès croit pouvoir mesurer la vitalité du fait français au pays. Toutefois, ces données démographiques sont obtenues d'une façon discutable. Outre les problèmes liés au libellé des questions, ce sont les recenseurs qui inscrivent les réponses, et non les répondants eux-mêmes[19]. Cela donne lieu à des critiques répétées de la part des représentants du réseau institutionnel francophone en milieu minoritaire auprès du Bureau fédéral du recensement, ce dernier organisme échouant souvent dans sa tâche d'embaucher des recenseurs bilingues.

Contrairement aux estimations vagues et généralisantes que les militants de la survivance ont présentées lors des congrès sur la langue française, les analyses du père Richard Arès sont précises et jugées plus scientifiques, car elles sont fondées sur des données quantifiables. Malgré les lacunes de la méthode de recensement et du corpus, le père Arès utilise ces données et expose le fruit de ses recherches dans une série d'articles publiés dans la revue *Relations* à compter de 1954.

Richard Arès constate une régression du français partout au pays. Ainsi, dans les provinces maritimes à l'exception du Nouveau-Brunswick, en Ontario et dans les Prairies canadiennes, les transferts linguistiques vers la langue anglaise minent la vitalité des communautés francophones en milieu minoritaire. En particulier, Arès cache mal son pessimisme à l'égard des communautés des Prairies canadiennes. Il plaide pour des gestes concrets, sans toutefois les préciser, pour éviter « que le recensement de 1961 révèle des pertes encore plus brutales[20] ».

Le père Richard Arès est le premier à mesurer les transferts linguistiques et leurs conséquences sur la vitalité sociolinguistique. Il fait le constat que cette vitalité se maintient dans ce que le démographe Richard J. Joy a nommé le « corridor bilingue », soit la région allant de Sault Ste. Marie à Moncton. Cela signifie que les communautés francophones vivant dans le territoire délimité à l'ouest par les villes de Sault Ste. Marie, d'Ottawa et de Cornwall, en Ontario, et à l'est par celles d'Edmundston et de Moncton, au Nouveau-Brunswick, comptent les taux de vitalité linguistique les plus élevés. À l'extérieur de ce corridor, les transferts linguistiques au profit de l'anglais augmentent au fur et à mesure qu'on s'en éloigne.

Le recul du fait français à l'extérieur du Québec et, dans une moindre mesure, au Québec même conduit à une reformulation de la pensée et des objectifs de la nation. Selon certains, les données de Richard Arès montrent l'échec de la stratégie des revendications à la pièce d'une politique de bilinguisme institutionnel de la part de l'État fédéral. Selon d'autres, ces reculs de la vitalité ethnolinguistique obligent à repenser les frontières territoriales du Canada français et à recentrer l'action nationaliste sur le seul État contrôlé par les francophones, soit l'État du Québec. Si la reformulation de la pensée et des objectifs nationalistes n'entraîne pas pour l'instant la disparition de la théorie des deux peuples fondateurs, elle transforme les frontières du territoire de l'un de ces peuples fondateurs. Ainsi, les frontières du Canada français sont redessinées pour se calquer sur celles du Québec.

Les historiens Maurice Séguin, Guy Frégault et Michel Brunet jouent un rôle important dans la reformulation de la pensée nationaliste, que l'on désigne désormais sous le vocable de « pensée néo-nationaliste ». Les prismes des représentations sociales changent alors. Brunet et les indépendantistes québécois, au tournant des années 1960, jugent sévèrement les luttes menées pour le fait français dans les provinces anglaises, des luttes exaltées au temps de l'idéologie de la survivance. Ils estiment que le temps est venu de couper les liens avec le passé canadien-français et de repenser le futur en faisant de l'État québécois le garant du maintien du fait français.

Les partisans de l'indépendance, tels que Marcel Chaput, André d'Allemagne et Raymond Barbeau, proposent de participer à la marche accélérée de l'histoire en cette fin des années 1950, celle des peuples qui secouent le colonialisme et optent pour l'indépendance nationale. D'après eux, au lieu de se réjouir des luttes passées et des quelques batailles gagnées, il faut s'en attrister. Tel qu'il existe, le Canada nuirait à la réalisation de la nation canadienne-française, qui aurait besoin d'un État pour assurer son épanouissement. Quant aux minorités canadiennes-françaises et acadiennes, elles deviendraient une preuve du sort guettant les Canadiens français s'ils n'appuient pas la stratégie consistant à faire du Québec un État-nation. L'accession à l'indépendance constituerait le nouveau moyen d'assurer le développement de la nation canadienne-française. Enfin, le Québec n'abandonnerait nullement ces communautés en milieu minoritaire, selon Chaput, D'Allemagne et Barbeau. Les études du père Arès l'ont révélé : ces communautés vont disparaître de toute façon en raison des transferts linguistiques au profit de l'anglais.

À l'heure du mouvement de la décolonisation et au moment où l'idéal de l'indépendance québécoise provoque une adhésion de plus en plus grande, la prise de parole citoyenne s'intéresse également à son vecteur : la langue elle-même. De l'avis des premiers indépendantistes, qu'ils proviennent des rangs littéraires, tels qu'Hubert Aquin et Jacques Ferron, ou sociopolitiques, comme Marcel Chaput, André d'Allemagne, Andrée Ferretti ou encore Raymond Barbeau, la faible maîtrise de la langue française et la pauvreté du lexique trouvent leurs racines dans le processus de colonisation linguistique.

Les premiers dirigeants du mouvement indépendantiste considèrent l'État comme un acteur important dans l'établissement d'une politique d'aménagement linguistique destinée à faire du français la seule langue officielle du Québec. Raymond Barbeau, de l'Alliance laurentienne, et André d'Allemagne, du Rassemblement pour l'indépendance nationale, présentent l'accession du Québec à l'indépendance politique comme la première étape du processus qui fera du français l'unique langue officielle. Ils rejettent le bilinguisme au profit de l'unilinguisme français. Avec les premiers indépendantistes, la question de la langue prend une nouvelle signification politique : la pauvreté de la langue résulte du statut politique du Québec. Selon eux, la position d'infériorité socioéconomique des Canadiens français découle de leur subordination politique. La langue et ses carences ne font que refléter cette situation.

Influencés par les théories de la décolonisation, formulées notamment dans *Les Damnés de la terre* de Frantz Fanon et dans *Portrait du colonisé* d'Albert Memmi, les premiers indépendantistes expliquent l'état précaire du français par la réalité de la colonisation. Pour eux, l'infériorité socioéconomique des Canadiens français est une conséquence logique de la Conquête britannique de 1760. Cette condition de colonisé serait encore présente au Canada français : il ne peut y avoir de changement radical pour l'avenir du français sans que soit mis un terme à cet état de fait. Une coexistence harmonieuse entre les langues anglaise et française est impossible. Au contraire, puisque la première domine la seconde. De plus, l'usager du français aurait intériorisé une conception dévalorisée de sa langue, d'où la prolifération des anglicismes et la pauvreté du lexique que de nombreux individus ont dénoncées au cours des dernières décennies.

Pour les tenants québécois de l'indépendantisme et des théories de la décolonisation, le bilinguisme constituerait un signe de colonisation culturelle et d'infériorité, requérant non seulement une intervention politique mais aussi — surtout — un changement de statut politique pour le Québec. Parmi les communautés canadiennes-françaises et acadiennes en milieu minoritaire, ces discours ne laissent personne indifférent. Certes, l'option de l'indépendance du Québec fait peur à beaucoup. Les dirigeants du milieu associatif se rassurent toutefois parce qu'ils estiment encore que cette option idéologique est très minoritaire à la fin des années 1950. Quant à l'idée que le bilinguisme tue, comme le proclame une brochure du Rassemblement pour l'indépendance nationale[21], les membres des communautés canadiennes-françaises et acadiennes en milieu minoritaire savent qu'elle ne s'applique pas à eux : dans leur cas, le bilinguisme constitue une nécessité de la vie économique.

Pour les adeptes des théories de la décolonisation, la situation du Canada, avec la présence de deux langues, montre l'impossibilité de leur cohabitation dans un même territoire. Elle dévoile surtout le fait que l'une de ces langues est un outil d'assimilation culturelle. Devant ce constat, d'autres militants de la cause du français, comme Jean-Marie Laurence, chroniqueur et membre du Comité de linguistique de la Société Radio-Canada, vont plaider pour la reconnaissance de l'existence de divers niveaux de langue. Pour ces militants, il importe d'en tenir compte dans les efforts déployés pour encourager les citoyens à se corriger. Au tournant des années 1960, une polémique éclate sur ce thème, plus particulièrement sur l'idée que le patois canadien-français constitue une langue hybride, une langue appelée le joual.

La polémique sur le joual s'amorce par la publication d'un billet d'André Laurendeau dans le quotidien *Le Devoir,* le 21 octobre 1959, dans lequel son auteur affirme que les jeunes parlent joual. Cette affirmation incite le frère Pierre-Jérôme, de l'ordre des maristes — de son vrai nom Jean-Paul Desbiens — à conforter le rédacteur en chef du quotidien montréalais dans son analyse. Laurendeau publie la lettre de

Desbiens sous le pseudonyme du frère Untel. *Le Devoir* publie plusieurs autres lettres du frère Untel en 1959 et 1960. Réunies dans le livre *Les Insolences du frère Untel*, ces lettres soulèvent une tempête médiatique et un débat de société sur la qualité de la langue. Avec verve, sinon une hargne qui évoque les pamphlets de Léon Bloy, Jean-Paul Desbiens s'attaque au joual, qui est, selon lui, le signe d'une grande pauvreté langagière et d'un problème de civilisation.

Les Insolences du frère Untel (1959)

« Échec de notre enseignement du français. […]
Nos élèves parlent joual, écrivent joual et ne veulent pas parler ni écrire autrement. Le joual est leur langue. Les choses se sont détériorées à un tel point qu'ils ne savent même plus déceler une faute qu'on pointe du bout du crayon en circulant entre les bureaux. […]
Cette absence de langue qu'est le joual est un cas de notre inexistence, à nous, les Canadiens français. On n'étudiera jamais assez le langage. Le langage est le lieu de toutes les significations. Notre inaptitude à nous affirmer, notre refus de l'avenir, notre obsession du passé, tout cela se reflète dans le joual, qui est vraiment notre langue. […]
Bien sûr qu'entre jouaux, ils [les élèves] se comprennent. La question est de savoir si on peut faire sa vie entre jouaux. Aussi longtemps qu'il ne s'agit que d'échanger des remarques sur la température ou le sport ; aussi longtemps qu'il [ne] s'agit de parler que du cul, le joual suffit amplement. Pour parler entre primitifs, une langue de primitif suffit ; les animaux se contentent de quelques cris. Mais si l'on veut accéder au dialogue humain, le joual ne suffit plus. […]
On est amené au cœur du problème, qui est un problème de civilisation. Nos élèves parlent joual parce qu'ils pensent joual, et ils pensent joual parce qu'ils vivent joual, comme tout le monde par ici. Vivre joual, c'est rock'n'roll et hot-dog, party et ballade en auto, etc. C'est toute notre civilisation qui est jouale. On ne règlera rien en agissant au niveau du langage lui-même (concours, campagnes de bon parler français, congrès, etc.). C'est au niveau de la civilisation qu'il faut agir. […] Quoi faire ? Que peut un instituteur, du fond de son école, pour enrayer la déroute ? Tous ses efforts sont dérisoires. Tout ce qu'il gagne est aussitôt perdu. Dès quatre heures de l'après-midi, il commence à avoir tort. C'est toute la civilisation qui le nie ; nie ce qu'il défend, piétine ou ridiculise ce qu'il prône. […]

Échec de notre système d'enseignement.

On parle joual ; on vit joual ; on pense joual. Les rusés trouveront à cela mille explications ; les délicats diront qu'il ne faut pas en parler ; les petites âmes femelles diront qu'il ne faut pas faire de peine aux momans [*sic*]. Il est pourtant impossible d'expliquer autrement un échec aussi lamentable : le système a raté. [...]

Je propose donc qu'on décore tous les membres du Département de l'Instruction publique de toutes les médailles qui existent, y compris la médaille du Mérite agricole ; que l'on crée même quelques médailles spéciales, comme par exemple la médaille de la Médiocrité solennelle ; qu'on assure à tous ces gens une retraite confortable et bien rémunérée et qu'on les renvoie ensuite à leur moman [*sic*]. Ça reviendrait encore meilleur marché que de les payer à nous compliquer l'existence, comme c'est le cas présentement. Car enfin, le Département a fait à loisir la preuve par neuf de son incompétence et de son irresponsabilité. [...] »

Source : [Jean-Paul Desbiens], *Les Insolences du frère Untel*, préface d'André Laurendeau, Montréal, Éditions de l'Homme, 1960, p. 24-26, 37, 51-52.

Contrairement à ceux qui rendent depuis longtemps l'individu responsable de cette triste situation, Jean-Paul Desbiens dénonce les campagnes de francisation et les autres stratégies élaborées dans le passé pour améliorer la maîtrise de la langue et promouvoir la correction langagière ainsi que l'enrichissement du lexique. Pour le bouillant frère, ces moyens sont désuets et inadéquats pour corriger la situation. Le temps est venu d'envisager d'autres solutions. La sienne s'appelle intervention de l'État.

Il est question d'un Office provincial de la linguistique. J'en suis. LA LANGUE EST UN BIEN COMMUN, et c'est à l'État comme tel de la protéger. L'État protège les orignaux, les perdrix et les truites. On a même prétendu qu'il protégeait les grues. L'État protège les parcs nationaux, et il fait bien : ce sont là des biens communs. LA LANGUE AUSSI EST UN BIEN COMMUN, et l'État devrait la protéger avec autant de rigueur. Une expression vaut bien un orignal, un mot vaut bien une truite[22].

Alors que Desbiens dénonce le joual, il inscrit dans le débat public deux éléments-clés : le premier est le fait que la langue constitue un bien commun. Le second est la revendication d'une intervention énergique de la part de l'État provincial.

Quels sont les échos de cette polémique sur le joual et sur la piètre qualité du français dans les communautés francophones en milieu minoritaire ? En d'autres mots, y a-t-il eu l'équivalent d'un frère Untel chez les Acadiens ou les francophones du Manitoba, par exemple ? Le débat au Québec incite le Conseil de la vie française en Amérique à financer au moins une étude sur la qualité du français parmi les Canadiens français. Gaston Dulong, professeur à la Faculté des lettres de l'Université Laval, interroge des jeunes, des enseignants et des membres du clergé pour évaluer la qualité et la vitalité du français au Manitoba en 1963. Son constat prend la forme d'un bilan-choc : « Cette minorité francophone est déjà engagée dans un processus avancé d'anglicisation rapide et massive et, si la situation scolaire ne change pas rapidement et radicalement, le français disparaîtra totalement dans un avenir rapproché. » Cette situation résulte des déficiences du système scolaire. Ce dernier prépare les jeunes à maîtriser la langue de la majorité, bien que la loi provinciale permette l'utilisation du français comme langue d'enseignement dès la quatrième année du primaire, à raison d'une heure par jour. L'enquête de Gaston Dulong indique que, dans certaines écoles, l'utilisation du français peut même commencer dès la première année, pourvu que l'on respecte la limite d'une heure par jour. En ce qui concerne la qualité de la langue, l'expert de l'Université Laval a relevé la présence de nombreux anglicismes. Ce bilan n'a rien de rassurant, car, si les milieux ruraux où résident les francophones affichent une meilleure vitalité sociolinguistique, la situation est plus préoccupante en ville. Appelé au chevet du patient franco-manitobain, Dulong propose des solutions. Plusieurs d'entre elles reposent sur l'obligation de faire du français la langue d'enseignement dans les écoles. De plus, il faut s'assurer que le personnel enseignant reçoive une formation adéquate. Le spécialiste québécois propose même que soit favorisé le regroupement de la population française pour assurer une meilleure vitalité linguistique[23].

Tout ce débat public sur la qualité de la langue et l'urgence de l'action étatique ne doit pas demeurer de l'ordre des vœux. Au contraire, il doit inciter à l'action. Ancien chef du Parti libéral provincial et rédacteur du programme électoral du parti en 1960, Georges-Émile Lapalme comprend bien cet appel. Dans un document intitulé *Pour une politique* qui est distribué aux dirigeants du parti, Lapalme consacre deux chapitres à la question de la culture. Il croit que le contexte est propice à l'intervention étatique dans ce domaine précis. Il songe à la création d'un organisme gouvernemental qu'il appelle un « office de la linguistique », qui serait l'outil approprié pour lutter contre la piètre qualité de la langue française. Cet organisme relèverait d'un futur « ministère des Affaires culturelles » qui chapeauterait une intervention globale dans le domaine de la culture, puisqu'il s'occuperait notamment de la langue, des relations avec les groupes francophones en milieu minoritaire, de l'urbanisme et des monuments historiques. Lapalme écrit d'ailleurs dans ses mémoires que le temps « est venu de concevoir l'État provincial comme un phénomène culturel[24] ».

Ces suggestions se retrouvent dans le programme électoral du Parti libéral, soumis aux citoyens lors des élections de 1960. Le parti s'engage à créer un ministère des Affaires culturelles qui inclurait un Office de la langue française et justifie son action en ces termes :

> Dans le contexte québécois, l'élément le plus universel est constitué par le fait français que nous nous devons de développer en profondeur. C'est par notre culture plus que par le monde que nous nous imposerons. Conscients de nos responsabilités envers la langue française, nous lui donnerons un organisme qui soit à la fois protecteur et créateur ; conscients de nos responsabilités envers les trois ou quatre millions de Canadiens français et d'Acadiens qui vivent au-delà de nos frontières, en Ontario, dans les Maritimes, dans l'Ouest, dans la Nouvelle-Angleterre et la Louisiane, le Québec se constituera la mère patrie de tous. Dans le

Magasinage de Noël à Montréal, décembre 1961. Photo de Gar Lunney, Office national du film (BAC, PA-133218)

domaine des arts, tout en participant au mouvement universel, nous tenterons de développer une culture qui nous soit propre en même temps que, par l'urbanisme, nous mettrons en valeur ce qui reste de notre profil français. C'est par la langue française et la culture que peut s'affirmer notre présence française sur le continent nord-américain[25].

Élus en 1960, les libéraux donnent suite à leur promesse électorale avec la création, un an plus tard, du ministère des Affaires culturelles. Le premier titulaire, Georges-Émile Lapalme, veille à la mise en place de l'Office de la langue française, dont Jean-Marc Léger est le premier directeur. Selon l'article 14 de la loi du ministère, l'Office est chargé de conseiller le gouvernement sur toute action « en matière d'affichage public pour faire en sorte que la langue française y soit prioritaire[26] ». Il intervient aussi auprès des entreprises pour faciliter l'usage du français et favorise la correction de la langue. À cette fin, l'organisme publie un bulletin appelé *Mieux dire*.

Sous l'impulsion de l'énergique ministre Paul Gérin-Lajoie, l'action étatique cible également l'enseignement et le réseau scolaire. La création de la Commission royale d'enquête sur l'enseignement dans la province de Québec en avril 1961, dite commission Parent, stimule la réflexion sur les finalités de l'enseignement, les barrières socioéconomiques à son accessibilité et le rôle de l'État. Encouragé par les travaux de la commission, l'État provincial se lance dans une réforme des structures et procède notamment au regroupement des commissions scolaires et à la création des polyvalentes, des cégeps et du réseau de l'Université du Québec. Il revoit également le contenu des programmes et favorise la démocratisation de l'accès à l'éducation en investissant des sommes considérables dans les infrastructures et la formation des enseignants. Dans la réforme des programmes aux cycles primaire et secondaire, on observe des efforts pour améliorer la qualité et la maîtrise du français. Toutefois, la commission rappelle que l'éducation n'est qu'une facette du vaste chantier de mobilisation pour la valorisation de la langue française. En fait, les commissaires reconnaissent que l'apprentissage du français est indissociable de sa promotion comme langue de travail et de communication au Québec. Seul l'État québécois peut intervenir dans ces deux derniers domaines.

> L'école aura beau faire, le français sera sans cesse menacé d'effritement et de disparition au Québec si l'enseignement qu'on en donne ne s'appuie pas sur de solides et profondes motivations socioéconomiques. [...] Le ministère de l'Éducation n'est pas le seul en cause ici. Le gouvernement du Québec tout entier doit, tout en veillant à ne pas isoler le Québec en un ghetto, adopter des mesures très fermes pour protéger le français non seulement dans les écoles et universités, mais dans toute la vie publique. C'est particulièrement urgent à Montréal[27].

Dans le monde de l'éducation, domaine névralgique où s'impose la prise de parole publique, la commission Parent suscite une véritable mobilisation autour de l'enseignement. Elle encourage aussi la discussion sur les moyens à lui consacrer pour en améliorer la qualité, afin de former des jeunes capables d'affronter les défis d'une économie requérant une main-d'œuvre plus spécialisée.

* * *

Alors qu'au Canada anglais l'enjeu linguistique ne suscite qu'une indifférence quelque peu dédaigneuse, la langue française demeure un objet de préoccupation au sein de l'espace public au Québec et au Canada français. La tenue de congrès sur la langue française en 1937 et en 1952 et sur la refrancisation en 1957 en atteste. Contrairement à la période antérieure, il n'y a toutefois pas de crise importante provoquée par des décisions gouvernementales restreignant l'usage du français ou l'interdisant carrément dans les écoles. Ces années sont celles du régime d'une bonne entente apparente, typique d'une démocratie « consociationnelle », où chaque groupe social poursuit ses propres intérêts. Tout semble tranquille sur le front linguistique, à l'exception des débats sur la qualité de la langue française parlée et des stratégies à élaborer afin de sensibiliser mais surtout de responsabiliser les francophones à l'égard du français, puisqu'ils doivent montrer un souci constant de bien le parler et l'écrire. Lorsque la question linguistique réapparaît, les leaders nationalistes au Québec et les dirigeants du réseau institutionnel canadien-français en milieu minoritaire se contentent de demander le respect de leurs droits. Certains militants n'hésitent pas à dire que cette politique est une campagne destinée à quémander des droits en implorant la majorité de faire preuve de générosité à l'égard de sa plus importante minorité linguistique. Pour leur part, ne voulant pas provoquer de ressac parmi les membres de l'autre nation, les responsables de l'État fédéral ne s'empressent pas de répondre aux demandes des militants du fait français.

Il faut toutefois se méfier des eaux qui dorment. Cette apparente tranquillité masque des signes annonciateurs de tourmente. En effet, d'importants débats s'amorcent à la fin des années 1950 sur le français comme langue d'usage. La piètre qualité de la langue témoigne des progrès de l'assimilation linguistique, et les études du père Richard Arès sèment l'inquiétude chez certains. Ces études incitent diverses voix à demander une intervention étatique pour accroître la part du français dans l'enseignement. Qui plus est, l'intégration des immigrants suscite des questionnements qui vont croissant. Selon d'autres, ces signes ne font que confirmer l'impossibilité de vivre en français à l'extérieur du Québec, puisque les communautés francophones s'assimilent. Alors que le frère Untel jette un pavé dans la mare avec ses *Insolences,* d'autres associent le patois ou le joual à la colonisation des esprits. Il pourrait donc ne pas y avoir de cohabitation possible entre deux langues, puisque la langue anglaise domine et que la langue française en souffre. Les militants du fait français établissent ainsi un rapport entre la situation socioéconomique des francophones, notamment ceux du Québec, et le degré de vitalité du français. L'une ne peut pas être dissociée de l'autre. Ces débats préfigurent l'émergence de la langue en tant que problème social requérant une intervention de l'État.

La solution proposant l'État comme responsable de la création d'une politique d'aménagement linguistique globale émane de différents individus issus d'horizons idéologiques divers. Ici, c'est l'État du Québec qui détient les moyens de mise en œuvre d'une politique linguistique. Si plusieurs s'entendent sur la solution, le défi est d'élargir ce consensus pour refonder de nouveaux ordres symboliques, ce qui se fera grâce aux commissions d'enquête, dont celle que l'État fédéral met sur pied en 1963.

CHAPITRE 4

Action-réaction : commissions d'enquête et agitation, 1963-1969

un jour j'aurai dit oui à ma naissance

GASTON MIRON, *Pour mon rapatriement*
(L'Homme rapaillé)

— *Don't go ! Get him to speak more !*
— *Patience, citoyen, the Revolution has begun.*

LEONARD COHEN, *Beautiful Losers*

À travers le monde, les années 1960 ont constitué une importante période de revendications politiques, sociales, économiques et culturelles. Cette décennie est associée au *Flower Power,* aux mouvements de la contre-culture, du *Black Power* et du *Red Power,* à l'activisme étudiant sur les campus, aux questions de l'égalité entre les sexes et à l'opposition à la guerre au Vietnam. Avec l'accroissement de l'individualisme et les diverses manifestations de la société de consommation de masse, associés à l'émergence dans l'espace public de nouveaux partenaires issus des mouvements migratoires internationaux et d'un accès plus large à l'éducation, les années 1960 voient l'effritement d'une culture politique de l'informel et de l'accommodement. Puisque les membres des diverses communautés prennent publiquement la parole en s'affranchissant — parfois dans le désordre — de leurs élites, les conflits ne sont plus balisés par les mots d'ordre et les définitions prônés par ces mêmes élites.

Dans le cas du débat linguistique, la langue, trait identitaire et réalité culturelle, acquiert une nouvelle signification cruciale pour les francophones. Plus précisément pour le Québec, elle constitue désormais un élément central de la définition de l'État-nation, puisqu'elle traduit le bien commun d'une communauté cherchant à se perpétuer mais aussi à réduire ses inégalités socioéconomiques, car elles sont porteuses de désordres publics. Le besoin de promouvoir et de revaloriser le français se pose alors. Devant des situations potentiellement explosives — les événements violents à Saint-Léonard en 1967-1968, l'opération McGill français —, le statu quo n'est plus une option. Les élites communautaires doivent ainsi se tourner vers l'intervention des États fédéral et provinciaux.

Au cours des années antérieures, les responsables fédéraux et provinciaux, y compris ceux du Québec, hésitaient à adopter des mesures de promotion de la langue française. Sous l'ancien régime de la démocratie « consociationnelle », ces questions relevaient des instances civiles de chaque groupe. Pendant les années 1960, grâce à la prise de parole publique, les débats sur le statut et l'avenir de la langue et remettent en cause le magistère des élites communautaires, qui ne peuvent plus régir elles-mêmes l'expression des citoyens. Ces derniers obligent désormais les États à intervenir pour répondre ou surseoir aux demandes formulées par des acteurs sociaux, mais surtout pour poser les premiers jalons de politiques d'aménagement linguistique. En même temps, provenant des sciences sociales, notamment de la démographie, de nouveaux experts exercent leur influence sur les débats publics et auprès des structures étatiques. Ce faisant, ils réussissent à orienter la question linguistique et à proposer des solutions qui, selon eux, pourraient la régler définitivement.

Prendre la parole

La transformation de la langue en un problème social requérant une solution politique perce dans le contexte de l'élargissement de l'espace public. Cet élargissement s'explique en partie par la croissance démographique durant l'après-guerre, avec la naissance de cette cohorte désignée depuis par l'appellation de « baby-boomers ». Il résulte aussi de la diversité culturelle issue des mouvements migratoires internationaux, qui s'accroît avec l'abandon par l'État fédéral des critères raciaux et l'introduction du système de points attribués aux immigrants en fonction de leur formation et de leur capital technique. Enfin, l'apparition de nouvelles technologies de communication favorise cet élargissement. Désormais, dans cet espace public qui n'est plus réservé aux seules élites communautaires, de plus en plus d'intervenants prennent la parole pour exprimer leurs préoccupations variées. Ces dernières relèvent de la sphère privée, à l'instar des revendications du mouvement féministe, ou d'autres domaines plus négligés par les responsables politiques, comme les questions identitaires.

La prise de parole citoyenne se traduit selon différentes modalités. La piètre qualité de la langue parlée, que le frère Untel dénonce dans ses écrits, devient un objet d'intense préoccupation. De 1959 à 1975, plus de « 2 523 articles et ouvrages rédigés par 1 303 auteurs différents » sont publiés sur cette question[1]. C'est dire l'importance qu'on lui accorde.

Certains écrivains et poètes se portent à la défense du joual. Ainsi, le poète Gérald Godin signe dans la revue *Parti pris* plusieurs articles dans lesquels il dénonce ceux qui critiquent et condamnent le joual comme marque d'une grave faiblesse langagière. Au contraire, la condamnation du joual serait symptomatique d'un jugement de valeur de la part de l'élite lettrée, sans toutefois que l'auteur le dise d'une manière aussi explicite. Le poète s'attaque aussi à l'Office de la langue française et à son directeur, Jean-Marc Léger, ainsi qu'à l'instauration d'une norme langagière particulière. Selon Godin, l'Office ferait abstraction des réalités économiques et historiques des Canadiens français, soit celles de la colonisation économique, politique et culturelle. L'usage de l'anglais et l'assimilation de certains Canadiens français du Québec seraient des révélateurs du fait que « la *lingua del pane,* au Québec, c'est l'anglais. C'est la langue de travail, c'est la langue de la piastre, c'est la langue des affaires[2] ». Pour mettre un terme à cet état de colonisation, il faudrait conceptualiser la question de la langue comme un problème politique. Toute solution durable à ce problème impliquerait l'action étatique. Pour Gérald Godin, la problématique de la langue serait le « décalque parfait de la décadence de notre culture nationale » et représenterait le « décalque de la réalité économique et politique du Québec[3] ».

Dans sa défense du joual, le poète affirme que le monde littéraire doit s'approprier cette langue décriée pour mieux refléter la réalité des milieux populaires. Les gens de ces milieux cesseront d'avoir honte de leur langue s'ils l'entendent au théâtre ou la lisent dans les œuvres littéraires. Divers créateurs utilisent le joual, comme le monologuiste Yvon Deschamps, le chanteur Robert Charlebois et le dramaturge Michel Tremblay. Certains d'entre eux suscitent de vives réactions, comme en témoigne la tempête provoquée par la production en 1968 de la pièce de théâtre *Les Belles-Sœurs,* de Tremblay. Les milieux littéraires, théâtraux et intellectuels se déchaînent, ce qui n'empêche pas la pièce de connaître un succès populaire. Bien que Tremblay précise que le joual comme moyen de communication littéraire est approprié surtout au théâtre, il ne se gêne pas pour écorcher certains monuments du milieu théâtral québécois. En 1969, dans une entrevue accordée au quotidien *Le Devoir,* il affirme que « le joual, chez [lui], vient d'une réaction contre un théâtre de compromis, à la [Marcel] Dubé, ni tout à fait français ni tout à fait joual, entre les deux[4] ».

Michel Tremblay se défend de faire la promotion du joual, mais la controverse renaît en 1972. Certaines décisions du ministère des Affaires culturelles concernant le financement de la production des *Belles-Sœurs* à Paris et le refus d'accorder une bourse à Tremblay relancent la querelle sur l'usage du joual dans le milieu de la création culturelle. En fait, le ministère s'oppose à l'usage du joual et lui mène une lutte acharnée. Les critiques — dont celles de Pierre Beaudry, chroniqueur linguistique à *La Presse,* de Claude Jasmin, écrivain, de Georges-Émile Lapalme, ancien ministre des Affaires culturelles, et d'Yvette Mérat, qui fait paraître un manifeste contre le joual — irritent l'auteur. Ce dernier durcit même le ton dans ses répliques à ses détracteurs. Il écorche ceux qui croient encore aux vertus des campagnes destinées à corriger le langage, en rappelant avec force l'existence de la domination économique. « Qu'on commence à donner à manger aux gens. On n'a pas d'affaire à leur dire comment parler. Les campagnes de bon parler sont les choses les plus stupides qui existent. *Bien parler, c'est se respecter* : c'est faux, ça. Bien manger, c'est se respecter ! Faut être colonisé pour sortir des slogans pareils[5]… »

Un autre écrivain, Victor-Lévy Beaulieu, se porte aussi à la défense du joual, comme le note l'étude de Karim Larose sur le débat linguistique. Il dénonce ceux qui participent à des campagnes de correction langagière et cherchent à imposer une norme particulière. Selon Beaulieu, il s'agit d'une tentative de contrôle social orchestrée par la bourgeoisie. Cette bourgeoisie imposerait ses jugements de valeur et réussirait à faire croire que sa norme langagière est celle associée au bon parler français.

Cette polémique sur le joual pose le problème de la norme. Aux yeux de plusieurs spécialistes, c'est la norme parisienne qui sert de référence. Le débat sur la qualité de la langue amène des linguistes, des lettrés et d'autres experts de la langue à proposer le français international comme norme. En agissant de la sorte, ils souscrivent aux efforts d'individus tels que Jean-Marc Léger, qui entrevoit la formation d'une communauté d'États ayant le français pour langue commune.

Au Nouveau-Brunswick, l'activisme étudiant acadien et ses revendications en amènent plus d'un à souligner le fait que ces jeunes contestataires s'expriment dans un français fort déplorable. Selon les jeunes interpellés par des universitaires et des membres de l'élite, le problème du « mal parler » acadien serait un signe d'un problème beaucoup plus grave : celui de la condition du minoritaire, qui est privé de droits. De l'avis de ces jeunes, les Acadiens seraient des aliénés, pire, « des bâtards culturels[6] ». Montrant des conversations entre une jeune institutrice d'une école francophone de Moncton et ses élèves acadiens, *Éloge du chiac*, du réalisateur Michel Brault, témoigne ainsi en 1969 des écarts entre la norme internationale et la langue orale en Acadie, dans un contexte où l'anglais prime.

Cette prise de parole se manifeste dans la participation de masse, dans le renouvellement des partis politiques, à l'exemple de la création du Parti québécois en 1968. Il y a également la démocratisation et la déconfessionnalisation des associations et syndicats. Cette prise de parole s'exprime aussi par une sensibilisation des citoyens grâce à divers moyens de mobilisation publique. Objets d'une large couverture médiatique, les manifestations, les occupations de locaux et les différents gestes de désobéissance civile influencés par le mouvement de la contre-culture remplacent le lobbying dans les officines. Ce dernier moyen est jugé peu transparent et d'une efficacité douteuse.

Dans ces débats, la prise de parole publique entraîne une plus grande mobilisation sociale. Elle s'appuie sur des convictions fermes, qui visent à revaloriser l'usage du français au sein de l'espace public comme moyen de promotion sociale et économique. Ainsi, la Société Saint-Jean-Baptiste de Montréal organise de 1963 à 1965 une vaste campagne de sensibilisation appelée *Opération visage français*. L'objectif est « de faire de Montréal, métropole naturelle des Canadiens français, une ville de langue et de culture françaises[7] ». L'organisme montréalais adopte l'unilinguisme comme solution au problème de la langue française et de sa quasi-absence dans le paysage commercial, notamment dans la métropole.

Tout au long de cette période, des individus tels que Raymond Barbeau, Marcel Chaput, Jean-Marc Léger, Jacques-Yvan Morin et Paul Toupin, des organisations telles que la Société des écrivains canadiens-français, la Fédération des étudiants libéraux du Québec, la Presse étudiante nationale, la Fédération des jeunes chambres de commerce du Québec et la Fédération des travailleurs du Québec, des revues telles que

Affrontement entre des francophones et des membres de la communauté italienne, septembre 1969. (BAC, PA-137177)

L'Action nationale et *Parti pris* et des partis politiques comme le Rassemblement pour l'indépendance nationale (RIN) partagent les opinions de la Société Saint-Jean-Baptiste. Tous demandent à l'État de mettre en place une politique linguistique fondée sur le principe de l'unilinguisme. En agissant de la sorte, l'État engagerait, selon eux, une salutaire action de redressement culturel[8].

Lors des assises des États généraux du Canada français tenues en novembre 1967, les délégués débattent la question de la langue. Alors que certains souhaitent que le français soit la seule langue officielle du Québec, les délégués du Québec et de l'Acadie appuient une proposition invitant l'Assemblée législative du Québec à adopter des mesures « radicales et concrètes pour imposer, dans les faits, l'usage généralisé du français ». La proposition limite aussi l'apprentissage de l'anglais au cycle secondaire et demande que les écoles fréquentées par les minorités ethniques ne relèvent plus des commissions scolaires anglophones. Au sujet des autres provinces, la proposition précise que le français et l'anglais devraient être les deux langues officielles du Nouveau-Brunswick et que les autres devraient adopter des lois favorisant « l'épanouissement » du français. Plusieurs passages de la proposition concernent l'État du Québec. Ce dernier devrait encourager l'usage du français dans les milieux de travail, décréter que le français est la seule langue officielle des organismes qu'il dirige directement ou indirectement, et favoriser l'usage du français dans l'affichage extérieur. Les autres langues pourraient y apparaître « à la condition que le français soit prioritaire[9] ». Enfin, la proposition demande que l'État fédéral utilise les deux langues officielles dans sa fonction publique.

La prise de parole publique débouche sur une plus grande radicalisation des polémiques. À Pierrefonds, en septembre 1967, la manifestation du RIN pour l'ouverture d'une école française dans cette municipalité nécessite l'intervention de l'escouade antiémeute afin de séparer manifestants nationalistes et contre-manifestants anglophones. La même année, les tensions s'aggravent à Saint-Léonard, en banlieue de Montréal. L'Association des parents de Saint-Léonard (APSL), qui comprend des italophones exigeant un enseignement en anglais pour leurs enfants, et le Mouvement pour l'intégration scolaire (MIS), composé de parents de langue française qui réclament un système francophone pour les écoles du cycle primaire de la commission scolaire Saint-Léonard-de-Port-Maurice, s'opposent au moment des élections scolaires. Devant la victoire du MIS, qui fait adopter en juin 1968 une résolution sur l'unilinguisme dans l'enseignement, l'APSL réplique en octobre avec la création de classes anglaises clandestines. Confrontés aux débordements de l'automne 1968, où des militants en viennent aux coups à maintes reprises, les responsables politiques québécois doivent rétablir la paix sociale[10]. Le cas de Saint-Léonard pose le problème de la fréquentation scolaire des enfants issus des communautés allophones et du désir de leurs parents de favoriser l'apprentissage de l'anglais, volonté qui déplaît à un nombre grandissant de francophones.

Devant la lenteur de l'État québécois à agir dans le domaine linguis-

Le premier ministre du Nouveau-Brunswick Louis Robichaud rencontrant une délégation d'étudiants acadiens en grève, 1968, Université de Moncton. (Université de Moncton, Centre d'études acadiennes Anselme-Chiasson, UM-008454)

tique, la bataille pour l'unilinguisme français, comme le montre l'historien Éric Bédard, prend pour cible une institution prédominante de l'establishment anglo-montréalais, soit l'Université McGill. Le mouvement McGill français s'inscrit en 1969 dans cette campagne de reconquête linguistique.

La polarisation autour d'enjeux linguistiques ne se limite pas aux seules frontières du Québec. Protestant contre la hausse des droits de scolarité, l'Association des étudiants de l'Université de Moncton dénonce, durant l'hiver 1968, la politique d'attribution de subventions aux universités néo-brunswickoises, qui est, selon elle, discriminatoire envers l'établissement francophone. Le mouvement de contestation donne lieu à des manifestations remarquées à l'Assemblée législative à Fredericton et au conseil municipal de Moncton, où les porte-parole étudiants interpellent le francophobe Leonard Jones, maire de Moncton de 1963 à 1974. L'occupation des locaux universitaires représente toutefois le chant du cygne de ces militants acadiens, que la direction de l'Université de Moncton expulse quelque temps après, tout en fermant son Département de sociologie[11].

Parmi tant d'autres, les événements symboliques liés à Saint-Léonard, à McGill français et à Moncton constituent des exemples de cette prise de parole citoyenne qui remet en cause l'hégémonie des positions traditionnelles à propos de la question linguistique. Ils reflètent aussi les craintes des élites communautaires devant ces mouvements contestant l'ordre social. Dans une volonté de canalisation de la parole citoyenne, des détenteurs d'un savoir scientifique — les experts en démographie et en sociologie — vont chercher une interprétation rationnelle des problèmes issus de la donne linguistique. Ce faisant, leurs études tentent de réduire le potentiel de violence en portant la discussion dans la sphère du dialogue et dans la recherche de la résolution des conflits sociaux par l'intermédiaire de l'État. Leurs diagnostics concluent à la précarité de la langue française. La publication de leurs études révèle également de sombres pronostics sur le maintien d'une francophonie dynamique au Canada et même au Québec. Vu la reconnaissance qui leur est accordée au sein de la société civile et de l'État, les experts scientifiques investissent désormais l'avant-scène.

Au premier rang se trouve le père Richard Arès, directeur de la revue *Relations* de 1959 à 1969. Ses travaux de la précédente décennie sont peu rassurants : ils montrent une assimilation galopante des communautés francophones, établie à partir des données des recensements fédéraux. En 1963, le père Arès devient beaucoup plus pessimiste lorsqu'il justifie ses conclusions à partir de son analyse des données du recensement de 1961. Dans le sillage d'un titre accrocheur, « La grande pitié de nos minorités françaises », il affirme que la Confédération a été « fort coûteuse à la langue française : non seulement cette dernière n'a pas réussi à conserver tous ses adhérents, mais elle doit encore accuser une perte de plus de 400 000 parmi ceux qui normalement auraient dû la parler[12] ». Il souligne également l'absence de progrès significatifs pour renverser la tendance des transferts linguistiques vers la langue anglaise. Les taux d'assimilation des groupes francophones en milieu minoritaire demeurent élevés, phénomène qui augmente au fur et à mesure que l'on s'éloigne des frontières du Québec.

Convaincu de la scientificité de sa démarche, le père Richard Arès affirme que plus d'un demi-million d'individus ne parleraient plus le français. L'assimilation affecterait même la population acadienne du Nouveau-Brunswick. Devant ces faits, il formule une sombre conclusion : « Le drame des minorités françaises au Canada est aussi celui de toute la Confédération canadienne ; le destin de celle-ci est lié au sort de celles-là. Si les premières meurent, il ne restera plus à la seconde qu'à descendre, elle aussi, dans la tombe[13]. » Malgré ses silences sur les moyens à privilégier pour réduire les transferts linguistiques, le père Arès lie dorénavant le sort des communautés francophones en milieu minoritaire à l'avenir de la Confédération. Il sait que le dossier de la réforme constitutionnelle est à l'ordre du jour des rencontres provinciales-fédérales, par suite de la transformation de la stratégie québécoise en matière de revendications constitutionnelles depuis l'arrivée des libéraux au pouvoir en 1960. Les libéraux provinciaux cherchent à accroître les compétences et les moyens financiers de l'État québécois. Dans ce contexte, Richard Arès espère que les francophones en milieu minoritaire ne seront pas les grands oubliés d'une réforme de la Constitution canadienne. Il fait de l'assimilation linguistique un problème politique dont la solution requiert l'intervention de l'État.

Le 4 novembre 1969, trois démographes de l'Université de Montréal, Hubert Charbonneau, Jacques Légaré et Jacques Henripin, présentent dans le quotidien *Le Devoir* les préliminaires de leurs études sur l'avenir du fait français au Québec[14]. Ces chercheurs proposent une série de scénarios démographiques fondés sur l'évolution des mouvements migratoires et des taux de natalité. Légendaires pour leur taux de natalité prétendument élevé, les francophones du Québec entrent au cours des années 1960 dans une période de faible natalité. Ces démographes prennent toutefois le soin de prévenir le lecteur que leurs scénarios sont des hypothèses et qu'il ne faut pas les interpréter comme des certitudes. Malgré cet avertissement, ils soulignent que, peu importe les scénarios retenus, la proportion relative des francophones au Québec diminuerait (de 82,3 % en 1961 à 80,4 % ou 76 % en 1986). Dans le cas de Montréal, les divers scénarios établissent la proportion des francophones entre 63,2 % et 58,2 % en 1986. D'après les démographes, il faudrait nécessairement résoudre un problème important, soit celui de la francisation des immigrants (voir le tableau 1). Pour s'atteler à cette tâche, l'État québécois serait tout désigné. Le caractère scientifique de ces données frappe les divers participants au débat linguistique, qui tiennent peu compte des motivations idéologiques et natalistes des experts.

Pour sa part, le sociologue Paul Cappon analyse les préférences linguistiques des immigrants. En se fondant sur des données statistiques, il note que, quelle que soit l'« ethnie », il « existe un biais d'ordre économique qui agit contre l'assimilation des immigrants à la communauté francophone ». Ce comportement expliquerait « l'assimilation au groupe qui domine économiquement la société québécoise », celui des anglophones[15].

Tableau 1 — Langue d'adoption des immigrants au Québec selon la période		
Années	Langue française	Langue anglaise
Avant 1960	21 %	79 %
1960-1970	36 %	64 %
1971-1975	47 %	53 %
1976-1980	61 %	39 %
1981-1986	54 %	46 %

Source : Bureau de la statistique, *Démographie québécoise*, Québec, Éditeur officiel, 1987, table 9-2, p. 322.

Des spécialistes de l'apprentissage des langues appuient, par leurs recherches et leurs publications, la position des individus et des groupes favorables à l'unilinguisme français. Ils s'interrogent sur le moment le plus propice pour entreprendre l'apprentissage d'une deuxième langue. Plusieurs d'entre eux affirment que le bilinguisme nuirait à l'acquisition de la langue maternelle. Par conséquent, il faudrait retarder le plus possible le début de l'apprentissage de l'anglais chez les francophones[16].

L'influence de ces experts scientifiques sur les dirigeants politiques est grande. Comme fonctionnaires, ils participent à l'élaboration des politiques publiques des États fédéral et provinciaux. À titre d'experts indépendants, ils sont surtout sollicités lors des travaux des commissions d'enquête. Leurs propos influent aussi sur le débat dans l'espace public. Ils sèment parfois des inquiétudes quant à la vitalité de la langue française. Ils permettent d'élargir le débat aux questions des transferts linguistiques, du rôle de la langue française comme outil de mobilité sociale et de sa place dans le monde du travail et dans l'activité économique.

Canaliser la prise de parole

Des voix s'élèvent pour proposer l'unilinguisme comme politique d'aménagement linguistique au Québec, ce qui suscite des appréhensions. Dans le but de canaliser cette prise de parole citoyenne, les États fédéral et québécois optent pour la création de commissions d'enquête.

Grands exercices de consultation publique mis en œuvre par les responsables étatiques, ces commissions d'enquête assurent la constitution d'un savoir précédant la prise de décisions politiques. À deux reprises, les experts scientifiques se mobilisent autour de la question linguistique : la Commission royale d'enquête sur le bilinguisme et le biculturalisme, dite commission Laurendeau-Dunton, est une création fédérale, tandis que la Commission d'enquête sur la situation de la langue française et des droits linguistiques au Québec, dite commission Gendron, est québécoise.

Le gouvernement de Lester B. Pearson met sur pied la commission Laurendeau-Dunton en 1963, à la suite des déclarations incendiaires de Donald Gordon, président du Canadien National, sur la faible qualification des Canadiens français. Il s'inspire d'une suggestion d'André Laurendeau, qui, en janvier 1962, cache mal sa déception après l'annonce de l'impression de tous les chèques de l'État fédéral dans les deux langues. Selon l'intellectuel montréalais, le temps est venu pour Ottawa de répondre aux aspirations des Canadiens français et de prendre en compte leurs attentes à l'égard de la Confédération.

La commission Laurendeau-Dunton apparaît dans une conjoncture marquée par l'effervescence nationaliste au Québec et par la transformation profonde des rapports ethniques au Canada. Dès le début, l'un des deux présidents, André Laurendeau, a conscience de la mission historique de cette commission : celle-ci cherche à comprendre l'état présent des rapports entre les deux peuples fondateurs, terme encore utilisé à l'époque.

Commission royale d'enquête sur le bilinguisme et le biculturalisme (1963)

Mandat : Faire enquête et rapport sur l'état présent du bilinguisme et du biculturalisme au Canada et recommander les mesures à prendre pour que la Confédération canadienne se développe d'après le principe de l'égalité entre les deux peuples qui l'ont fondée, compte tenu de l'apport des autres groupes ethniques à l'enrichissement culturel du Canada, ainsi que les mesures à prendre pour sauvegarder cet apport.

Source : Décret du Conseil privé 1963-1106, Partie I de la Loi sur les enquêtes (S.R.C. 1952, ch. 154), 19 juillet 1963.

Soucieuse de faciliter la participation citoyenne pour la première fois dans l'histoire des commissions d'enquête, la commission Laurendeau-Dunton déroge à la procédure classique des audiences publiques pour rejoindre directement les citoyens canadiens au cours de rencontres régionales tenues dans l'ensemble du pays, comme l'explique Paul Lacoste. La prise de parole est imposante : 104 associations ethniques et culturelles ; 169 associations professionnelles, organismes et entreprises de toutes sortes ; 12 Églises et organisations religieuses, ainsi que 114 individus — dont 4 anonymes — font parvenir un mémoire à la commission avant le 1er juillet 1964. Les 23 rencontres régionales sont encore plus courues : du 18 mars au 16 juin 1964, plus de 3 600 individus aux séances de jour et 8 200 aux séances de soir rencontrent les commissaires. Enfin, la prise de parole permet à des groupes moins connus de faire valoir leur point de vue et, dans certains cas, de le faire prévaloir grâce à la qualité de leurs arguments.

Pour préparer les esprits à des solutions radicales, André Laurendeau pose un diagnostic préoccupant dans le rapport préliminaire publié en 1965. Selon lui, « le Canada traverse la période la plus critique de son histoire depuis la Confédération[17] ». À l'époque, cette phrase sème l'inquiétude dans le microcosme politique, malgré son rejet catégorique par le futur chef du Parti libéral fédéral, Pierre Elliott Trudeau.

Les dirigeants des groupes francophones en milieu minoritaire interprètent la création de la commission Laurendeau-Dunton comme une victoire après plusieurs années d'un patient lobbying. La commotion provoquée par le rapport préliminaire dans les milieux politiques et intellectuels incite ces dirigeants à profiter du capital de sympathie qu'ils croient déceler parmi les responsables politiques anglophones. Selon eux, l'air du temps serait favorable au règlement de leurs griefs, notamment en matière d'éducation. Il y a cependant une ombre au tableau. La commission doit tenir compte du rôle des groupes ethniques dans l'interprétation de son mandat. Les dirigeants des groupes francophones en milieu minoritaire craignent l'action de ces groupes et rappellent dans leurs mémoires que le Canada est un pays formé de deux peuples fondateurs, où coexistent deux langues et deux cultures. Par conséquent, les États doivent reconnaître ces réalités[18].

Quelle place ces dirigeants attribuent-ils aux groupes ethniques ? Et, surtout, leurs demandes doivent-elles être prises en compte ? Il y a des éléments de réponse dans le mémoire du Conseil de la vie française en Amérique.

> Nous sommes heureux de la présence au Canada de milliers de conci-toyens dont les ascendances culturelles diffèrent des nôtres et consti-tuent pour nous un enrichissement. Nous estimons cependant qu'il existe en ce pays une culture anglo-canadienne et une culture cana-dienne-française, distinctes de celles de la France et de l'Angleterre, mais nous ne croyons pas qu'on puisse soutenir qu'il y a chez nous une culture germano- ou italo-canadienne, canado-ukrainienne ou israé-lienne, pour ne citer que quelques exemples[19].

Principal mémoire présenté par les diverses Sociétés Saint-Jean-Baptiste du Québec, celui de la section montréalaise de l'organisme rejette le concept de bilinguisme institutionnel : « Impossible pour un Canadien français de 1964, conscient des véritables problèmes de la nation à laquelle il appartient, de se remémorer l'histoire du bilinguisme dans l'administration fédérale sans éprouver un sentiment de lassitude ou de révolte. » L'organisme montréalais propose une réforme consti-tutionnelle fondée sur la reconnaissance de deux États-nations : le Qué-bec et le Canada. Chaque État déciderait de sa langue nationale. Dans le cas du Québec, ce serait l'unilinguisme français. Ces deux États crée-raient une structure confédérale dont les instances et la capitale com-mune seraient bilingues[20].

Pour d'autres citoyens, le diagnostic de la crise formulé par la com-mission Laurendeau-Dunton dans son rapport préliminaire ne reflète pas la situation telle qu'ils la comprennent. En fait, le remède envisagé par les commissaires, soit l'interventionnisme étatique dans le domaine linguistique, créerait une véritable crise menaçant l'unité nationale, plutôt que de la favoriser. C'est le point de vue notamment d'anglo-phones hostiles à l'idée d'une politique fédérale d'aménagement lin-guistique. Tant et aussi longtemps que le bilinguisme se limite au Qué-bec, ces gens respirent d'aise.

Dans son analyse des audiences de la commission tenues à Moncton en 1964, , l'historien Joël Belliveau rapporte que, selon de nombreux intervenants anglophones, tout va bien sur le plan de la cohabitation linguistique et culturelle dans leur province. Certains affirment même qu'il n'y aurait aucune tension linguistique entre les anglophones et les Acadiens. Pour sa part, le maire de Moncton, Leonard Jones, propose l'abolition des écoles de langue française dans sa province, pour que les jeunes puissent être éduqués dans une seule langue et une seule culture, ce qui devrait faciliter le maintien des relations harmonieuses entre les deux communautés. Les francophones présents réagissent très peu, et leur silence agace le coprésident québécois de la commission. Ce manque de réactions s'explique, selon Laurendeau, par le poids du passé acadien et le déséquilibre démolinguistique, qui auraient favorisé le développement d'une culture politique fondée sur le compromis.

La possibilité que l'État fédéral adopte une politique incluant l'offre de services administratifs bilingues, l'apprentissage des langues et l'usage du français comme langue de travail, du moins au sein de la fonction publique fédérale, inspire de grandes craintes. Des groupes croient fermement que le bilinguisme minerait l'unité nationale. Des organismes tels que la Voice of Canada League, dont la devise est « *One National Loyalty, One National Language, One Canada* », ou la Canadian National Association, ayant pour devise « *One Language for Canada* », invitent les Canadiens à prendre la parole. Ils les encouragent à protester auprès des responsables politiques afin que ces derniers rejettent le diagnostic sur l'état du patient canadien et les solutions proposées par les commissaires pour atténuer, voire guérir les symptômes du mal[21].

Par ailleurs, certains partagent le constat de crise de la commission Laurendeau-Dunton, mais craignent que la solution du bilinguisme institutionnel occasionne à son tour une nouvelle crise, qui découlerait de la non-inclusion des groupes ethniques dans l'ordre symbolique. Les communautés immigrantes redoutent une modification de la Constitution canadienne qui ne tiendrait compte que des revendications québécoises.

En 1966, la commission Laurendeau-Dunton reçoit soixante-deux mémoires issus des milieux appelés « la troisième force » par les commissaires, désignés aujourd'hui par le nom de « groupes allophones ». Cinquante-six de ces mémoires proviennent des réseaux institutionnels. Certaines communautés encouragent la commission à proposer des politiques pour renforcer le caractère bilingue et biculturel — la National Japanese-Canadian Citizens Association, par exemple. Cet organisme prend toutefois le soin d'inviter les commissaires à explorer les moyens d'aider les groupes ethniques, à conserver leur culture respective. Les représentants des groupes ethniques expriment cependant un malaise. Ils craignent qu'une transformation des symboles nationaux destinée à reconnaître les deux peuples fondateurs n'entraîne leur exclusion. D'ailleurs, le Congrès polonais canadien exprime dans son mémoire ses inquiétudes envers la proposition visant à définir le Canada comme un pays formé de deux peuples. Cette notion de peuples fondateurs exclurait les communautés ethniques[22]. Avant le début des travaux, la Canada Ethnic Press Federation demande même à la commission de remplacer le terme « biculturalisme » par « multiculturalisme » dans sa désignation[23].

Parmi ces groupes, ce sont sans contredit les divers regroupements d'Ukrainiens qui saisissent le mieux les enjeux. Ils estiment que cette commission bénéficierait de l'oreille attentive des responsables politiques et que ses recommandations ne sauraient rester lettre morte. Ils utilisent les audiences publiques et mobilisent leur réseau de connaissances et d'intérêt pour amener les commissaires, sinon les dirigeants politiques, à prendre en compte les revendications de cette communauté, notamment sa vision du Canada et de la place attribuée aux groupes ethniques. Des organismes ukrainiens déposent une trentaine de mémoires dans lesquels ils insistent sur le fait que le biculturalisme ne pourrait être retenu, puisque le Canada est multiculturel depuis ses origines. La solution du bilinguisme devrait tenir compte du poids démographique de certains groupes ethniques, dont notamment celui des Ukrainiens. Si l'État songe à agir dans le domaine linguistique, il devrait reconnaître d'autres langues en plus du français et de l'anglais[24].

Les représentants du réseau institutionnel ukrainien comptent sur l'appui du sénateur Paul Yuzyk. Ce dernier relaie les doléances des membres de sa communauté, qui luttent contre toute velléité politique de réaménager les symboles canadiens dans le cadre d'une réforme constitutionnelle qui reconnaîtrait le Canada comme un pacte entre deux peuples fondateurs. Agir de la sorte brimerait les droits des Canadiens provenant des milieux ethniques, qui forment, selon les données du recensement de 1961, 26 % de la population canadienne. Yuzyk ne veut pas que l'on néglige la contribution de ces communautés : il juge qu'elle est aussi importante que celle des peuples dits fondateurs pour la mise en valeur du Canada, même si leur propre enracinement en terre canadienne ne daterait que d'une centaine d'années. D'ailleurs, le sénateur se plaît à rappeler que le Canada n'a jamais été biculturel. La présence autochtone avant l'arrivée des Européens et la composition multiethnique du groupe anglo-saxon mineraient le mythe du biculturalisme. Lors de l'examen du projet de loi sur les langues officielles en 1969, Paul Yuzyk rappelle à la députation fédérale qu'on fait fi des demandes des communautés parlant une langue autre que le français ou l'anglais[25].

D'autres groupes ethnoculturels s'abstiennent de déposer un mémoire à la commission Laurendeau-Dunton. Cela ne signifie toutefois pas qu'ils optent pour la non-participation, bien au contraire. Ils s'expriment en envoyant des lettres et en prenant part à des colloques sur le renouvellement de la Constitution canadienne et la place des groupes ethniques dans ce réaménagement constitutionnel. Le Congrès juif canadien participe en 1963 à une séance au cours de laquelle ses dirigeants expriment leurs réticences à l'égard du mandat de la commission, qui définit le Canada comme un partenariat fondé sur la notion d'égalité entre deux peuples fondateurs. Le Congrès est préoccupé par une reconnaissance constitutionnelle de la notion des deux peuples fondateurs et craint que, en agissant ainsi, le législateur laisse de côté la contribution des autres groupes ethniques à la mise en valeur du Canada. D'autres organismes, notamment l'Italian Immigrant Aid

Le Pouls de la nation, *caricature de John Collins sur la commission Laurendeau-Dunton,* The Gazette, *ca 1965. (© Musée McCord, M965.199.1612)*

Society, ne s'offusquent aucunement du mandat de la commission et de la volonté d'inciter l'État à agir uniquement dans les domaines du bilinguisme et du biculturalisme[26].

En plus de recevoir des mémoires et des lettres et d'organiser des audiences publiques, la commission Laurendeau-Dunton sollicite l'opinion d'experts. Indice de l'influence de ces scientifiques sur la constitution d'un savoir antérieur aux décisions et sur la détermination des politiques, la commission Laurendeau-Dunton consacre, selon les termes de son directeur de recherche, « plus de temps à la recherche en sciences sociales » et lui accorde « plus d'importance que toute autre commission, à l'exception de la commission Rowell-Sirois », avec un total de 145 études[27]. Dans son rapport publié en annexe du premier volume du rapport des commissaires — celui sur les langues offi-cielles —, Michael Oliver précise que le but premier du Bureau de la recherche de la commission est, évidemment, de fournir des données pertinentes pour l'élaboration des recommandations. Toutefois, il ajoute d'autres objectifs à la recherche. Il y a d'abord la création d'un large groupe de recherche, groupe que nulle université canadienne ne peut constituer, pour l'étude proactive de problèmes interreliés. Ainsi, la commission stimule fortement le développement des sciences sociales au pays et permet la formation d'une relève, avec le travail contractuel de 137 étudiants aux cycles supérieurs[28].

Comment travaillent les membres de ce groupe de recherche ? À l'exemple d'autres secteurs de l'activité étatique, ils empruntent volon-tiers, dans un premier temps, l'approche par problème. D'une part, celle-ci permet le découpage de l'ensemble de la question suivant le type de problème à analyser et les spécialisations de chacun. Ainsi, le Bureau de recherche produit des études qui se répartissent selon ce schème classificatoire, avec des rubriques disparates comme celles du problème des langues officielles (6 études), du monde du travail (33), du secteur de l'éducation (24), des enjeux touchant les groupes culturels autres que les deux peuples fondateurs (16), des arts et des lettres (6), des médias (12), de la capitale fédérale (1), des instances fédérales (5), des associa-tions bénévoles (6) ainsi que des études diverses (36). D'autre part, l'ap-proche par problème permet la centralisation des pratiques de l'exper-tise, à la manière des équipes de laboratoire en médecine ou en sciences exactes. Dirigée par les politologues Michael Oliver et Léon Dion, l'équipe de recherche de la commission se compose selon le même modèle : chaque expert produit un rapport dans sa sphère d'expertise, et l'ensemble des rapports sont remis à une instance centralisée — le Bureau de la recherche — qui propose le fruit des réflexions aux commissaires.

Par la construction thématique de l'objet d'étude, l'approche par problème élargit la perspective en permettant la comparaison. Ainsi, la comparaison avec des situations internationales, qui, lors d'un examen attentif, présentent certaines ressemblances avec le Canada, offre des pistes d'analyse et de réflexion. Cette approche comparative, témoignant à la fois de la démarche scientifique des commissaires et de leur ouverture au monde, fait partie des motivations originelles d'André Laurendeau, qui veut étudier « à l'extérieur et de près — en des pays comme la Belgique et la Suisse — la façon dont des sociétés aux prises avec les mêmes questions [que les nôtres] les ont résolues[29] ». Dans les rapports de la commission, la Belgique, la Finlande, la Suisse et l'Afrique du Sud deviennent ainsi des repères dans l'esquisse de solutions aux problèmes linguistiques canadiens. Signalant que « même une langue universelle comme le français peut, dans certaines conditions sociologiques, s'étioler[30] », la commission Laurendeau-Dunton s'appuie sur plusieurs projets de recherche constituant une véritable somme scientifique.

Dans un second temps, la pratique de l'expertise scientifique au sein de la commission Laurendeau-Dunton relève également d'une autre approche pertinente aux fins de la prise de décisions politiques, celle, toute canadienne, de la rationalité managériale. Fondée sur le monopole des experts sur l'évaluation et la gestion des risques, l'approche de la rationalité managériale attribue un rôle secondaire aux profanes, qui se limite à l'élaboration de normes de risque acceptables. Ainsi, les mémoires et autres déclarations des intervenants de la société civile ont une part plutôt mince dans les études issues du Bureau de la recherche, si ce n'est pour appuyer le verdict des experts. La rationalité managériale est aussi fondée sur la tendance à nier l'existence de controverses scientifiques — plutôt qu'à les révéler, comme l'approche des perspectives contradictoires s'y emploie. Il semble se dégager un consensus implicite chez les experts scientifiques de la commission Laurendeau-Dunton : la situation linguistique est déjà assez polémique au sein de la société. Aussi, il importerait de ne pas jeter d'huile sur le feu en relevant les conflits d'interprétation entre experts scientifiques. Qui plus est, leur capacité de persuasion auprès des décideurs politiques s'en trouverait atténuée.

La conjonction de ces deux approches méthodologiques a des incidences certaines sur le contenu et les visées des études. Michael Oliver le souligne nettement : le travail des experts de la commission permet l'élaboration de modèles utiles pour l'analyse de la société canadienne, une société comprenant deux communautés linguistiques. Dès lors, l'hypothèse première n'est plus fondée sur les postulats de l'assimilation et de la résistance à celle-ci — hypothèse fréquemment invoquée par les intervenants de la société civile —, mais plutôt sur une interaction permanente entre des groupes qui conservent leurs particularismes culturels. De plus, le directeur de la recherche souhaite la propagation de la bonne nouvelle parmi les citoyens et citoyennes. Les études du Bureau de la recherche se présentent comme une source d'information pour ceux qui étudient les « affaires canadiennes » et, à travers eux, pour l'ensemble du « public canadien[31] ».

Les études, surtout lorsqu'elles documentent la place des francophones dans la hiérarchie sociale, suscitent des échos au sein de l'espace public. Maints intervenants commentent avec verdeur les conclusions relatives à l'infériorité économique des Canadiens français au Québec et le fait que le revenu moyen des travailleurs en 1961 au Québec place les Canadiens français au 12e rang, parmi les 14 groupes ethniques choisis (voir le tableau 2).

Si la création de la commission Laurendeau-Dunton constitue un moyen pour canaliser la parole citoyenne, l'État fédéral recourt aussi à la surveillance d'individus et de groupes qui revendiquent l'unilinguisme au Québec. Ainsi, la Gendarmerie royale du Canada recueille de l'information sur les individus et les groupes qui, tels le Mouvement pour l'unilinguisme français au Québec, le Front du Québec français, fondé en 1969, et le Mouvement pour l'intégration scolaire, protestent contre l'absence de services en français et revendiquent la proclamation du français en tant qu'unique langue officielle au Québec. À d'autres moments, les agents envoient à leurs supérieurs des comptes rendus sur l'ampleur de certaines manifestations, comme celle tenue en mars 1969 dans le cadre de l'Opération McGill français ou celles organisées à Montréal et à Québec contre le projet de loi 63, déposé par le gouvernement québécois de Jean-Jacques Bertrand en octobre 1969. Ce travail de surveillance inclut la cueillette d'articles de journaux, mais aussi l'en-

Tableau 2 — Revenu moyen du travail des salariés masculins selon l'origine ethnique, Québec, 1961		
Origines	Revenu annuel ($)	Indice
Toutes origines	3 469	100
Britanniques	4 940	142,4
Scandinaves	4 939	142,4
Hollandais	4 891	140,9
Juifs	4 851	139,8
Russes	4 828	139,1
Allemands	4 254	122,6
Polonais	3 984	114,8
Asiatiques	3 734	107,6
Ukrainiens	3 733	107,6
Autres Européens	3 547	102,4
Hongrois	3 537	101,9
Français	3 185	91,8
Italiens	2 938	84,6
Amérindiens	2 112	60,8

Source : Commission royale d'enquête sur le bilinguisme et le biculturalisme, *Rapport*, livre III, *Le Monde du travail*, Ottawa, Imprimeur de la reine, 1969, p. 23.

voi de rapports sur les conférences de presse et d'autres activités publiques organisées par les groupes et les militants de la cause de l'unilinguisme français. Les agents qui infiltrent ces groupes et observent leurs actions publiques, ou qui reçoivent de l'information des corps policiers municipaux, veulent repérer la présence d'influences externes et cherchent à quantifier la force du mouvement indépendantiste dans ces groupes, mais tentent aussi de déterminer leur potentiel de violence lors des manifestations, comme dans le cas de l'Opération McGill français[32].

Il faut dire que la tourmente linguistique frappe rudement le Québec. En pleine crise politique, le gouvernement québécois de Jean-Jacques Bertrand crée à son tour, en 1968, une commission d'enquête dirigée par le linguiste Jean-Denis Gendron.

Commission d'enquête sur la situation de la langue française et sur les droits linguistiques des francophones
Mandat, arrêté en conseil (9 décembre 1968)

[...] CONSIDÉRANT une enquête sur la situation de la langue française au Québec et les mesures à prendre pour en assurer le plein épanouissement, ainsi que les droits linguistiques des citoyens du Québec.

VU la complexité du problème linguistique au Québec et l'urgence d'y apporter des solutions ;

VU les responsabilités du Québec à l'égard de la langue de la majorité de ses citoyens ;

VU la nécessité d'une politique linguistique qui tienne compte du caractère du Québec en Amérique du Nord et de ses relations avec les autres provinces du Canada et le gouvernement fédéral ;

ATTENDU QU'il est essentiel de faire enquête sur la situation de la langue française au Québec ;

ATTENDU QUE pour les mêmes motifs, il est essentiel de rechercher les moyens les plus aptes à garantir l'exercice des droits linguistiques de la majorité dans le respect des droits de la minorité ;

IL EST ORDONNÉ, en conséquence, sur la proposition du premier ministre :

QUE soit constituée [...] une commission pour faire enquête et rapport sur la situation du français comme langue d'usage au Québec, et pour recommander les mesures propres à assurer :

a) les droits linguistiques de la majorité aussi bien que la protection des droits de la minorité ;
b) le plein épanouissement et la diffusion de la langue française dans tous les secteurs d'activité, à la fois sur les plans éducatif, culturel, social et économique [...].

Source : Québec, *Rapport de la Commission d'enquête sur la situation de la langue française et sur les droits linguistiques au Québec,* Livre 1, *La langue de travail. La situation du français dans les activités de travail et de consommation des Québécois,* Québec (prov.), Éditeur officiel, décembre 1972, p. IV-V.

Après quatre années d'enquête, le commissaire produit, le 31 décembre 1972, un rapport en trois volumes traitant de la situation du français dans les activités de travail et de consommation, du portrait linguistique des groupes ethniques ainsi que des droits linguistiques. La commission Gendron reçoit 155 mémoires provenant d'individus et d'organismes. Dans leur analyse de ces mémoires, les historiens Jean Hamelin et André Côté montrent que la société québécoise est fortement divisée à propos de l'action étatique en matière linguistique. La communauté anglophone et le milieu des affaires y sont hostiles et préfèrent le maintien du statu quo. Les représentants du milieu des affaires justifient leur position par les impératifs de la réalité économique nord-américaine, où l'anglais prédomine, et de la dépendance du Québec à l'égard des marchés économiques étrangers. Pour leur part, les organismes œuvrant dans le système d'éducation favorisent la mise en œuvre d'une politique linguistique incluant, entre autres, une réglementation de l'accès à l'école anglaise. Dans leur étude sur la communauté italienne et le débat linguistique, les politologues Donat J. Taddeo et Raymond C. Taras mentionnent que la Commission des écoles catholiques de Montréal (CÉCM) recommande la création de tests pour mesurer la connaissance de la langue anglaise chez quiconque désire envoyer ses enfants à l'école anglaise. Cette commission scolaire suggère même l'adoption d'un autre critère pour réglementer l'accès à l'école anglaise : elle propose que seuls les enfants dont l'un des parents a reçu son éducation en anglais au Québec puissent fréquenter l'école anglophone. Enfin, un mémoire signale une prise de parole qui émerge progressivement, soit celle des nations autochtones. La communauté Kahn-Tineta de la réserve de Caughnawaga (Kahnawake) rappelle aux commissaires l'importance du respect des traités, dans un mémoire écrit presque exclusivement en mohawk[33] !

À la fin de leur étude sur les 155 mémoires soumis à la commission Gendron, Hamelin et Côté signalent que l'analyse de ces mémoires, comme moyen de guider les recommandations de la commission, soulève la question de la représentativité des organismes et des individus qui les ont rédigés. Les historiens n'osent toutefois pas déterminer quels groupes et individus sont véritablement représentatifs des organismes et des communautés dont ils estiment être les porte-parole. Par ailleurs, ces organismes et ces individus recourent à la commission en tant qu'élément de leur stratégie de mobilisation pour la question linguistique. Cette prise de parole citoyenne ne se limite pas au dépôt d'un mémoire. Au contraire, ces organismes et ces individus vont poursuivre leur mobilisation, car ils attendent le dépôt du rapport de la commission à la fois pour mesurer leur capacité d'influencer cette dernière et pour fourbir leurs armes, cette fois dans le but de gagner les faveurs des responsables politiques.

La comparaison de la liste des organismes provenant des milieux ethniques qui ont déposé un mémoire à la commission Gendron avec celle de la commission Laurendeau-Dunton étonne. La commission Gendron n'a reçu que quatorze mémoires provenant des « groupes allophones ». Plusieurs raisons peuvent expliquer cet état de fait. D'abord, bien des groupes sont peu ou mal organisés au Québec. De plus, à l'exemple des rapports avec les responsables provinciaux, les leaders des groupes ethniques privilégient la voie des contacts non officiels. D'ailleurs, des rencontres avec les membres de la commission sont tenues en avril et en juin 1970, où une trentaine de directeurs d'école et de représentants de diverses associations ethniques font part de leurs doléances[34]. Enfin, leurs actions se concentrent sur la scène fédérale en raison des travaux de la commission Laurendeau-Dunton. Ce sont surtout les Ukrainiens qui s'agitent à propos de la question linguistique au Canada, et il ne faut pas s'étonner que le lobby institutionnel ukrainien soit peu actif dans le cadre des travaux de la commission Gendron : la communauté ukrainienne est très peu présente au Québec, elle s'est surtout enracinée dans l'Ouest canadien.

Suivant le même modèle que ceux de la commission Laurendeau-Dunton, les travaux de la commission Gendron reposent sur une expertise scientifique, appuyée par les méthodologies des sciences sociales[35]. Ainsi, en 1970 et 1971, le sociologue Serge Carlos, de l'Université de Montréal, interroge 5 000 personnes au sujet de leur langue d'usage au travail. Quelque 64 % des francophones et des anglophones interviewés travaillent uniquement dans leur langue maternelle respective. La situation est plus préoccupante dans la capitale économique du Québec, Montréal. Seulement 46 % des francophones travaillent exclusivement en français dans la métropole. Par ailleurs, 48 % des francophones utilisent les deux langues dans leur travail. Pour les anglophones, peu importe la profession et le secteur d'activité, et ceux que le sociologue regroupe sous le vocable « autres » — les citoyens dont la langue maternelle n'est ni le français ni l'anglais —, l'anglais demeure la langue de travail. Selon l'étude, 14 % des allophones travaillent uniquement en français, tandis que 40 % d'entre eux utilisent les deux langues. Les analyses du sociologue montrent qu'« il en coûte plus à un travailleur francophone pous [*sic*] monter dans la hiérarchie de travail qu'à un anglophone. Au premier on demande le bilinguisme, au second on concède l'unilinguisme ». Confrontés à cette situation, les francophones interviewés favorisent une intervention de l'État[36]. D'autres études documentent la sous-représentation des francophones dans les postes de direction des entreprises œuvrant au Québec.

Détenteurs de la connaissance, les experts scientifiques sèment l'inquiétude au sujet de l'avenir du fait français. Comme le rappelle l'historien Martin Pâquet dans son étude sur l'État québécois et l'immigration, si les Québécois souhaitent maintenir leur poids démographique au sein de la fédération canadienne et promouvoir un développement économique qui s'exprime en français, un consensus tend à se dégager au sein de l'espace public : il faudra alors intégrer les immigrants à la majorité francophone. Ces derniers préfèrent cependant l'apprentissage de l'anglais pour assurer leur réussite économique. Par conséquent, ils envoient leurs enfants à l'école anglaise. Ailleurs au Canada, c'est l'accès à un enseignement en français, de la maternelle à l'université, qui pose problème. D'où l'enjeu crucial de l'instance scolaire dans les politiques d'aménagement linguistique, où s'expriment avec vigueur les tensions entre les libertés individuelles et le bien commun, entre la promotion économique à court terme et le progrès social à long terme.

De son côté, la commission Laurendeau-Dunton dépose une série de recommandations entre 1967 et 1971. Elle propose la mise en place de mesures destinées à favoriser le fait français à l'extérieur du Québec, pour ainsi éliminer une des causes du mécontentement des francophones à l'égard du fonctionnement de la Confédération. La commission recommande une véritable politique de bilinguisme dans les instances fédérales. Elle suggère que l'Ontario et le Nouveau-Brunswick ainsi que la capitale canadienne deviennent officiellement bilingues. Elle propose également l'adoption de mesures favorisant l'usage du français dans les entreprises. Un des aspects importants de la politique de bilinguisme proposée est la création de districts bilingues là où la minorité de langue française ou anglaise forme 10 % de la population, d'après les divisions du territoire retenues pour le recensement canadien. Il s'agit d'une concession au principe de territorialité dans la mise en œuvre de la politique de bilinguisme institutionnel. Dans ces districts, les minorités de langue officielle, expression utilisée par la commission pour les distinguer des autres groupes ethniques et des francophones du Québec, auraient accès aux services fédéraux, provinciaux et municipaux, ainsi qu'à l'enseignement public dans leur langue.

En ce qui concerne la question de l'éducation, les commissaires rejettent le principe de territorialité, principe constitutif de la politique belge d'aménagement linguistique. Notant que ce principe n'a pas réglé les conflits intercommunautaires en Belgique, ils ajoutent que « la limitation du droit des parents belges de choisir la langue dans laquelle étudieront leurs enfants » constituerait ici une contrainte « que peu de Canadiens estimeraient acceptable[37] ». Les commissaires savent que les groupes francophones du Canada n'accepteraient pas de perdre leur droit d'envoyer leurs enfants dans les écoles où le français est la langue d'enseignement. Ils recommandent la reconnaissance du droit des parents à scolariser leurs enfants dans l'une ou l'autre des langues officielles, là où il y a un nombre suffisamment élevé de francophones ou d'anglophones. Il faut donc régler la question de l'accès aux écoles françaises dans les provinces anglaises. Ce règlement devient urgent, particulièrement en Ontario et au Nouveau-Brunswick[38].

Presser l'État d'agir

Les débats sur la question linguistique dans l'espace public amènent les États fédéral et provinciaux à s'interroger sur la place du français dans leur pratique administrative institutionnelle. Par ailleurs, le peu de progrès accompli alimente la grogne des citoyens, qui demandent des gestes décisifs.

Outre la création de la commission Laurendeau-Dunton, le gouvernement fédéral, dirigé par Lester B. Pearson, prend différentes mesures dans le but de rassurer l'opinion publique francophone, qui s'impatiente devant la lenteur de l'appareil bureaucratique fédéral à offrir des services en français, comme l'indique le politologue Daniel Bourgeois. En avril 1966, le premier ministre annonce la création de programmes de formation linguistique pour les fonctionnaires, l'usage de l'une ou l'autre des langues officielles à l'intérieur de la bureaucratie et pour les communications entre les fonctionnaires et la population, ainsi qu'une politique d'embauche tenant compte de la maîtrise des langues officielles.

Au Québec, les débats linguistiques s'insèrent dans le vaste réaménagement symbolique de la Révolution tranquille. Cette période voit naître un plus grand activisme de l'État provincial dans des domaines relevant de sa compétence constitutionnelle, tels que l'éducation et les services sociaux, mais aussi dans de nouveaux secteurs, comme la culture et les relations internationales. Au chapitre de la question linguistique, l'État québécois crée en 1961, comme nous l'avons vu dans le précédent chapitre, l'Office de la langue française, organisme rattaché au ministère des Affaires culturelles.

Est-ce que la création de l'Office annonce la mise en place d'une politique d'aménagement linguistique fondée sur le concept de l'unilinguisme, solution mise de l'avant par de nombreux experts, individus et organismes ? Le gouvernement libéral de Jean Lesage rejette cette solution. En 1963, le ministre des Affaires culturelles, Georges-Émile Lapalme, déclare à l'Assemblée législative que la Constitution canadienne encadre l'action étatique et qu'il serait inconstitutionnel de proclamer le français seule langue officielle au Québec. La position du gouvernement de Jean Lesage et du Parti libéral est de faire du français la langue prioritaire au Québec, position réitérée lors du congrès spécial de la Fédération des étudiants libéraux du Québec, le 23 octobre 1965. Pendant ce congrès, les participants rejettent la résolution des étudiants libéraux de l'Université de Montréal pressant l'État québécois de proclamer le français unique langue officielle du Québec[39].

Le gouvernement de l'Union nationale hérite de la question linguistique à la suite des élections provinciales de 1966. Les événements de Saint-Léonard bousculent cependant le gouvernement de Jean-Jacques Bertrand. Le responsable du dossier est le ministre de l'Éducation, Jean-Guy Cardinal, qui agit avec une certaine précipitation. Après l'échec du projet de loi 85 l'année précédente, Cardinal fait adopter par l'Assemblée nationale en 1969 la Loi pour promouvoir la langue française au Québec, dite loi 63 (L.Q., 18 Élisabeth II 1969, c. 9). Cette loi assure aux parents le libre choix en matière de langue d'enseignement pour leurs enfants. Le Parti libéral du Québec, alors l'opposition officielle, accepte également le principe du libre choix. L'article 4 de la loi confie toujours à l'Office de la langue française les responsabilités de conseiller le gouvernement sur les mesures susceptibles d'encourager l'usage du français dans les milieux de travail et de rendre le français prioritaire dans l'affichage public. L'organisme étatique conserve la responsabilité de favoriser l'usage du bon parler français.

Les anglophones et les gens d'affaires accueillent favorablement cette loi. Il en est autrement parmi les francophones. En profond désaccord avec la loi 63, les députés Yves Michaud, Jérôme Proulx et Antonio Flamand quittent leur parti respectif pour siéger à titre d'indépendants. Ils font écho à la gronde des citoyens, dont beaucoup affirment vigoureusement leur mécontentement au moyen de mémoires, de pétitions et de manifestations publiques. Dans son étude sur le mouvement étudiant au Québec dans les années 1960, Jean-Philippe Warren mentionne que la mobilisation étudiante contre le projet de loi 63 est importante. En octobre 1969, 10 000 étudiants crient leur opposition lors d'une réunion à l'Université de Montréal. Quelques jours plus tard, près de 50 000 personnes, étudiants ou simples citoyens, dénoncent l'action du gouvernement de Jean-Jacques Bertrand devant l'Assemblée nationale. Des étudiants organisent des débrayages dans les écoles et les cégeps pour marquer leur opposition au projet de loi. C'est toutefois le Front du Québec français, créé par la Société Saint-Jean-Baptiste de Montréal et associant notamment la Confédération des syndicats nationaux, l'Association québécoise des professeurs de français et le Syndicat des écrivains québécois, qui coordonne l'opposition. Dirigé par François-Albert Angers, directeur de la revue *L'Action nationale,* le Front poursuit plusieurs objectifs : défaire le projet de loi 63, faire du français la langue officielle du Québec et forcer l'État québécois à mettre en place une politique globale d'aménagement linguistique[40]. Il organise des conférences de presse et des manifestations, notamment à Montréal et à Québec. Le mécontentement créé par la loi 63 explique partiellement la défaite de l'Union nationale aux élections provinciales de 1970.

Dans les provinces anglophones, la préoccupation pour l'enseignement incite des parents francophones à demander des réformes sco-

Manifestation contre le projet de loi 63, Montréal, octobre 1969. Photographie de Michel Elliott. (BANQ, centre d'archives de Montréal, Fonds du journal Québec-Presse, *P404, bill 63, 1985-12-042/3)*

laires. Puisque les dossiers de la révision de la Constitution canadienne et des droits des francophones dominent les discussions entre les provinces et l'État fédéral, le milieu associatif en profite pour proposer sa solution.

L'idée d'un ministère fédéral de l'Éducation à structure bicéphale — une administration s'occupant exclusivement des minorités francophones au Canada, la seconde veillant sur les anglophones du Québec — fait l'objet de discussions dans le réseau institutionnel canadien-français. Les participants à une réunion de l'Association canadienne des éducateurs de langue française (ACELF), réunion convoquée pour préparer le mémoire de l'organisme destiné à la commission Laurendeau-Dunton et à laquelle sont conviés des représentants de la commission, en discutent en décembre 1963. Cette proposition agace les délégués québécois, mais aussi le directeur du Service du Canada français d'outre-frontières, l'organisme responsable des rapports entre l'État québécois et les groupes francophones en milieu minoritaire. Le directeur doute que la création d'un ministère fédéral soit la solution appropriée pour régler l'épineux problème de l'accès à l'éducation en français pour les groupes francophones en milieu minoritaire. Dans les discussions qui s'ensuivent au sein de l'appareil étatique québécois, on cache mal son irritation devant cette proposition, là aussi. Malgré ces objections, le mémoire de l'ACELF suggère à la commission Laurendeau-Dunton d'explorer la possibilité de former un ministère fédéral[41].

Le 24 janvier 1966, un député libéral du Nouveau-Brunswick, Jean-Eudes Dubé, va de l'avant et propose la création d'un ministère fédéral de l'Éducation et de la Culture. Le quotidien *Le Droit*, d'Ottawa, appuie ce projet. Il en est autrement pour le Conseil de la vie française en Amérique. Ce dernier s'y oppose catégoriquement, montrant sa sensibilité aux objections du Québec : « Confier le sort des minorités à un ministère de l'Éducation fédéral, c'est confier leur sort au pouvoir politique fédéral. L'histoire de la Confédération nous apprend que le seul gouvernement canadien qui a voulu rendre justice aux minorités a été défait et que pas un parti n'a voulu risquer son avenir ensuite sur cette question. » Le Conseil propose de confier le dossier de l'éducation à une commission, qui serait indépendante des pressions exercées par la classe politique[42].

La solution d'un ministère fédéral de l'Éducation reçoit vraiment peu d'appuis, d'ailleurs. Déjà, les responsables fédéraux en ont plein les bras avec les revendications des provinces, dont au premier chef le Québec, qui mène bon train sa Révolution tranquille. Après des controverses majeures au sujet de la fiscalité, de la présence internationale de l'État québécois et des municipalités, une intrusion fédérale dans un champ où les provinces ont une compétence exclusive jetterait indûment de l'huile sur le feu. La commission Laurendeau-Dunton ne recommande pas non plus la création d'un tel ministère. Elle suggère plutôt que l'État fédéral assume les coûts supplémentaires qu'encourent les provinces pour l'enseignement dans la langue de la minorité officielle[43].

Au-delà de la proposition d'un ministère fédéral, des parents renouvellent leurs efforts pour accroître la part du français dans le système scolaire. La conjoncture y semble favorable, puisque des provinces annoncent des politiques destinées à faire du français une langue d'enseignement dans le réseau scolaire.

En Ontario, le réseau des écoles secondaires françaises privées est mal en point. D'abord, il connaît d'importants problèmes financiers, qui menacent son existence. Ensuite, il est mal équipé pour former une main-d'œuvre qualifiée. Non seulement faut-il améliorer la qualité de l'éducation, mais il faut également accroître l'accessibilité des jeunes francophones aux études secondaires.

La situation préoccupante du réseau des écoles secondaires bénéficie de la sympathie de certaines instances de l'État provincial ontarien, et surtout du premier ministre, John P. Robarts. Ce dernier réfléchit alors aux rapports entre le Québec et le reste du pays et à la question des droits des francophones dans sa province. Contrairement aux États fédéral et québécois, qui créent des commissions d'enquête publiques pour canaliser les débats dans le dossier linguistique, le premier ministre ontarien constitue l'Ontario Advisory Committee on Confederation (OACC).

Formé en janvier 1965 et dissous en 1971, l'OACC regroupe un ensemble de fonctionnaires et d'universitaires parmi les plus réputés au Canada, dont l'historien Donald Creighton, le politologue Paul Fox, le président de l'Université Trent, Thomas Symons, et le directeur de la recherche au Congrès du travail du Canada, Eugene Forsey. Deux francophones, soit Roger Séguin, président de l'Association canadienne-française d'éducation d'Ontario (ACFÉO), et le père Lucien Matte, président de l'Université Laurentienne, y participent à titre de porte-parole de la communauté francophone.

Le mandat de l'OACC consiste à examiner le rôle de l'Ontario au sein de la Confédération. Dès la première réunion, le 19 mars 1965, le comité confie à l'un des trois sous-comités, celui des affaires culturelles, l'analyse des rapports entre le Québec et l'Ontario, le dossier des droits des francophones en Ontario, notamment la question de l'enseignement secondaire, et celui des fondements d'une politique provinciale en matière d'aménagement linguistique. Pour plusieurs membres du comité, une action législative de l'État ontarien à l'égard des franco-phones de l'Ontario non seulement indiquerait une volonté de lea-dership national, mais deviendrait aussi un moyen d'améliorer les rela-tions entre les francophones et les anglophones au pays[44]. Selon les membres de ce sous-comité, tout projet de reconnaissance des droits des Franco-Ontariens s'inscrirait dans la logique de la crise reconnue par la commission Laurendeau-Dunton, soit un conflit entre deux majorités, les francophones du Québec et les anglophones du Canada. La question de la place et des droits des Franco-Ontariens constituerait en quelque sorte un cas d'espèce qui deviendrait un témoignage du vent de renouveau animant le leadership politique. Ce nouvel esprit devrait convaincre les francophones du Québec que le pays change, comme en ferait foi la révolution qui balayerait l'Ontario. Il se bute toutefois à une importante limite, celle de la reconnaissance du français comme langue officielle. Des membres du comité tels Donald Creighton et Eugene Forsey rejettent catégoriquement la solution du bilinguisme officiel pour l'Ontario. Il en est de même pour le premier ministre Robarts, qui craint notamment le ressac populaire. Il croit en déceler des signes dans des lettres qu'il reçoit de citoyens ontariens qui manifestent leur pro-fonde hostilité à l'égard du bilinguisme. Un de ses députés lui rappelle même que la proclamation du français comme langue officielle nuirait à la paix sociale et sèmerait la zizanie au sein du Parti progressiste-conservateur provincial[45].

Dès 1966, et malgré la forte opposition de Donald Creighton, l'OACC recommande que le français devienne l'une des deux langues officielles. Prenant peut-être en compte les réserves de l'historien de l'Université de Toronto, et surtout celles du premier ministre ontarien, le comité propose que la mise en œuvre de la reconnaissance du français comme langue officielle en Ontario s'effectue par étapes. Ce geste ne devrait pas transformer radicalement l'ordre symbolique provincial, de crainte que bien des gens ne puissent s'y identifier, ce qui créerait un sentiment d'aliénation. Devant les nécessités de la *realpolitik*, l'objectif de faire du français une langue officielle constituerait l'aboutissement d'un processus dont le législateur détermine néanmoins le calendrier[46].

Le pragmatisme caractérise également les discussions sur la recommandation de la commission Laurendeau-Dunton concernant les districts bilingues. L'OACC estime que le Québec s'opposerait à la création d'un district bilingue dans la capitale fédérale qui inclurait une partie de la rive québécoise de l'Outaouais. L'objection du Québec ne permettrait pas au dossier d'évoluer rapidement. Conscients que le gouvernement ontarien devrait toutefois prendre position, les membres de l'OACC privilégient l'approche étapiste pour régler ce dossier. La province créerait des districts bilingues au moyen de mesures administratives, une manière de faire beaucoup plus discrète, plutôt que par des lois. Les membres de l'OACC craignent que l'adoption d'une loi ne permette aux opposants au bilinguisme de se regrouper et de faire dérailler l'action étatique[47].

L'État ontarien adopte les propositions et stratégies suggérées par l'OACC. Soucieux de ne pas provoquer un dérapage, les responsables politiques s'assurent que les changements introduits n'altèrent en rien l'ordre symbolique provincial et la représentation du nous collectif. Ainsi, ces changements législatifs n'entraîneraient pas de modifications à la Constitution de la province. En août 1967, le premier ministre Robarts indique son intention de régler le délicat dossier des écoles secondaires de langue française, qui, pour bénéficier du financement étatique, doivent être non confessionnelles. Son ministre de l'Éducation, William Davis, met alors sur pied un comité spécial dirigé par Roland Bériault, afin d'étudier la possibilité de constituer un réseau public d'écoles secondaires francophones. Déposé en 1968, le rapport Bériault plaide en faveur de cette solution et recommande la création de comités consultatifs de langue française chargés d'informer les conseils scolaires publics. À partir des recommandations du rapport, William Davis parraine l'adoption des lois 140 et 141 à l'Assemblée législative (L.O., 17 Élisabeth II 1968, c. 121 et 122). Ces lois permettent notamment l'établissement d'écoles ou de classes secondaires franco-

phones publiques partout « où le nombre le justifie ». Enfin, les déclarations du gouvernement de John P. Robarts au sujet de l'utilisation du
français à l'Assemblée législative ontarienne et de l'offre de services en
français par certains ministères ontariens indiquent une volonté de pro-
céder par étapes dans la mise en place du bilinguisme institutionnel,
comme l'indique l'étude de l'historien Marcel Martel.

L'activisme étatique force les francophones de l'Ontario à s'interroger sur les liens entre confessionnalité et éducation comme fondement
identitaire collectif. Déjà en décembre 1966, l'Association des écoles
secondaires françaises privées accepte le projet d'écoles secondaires
publiques de langue française. Un congrès décisif de l'ACFÉO sur cette
question, qui interpelle l'identité francophone et la pensée nationaliste,
a lieu en février 1967. Plusieurs s'attendent à une réunion marquée par
les divisions et les tensions entre les partisans des écoles secondaires
françaises publiques et ceux qui croient que la langue et la foi catholique
forment un tout indissociable et un fondement crucial de l'identité
collective des francophones en Ontario. La confrontation redoutée n'a
pas lieu. En effet, les dirigeants de l'ACFÉO reçoivent l'appui des
évêques francophones pour le projet des écoles secondaires publiques.
Ils avisent donc les congressistes réfractaires que les évêques anglophones refuseront de les appuyer dans toute autre démarche, puisque
le clergé de langue anglaise demande à l'État provincial de financer les
écoles secondaires séparées, fréquentées par les catholiques. Préoccupés
par les intérêts de la communauté franco-ontarienne, les évêques
francophones appuient le projet de l'ACFÉO, car il règle la question
de l'enseignement secondaire. Confrontés à ces faits, les congressistes se
rallient aux dirigeants de l'ACFÉO et au clergé francophone. L'évêque
d'Ottawa, Mgr Joseph-Aurèle Plourde, panse ensuite les plaies des militants du lien entre langue et foi. Lors d'une présentation devant les
membres du club Richelieu d'Ottawa, il rappelle qu'il s'agit d'une
déconfessionnalisation de façade, puisque le personnel enseignant ainsi
que les élèves sont des catholiques et que le ministère de l'Éducation
permettra l'enseignement religieux[48].

Du côté du Nouveau-Brunswick, un mouvement de réforme transforme la province. L'élection des libéraux en 1960 et l'assermentation du premier Acadien, Louis J. Robichaud, comme premier ministre, inaugurent une série de changements importants. À la suite du dépôt des recommandations de la Commission royale sur les finances et la taxation municipales, dite commission Byrne, le gouvernement libéral crée le programme Chances égales pour tous, en 1965. L'État, plutôt que les municipalités, assume dorénavant le financement des établissements de santé, de services sociaux et d'enseignement. Dans le domaine de l'éducation, la Commission royale d'enquête sur l'enseignement supérieur, présidée par John J. Deutsch, propose en 1962 la création d'une seule université de langue française. L'année suivante, le gouvernement de Louis J. Robichaud y donne suite avec la création de l'Université de Moncton, qui compte alors six collèges situés à Moncton, Shippagan, Edmundston et Bathurst, cette dernière institution fermant ses portes en 1975. Une importante réforme scolaire permet la création d'écoles secondaires de langue française et amène la réduction du nombre de districts scolaires. À compter de 1968, les premières écoles secondaires de langue française ouvrent leurs portes. Par contre, des luttes s'amorcent pour accroître le nombre de ces écoles secondaires, dont la création dépend des districts scolaires. Plusieurs de ces districts sont mixtes, c'est-à-dire qu'ils gèrent les écoles fréquentées par les anglophones et celles fréquentées par les Acadiens. Certains Acadiens demandent la scission des districts scolaires mixtes, la reconnaissance de la dualité linguistique au sein de ces entités administratives et du ministère provincial de l'Éducation, ainsi que la création de districts homogènes. Ces demandes soulèvent un débat dans la communauté acadienne, comme c'est le cas à Moncton en 1967, car elles remettent vivement en question les cadres de la démocratie « consociationnelle ». Si des anglophones dénoncent la possibilité d'une scission en l'assimilant au séparatisme, les membres de l'élite acadienne interprètent cette revendication comme une tentative de mettre un terme à la cohabitation entre les deux principales communautés linguistiques de la province et à la recherche de compromis comme moyen de régler les conflits entre ces communautés. Ces demandes, jugent-ils, surviendraient à un bien mauvais moment. L'élite craint qu'elles fassent dérailler les réformes lancées par le gouvernement Robichaud. Pour éviter les débordements et couper l'herbe sous le pied aux militants des structures homogènes, on propose une solution de compromis, qui consisterait à créer, dans les districts scolaires mixtes, un poste de surintendant pour les écoles de langue française et un poste similaire pour les écoles de langue anglaise. Ces deux surintendants relèveraient toutefois d'un seul directeur.

Malgré ce débat sur l'organisation des districts scolaires mixtes, la réforme scolaire du gouvernement de Louis J. Robichaud est bien accueillie parmi les Acadiens. Elle est destinée à améliorer la qualité de l'éducation en français, puisque le taux d'analphabétisme est de 11,1 % chez les Acadiens, alors qu'il n'est que de 6,1 % chez les anglophones. En assumant les dépenses en matière d'éducation, l'État cherche à accroître les ressources des commissions scolaires acadiennes. En effet, les dépenses ne s'élèvent qu'à 132 $ par élève dans le comté de Kent, majoritairement acadien, alors qu'elles atteignent 331 $ par élève dans un comté majoritairement anglophone[49].

Les réformes du gouvernement Robichaud suscitent de nouvelles attentes. Certains les critiquent, car elles ne corrigent pas assez rapidement les inégalités socioéconomiques entre les communautés acadienne et anglophone. L'exemple de la pêche, activité économique cruciale dans la péninsule acadienne, est souvent invoqué. Puisque la pêche est une activité saisonnière, le taux de chômage dans cette région y est supérieur à la moyenne provinciale — qui est de 11 %. À partir de la prise en main de l'industrie de la pêche, les militants acadiens prônent le virage communautaire et coopératif pour sortir l'Acadie de son sous-développement économique.

* * *

Les efforts déployés pour canaliser la parole citoyenne au moyen de commissions d'enquête, mais aussi de la surveillance par la Gendarmerie royale du Canada, ont empêché l'éclatement de la violence. Toutefois, ils ne contribuent nullement à faire disparaître la gestion du dossier linguistique de la liste des priorités des responsables de l'État. Bien au contraire : les attentes demeurent élevées et les pressions, multiples. On le voit d'ailleurs dans les provinces du Nouveau-Brunswick et de l'Ontario.

Au Québec, la tentative de régler le contentieux linguistique avec la loi 63 contribue plutôt à sa complexification, puisque les intervenants sont plus nombreux et plus actifs. La forte prise de parole publique habilite les citoyens, qui s'investissent de plus en plus dans un militantisme énergique, appelant à une prompte intervention de l'État. De plus, les études des démographes sèment le doute sur la vitalité de la langue française. Elles signalent la baisse du taux de natalité des francophones et les transferts linguistiques. Une telle situation profite surtout à la communauté anglophone, puisque les allophones préfèrent maîtriser l'anglais pour mieux s'intégrer au marché du travail et favoriser leur mobilité socioéconomique. Les travaux des experts alimentent la détermination de ceux qui croient que l'unilinguisme français est la seule solution au problème de la langue française. Cet unilinguisme favoriserait l'action de l'État en faveur d'une répartition plus juste des ressources parmi les citoyens, particulièrement ceux qui subissent les contrecoups d'une domination socioéconomique. L'enjeu linguistique participerait de ce fait au développement et à l'épanouissement du bien commun.

Devant les pressions citoyennes, l'État fédéral est forcé d'agir dans le dossier linguistique. Son action tient compte des griefs et des demandes des francophones du Québec, des communautés francophones en milieu minoritaire, des groupes allophones, notamment les dirigeants ukrainiens, et des anglophones. Parmi ces derniers, certains maugréent à l'idée de voir apparaître le bilinguisme institutionnel. Ces intérêts divergents et conflictuels sur la question linguistique influent sur les mesures que l'État fédéral s'apprête à prendre dans le domaine linguistique. C'est l'homogénéisation de la population sur le territoire qui est en cause, une homogénéisation qui ne peut plus reposer sur l'hégémonie d'un seul groupe ethnique.

CHAPITRE 5

Agir : les lois linguistiques, 1969-1982

nous savons
que nous ne sommes pas seuls

MICHÈLE LALONDE, *Speak White*

nous ne voulons plus ressembler
à ceux qui nous acceptent
à condition que nous effacions
toute trace d'histoire personnelle

GÉRALD LEBLANC, *Éloge du chiac*

Devant la mobilisation citoyenne, et dans la foulée des recommandations des récentes commissions d'enquête, les responsables étatiques
mettent en place, de 1969 à 1982, des politiques d'aménagement linguistique. Celles-ci découlent de politiques plus globales promouvant
l'unité nationale. En plus de se fonder sur l'émergence de nouveaux ordres symboliques assurant l'allégeance des citoyens, l'objectif
de l'unité nationale entraîne une homogénéisation de la communauté politique sur le territoire de l'État, un État-*nation*. Ce faisant, les

responsables étatiques favorisent l'usage du droit, avec les chartes, les lois et les règlements, pour assurer la paix sociale et circonscrire les polémiques, à l'instar de la question linguistique. Des communautés politiques plus homogènes du point de vue de l'appareil étatique ainsi qu'un usage généralisé des ressources et des procédures formelles du droit permettent un encadrement plus étroit et la résorption ultérieure des conflits sociaux.

Les États fédéral et provinciaux préparent des politiques qui, tant dans leur choix que dans leur mise en œuvre, témoignent d'une volonté politique, mais aussi de la capacité des groupes de pression et des citoyens à influencer le législateur. Lorsqu'ils décident d'intervenir en matière linguistique, les États doivent légiférer sur l'étendue des droits reconnus. Ils doivent également instaurer un équilibre entre les droits collectifs et les droits individuels. Dans l'application de la loi, ils ont à choisir entre les principes de la personnalité et de la territorialité. Enfin, ils doivent mettre en place une politique fondée sur des obligations essentiellement actives ou passives, pour qu'elle ne prive d'aucun droit les groupes minoritaires — particulièrement les francophones.

La solution d'Ottawa : le bilinguisme institutionnel

Avec l'adoption de la Loi sur les langues officielles du Canada en 1969 (L.C., 18 Élisabeth II 1968-1969, c. 54), l'État fédéral fonde sa politique d'aménagement linguistique sur le principe de la personnalité. Contrairement à la commission Laurendeau-Dunton, qui encourage l'État fédéral à tenir compte de la répartition territoriale des groupes francophone et anglophone, le premier ministre Pierre Elliott Trudeau fait de la langue un droit individuel, dissocié de la culture. Ainsi, les différentes instances de l'État fédéral doivent offrir aux citoyens des services dans les deux langues officielles, et ce, nonobstant leur lieu de résidence. Un commissaire aux langues officielles veille à la mise en œuvre de la loi et peut enquêter à la suite d'une plainte d'un citoyen n'ayant pas été servi dans l'une ou l'autre des langues officielles par un organisme fédéral. Sous la houlette du dynamique Gérard Pelletier jusqu'en 1972, le Secrétariat d'État offre des subventions aux organismes, tels que les chambres de commerce et les associations professionnelles et culturelles, qui sont désireux d'utiliser l'une ou l'autre des langues officielles dans leurs activités, et leur propose notamment des services d'interprétation simultanée lors de leurs assemblées générales. Enfin, l'État fédéral s'engage à fond dans la promotion du bilinguisme individuel en ciblant la jeunesse, afin de modeler des citoyens canadiens plus conformes à l'idéal d'un Canada bilingue d'un océan à l'autre.

Loi sur les langues officielles du Canada
(L.C., 18 Élisabeth II 1968-1969, c. 54)

Article 2 : L'anglais et le français sont les langues officielles du Canada pour tout ce qui relève du Parlement et du gouvernement du Canada; elles ont un statut, des droits et des privilèges égaux quant à leur emploi dans toutes les institutions du Parlement et du gouvernement du Canada.

Article 13 (1) : Un district bilingue créé en vertu de la présente loi est une subdivision administrative délimitée par référence aux limites de l'une, de plusieurs ou de l'ensemble des subdivisions administratives suivantes : un district de recensement créé en conformité de la Loi sur la statistique, un district municipal ou scolaire, une circonscription ou région électorale fédérale ou provinciale.

(2) Une subdivision visée au paragraphe (1) peut constituer un district bilingue ou être incluse totalement ou partiellement dans le périmètre d'un district bilingue, *si*

a) les deux langues officielles sont les langues maternelles parlées par des résidents de la subdivision; et *si*

b) au moins dix pour cent de l'ensemble des résidents de la subdivision parlent une langue maternelle qui est la langue officielle de la minorité linguistique dans la subdivision.

(3) Nonobstant le paragraphe (2), lorsque le nombre des personnes appartenant à la minorité linguistique, dans une subdivision visée au paragraphe (1), est inférieur au pourcentage requis en vertu du paragraphe (2), la subdivision peut constituer un district bilingue si, avant

le 7 septembre 1969, les services des ministères, départements et organismes du gouvernement du Canada étaient couramment mis à la disposition des résidents de la subdivision dans les deux langues officielles.
(4) Aucune modification des limites d'un district bilingue créé en vertu
de la présente loi ne sera faite à moins que ce district, en cas de réalisation
de la modification proposée, ne continue à satisfaire aux exigences du
présent article relatives à la constitution de districts bilingues en vertu
de la présente loi.
(5) Aucune proclamation créant un district bilingue ou modifiant ses
limites ne sera émise en vertu de la présente loi avant que le gouverneur
en conseil n'ait reçu du Conseil consultatif des districts bilingues, nommé
comme l'indique l'article 14, un rapport énonçant ses constatations et
conclusions, et notamment, le cas échéant, les recommandations y affé-
rentes, ni pendant les quatre-vingt-dix jours qui suivent le dépôt d'un
exemplaire du rapport devant le Parlement en conformité de l'article 17.
(6) Une proclamation créant un district bilingue ou modifiant ses limites
prendra effet, pour ce district, dans les douze mois de l'émission de la
proclamation, à la date fixée dans cette dernière.
Article 19 (1) : Est institué un poste de commissaire des langues officielles
pour le Canada, dont le titulaire est ci-après appelé Commissaire.
(2) Le Commissaire est nommé par commission sous le grand sceau, après
approbation de la nomination par résolution du Sénat et de la Chambre
des communes.
(3) Sous toutes réserves prévues par le présent article, le Commissaire
est nommé pour un mandat de sept ans, pendant lequel il reste en fonction tant qu'il en est digne ; il peut, à tout moment, faire l'objet d'une
révocation par le gouverneur en conseil, sur adresse du Sénat et de la
Chambre des communes.
(4) Le mandat du Commissaire est renouvelable pour des périodes d'au
plus sept ans chacune.
(5) Le mandat du Commissaire expire lorsque son titulaire atteint l'âge
de soixante-cinq ans, mais le Commissaire demeure en fonction jusqu'à
la nomination de son successeur, nonobstant l'expiration de son mandat.
[...]

Source : http://lois.justice.gc.ca/fr/O-3.01/ (site consulté le 5 octobre 2009).

Cette loi s'inscrit dans un important processus de transformation
de l'ordre symbolique du Canada. En réaction au diagnostic des
membres de la commission Laurendeau-Dunton, le gouvernement de

Pierre Elliott Trudeau proclame l'égalité des langues française et anglaise pour assurer l'unité nationale. D'ailleurs, lors des débats parlementaires sur le projet de loi concernant les langues officielles, la députation libérale use de cet argument pour faire taire les opposants. Ainsi, la Loi sur les langues officielles raffermirait, selon les députés libéraux, les liens entre les Canadiens et renforcerait l'unité de la nation. Les opposants parlementaires sont peu nombreux, puisque les trois partis politiques de l'opposition, soit les progressistes-conservateurs, les néo-démocrates et les créditistes, appuient en principe le projet de loi. Par contre, quelques députés font écho aux groupes et aux individus hostiles à ce changement qui affecte profondément l'ordre symbolique canadien. Ainsi, certains députés progressistes-conservateurs craignent que la fonction publique ne soit plus accessible aux unilingues anglophones. D'autres affirment que ce projet de loi serait une solution à un problème touchant surtout le Canada central. Certains se demandent si d'autres langues, comme l'ukrainien, le polonais ou l'allemand, ne devraient pas devenir également des langues officielles. Pour sa part, le député créditiste René Matte relaie les critiques formulées par les milieux francophones québécois à l'égard du bilinguisme. Selon lui, la Loi sur les langues officielles ne changerait rien à la réalité du bilinguisme, qui serait la cause de la crise canadienne. De plus, l'anglais dominerait toujours dans les rapports entre les deux langues[1].

Alors que les principaux quotidiens anglophones et certains intellectuels du Canada anglophone applaudissent à l'adoption de la Loi sur les langues officielles, de nombreux citoyens demeurent sceptiques et des groupes d'intérêt s'animent, comme l'indique l'historien José Igartua. Un sondage du Canadian Institute of Public Opinion révèle que le projet du bilinguisme institutionnel et des districts bilingues bénéficie d'un fort appui chez les francophones. Parmi les anglophones interrogés, 49,5 % s'y opposent. Cette opposition est massive dans les Prairies. Elle l'est un peu moins en Ontario et en Colombie-Britannique, atteignant 50 %. Seuls les répondants des Maritimes appuient majoritairement le projet. Ce bassin d'opposants facilite le travail d'organismes hostiles au bilinguisme officiel, comme la Single Canada League et le Dominion of Canada Party. Ces regroupements expriment leur opposition par des lettres envoyées aux députés fédéraux et publiées dans le courrier des lecteurs de différents quotidiens. Ils dénoncent cette loi parce qu'elle minerait l'unité nationale, accroîtrait les dépenses de la fonction publique fédérale et serait discriminatoire. Selon eux, elle favoriserait indûment l'avancement professionnel des francophones et empêcherait les unilingues anglophones de travailler dans la fonction publique. Ce dernier point porte à croire que la nouvelle loi va à l'encontre de la Déclaration canadienne des droits, adoptée par le gouvernement fédéral de John Diefenbaker en 1960.

En 1974, un règlement modifie la loi fédérale sur l'emballage et l'étiquetage des produits de consommation. Dorénavant, le français et l'anglais doivent apparaître sur les produits emballés et étiquetés. Cette présence du français, notamment sur les boîtes de céréales Corn Flakes, stimule l'imaginaire de nombreux caricaturistes lorsqu'ils commentent la politique du bilinguisme officiel. Malgré les exemptions prévues par le règlement, notamment pour les produits locaux et d'essai, les opposants au bilinguisme fulminent. Selon eux, l'État fédéral forcerait l'usage du français partout, même dans leur assiette au moment du petit déjeuner.

Un des plus farouches adversaires du bilinguisme institutionnel est Joseph Thorarin Thorson, ancien député et ministre fédéral libéral, devenu président du Canadian Citizenship Council pendant les années 1960, et ancien juge de la Cour de l'Échiquier du Canada. Opposé viscéralement à la reconnaissance de la dualité linguistique, il parcourt le pays en 1969 pour mobiliser les citoyens dans l'espoir de bloquer l'adoption de la loi fédérale. Il les invite même à écrire à leur député à ce sujet. En 1970, il crée et dirige la Single Canada League, un organisme pancanadien qui regroupe les opposants à la loi fédérale. Sa détermination à faire dérailler cette dernière l'amène à porter sa cause devant les tribunaux.

Joseph T. Thorson croit que l'État fédéral ne peut légiférer en

Joseph T. Thorson (1889-1978), ministre fédéral puis juge, adversaire du bilinguisme. Photo d'Arthur Roy. (BAC, PA-047484)

matière linguistique dans le but d'étendre la portée de l'article 133, à moins qu'il ne modifie la Loi constitutionnelle de 1867. L'adoption de la Loi sur les langues officielles ne décourage nullement l'ancien juge. Bien au contraire. Il croit maintenant que la loi concerne tous les Canadiens puisque le coût du bilinguisme institutionnel est épongé par une partie de leurs impôts et de leurs taxes. Par conséquent, cette loi causerait un préjudice à tous, et notamment à lui.

En 1970, la Cour suprême de l'Ontario rejette la cause de l'ancien juge. Deux ans plus tard, la Cour d'appel de cette province fera la même chose. Les deux tribunaux affirment que la Loi sur les langues officielles ne cause aucun préjudice à Thorson. Malgré ces défaites, ce dernier est plus déterminé que jamais à porter sa cause en appel. Le 22 janvier 1974, la Cour suprême du Canada entend la cause et reconnaît à Joseph T. Thorson la qualité de demandeur. Il peut donc exiger des tribunaux de statuer sur la constitutionnalité de la Loi sur les langues officielles.

Moins d'un mois plus tard, Thorson met à l'épreuve son argumentation juridique puisqu'il se retrouve de nouveau devant les juges de la Cour suprême du Canada, cette fois à titre d'avocat dans la cause du maire de Moncton, Leonard Jones. Ce dernier conteste la décision des tribunaux néo-brunswickois d'autoriser la tenue en français du procès d'un étudiant, accusé d'avoir attaqué le maire alors qu'il quittait l'hôtel de ville de Moncton en 1972. Jones demande aux tribunaux de se prononcer sur la constitutionnalité des lois sur les langues officielles des États fédéral et néo-brunswickois. Devant les juges de la Cour suprême, l'avocat Thorson affirme que l'État fédéral ne peut légiférer en matière linguistique. Dans le cas du Nouveau-Brunswick, la Loi sur les langues officielles serait *ultra vires* puisque l'article 133 ne s'appliquerait pas à cette province. Le 2 avril 1974, la Cour suprême du Canada rejette la cause et établit que les États fédéral et néo-brunswickois ont la compétence nécessaire pour légiférer en matière linguistique. Après cette défaite, Thorson abandonne la lutte judiciaire. Il invite plutôt ses partisans et tous les opposants à la loi à punir le gouvernement lors des prochaines élections fédérales[2]. Au final, la situation est quelque peu ironique, car les gestes accomplis par Leonard Jones, Joseph T. Thorson et les autres adversaires du bilinguisme institutionnel contribuent en fait à la reconnaissance des compétences étatiques en la matière et, ce faisant, à celle des droits des minorités linguistiques au pays.

Durant sa lutte, Joseph T. Thorson compte sur la sympathie de l'historien Donald Creighton, avec qui il correspond depuis 1968. Creighton publie deux brûlots retentissants sur la question linguistique et les droits des francophones. Dans « The Myth of Biculturalism », il dénonce la notion d'un Canada défini comme un partenariat entre deux peuples fondateurs, puisqu'il n'y aurait aucune preuve historique à l'appui de cette interprétation de la Confédération. L'historien de l'Université de Toronto récidive en juin 1977 avec un texte paru dans le magazine *Maclean's*, en réaction à l'élection du Parti québécois et au débat sur la Charte de la langue française. Dans « No More Concessions », Creighton affirme que la loi québécoise va à l'encontre de l'article 133 de la Loi constitutionnelle de 1867. Aussi, il presse les responsables fédéraux de ne plus rien céder au Québec. Qui plus est, l'État fédéral devrait renoncer au bilinguisme officiel, entre autres, puisque les Québécois seraient sur le point de quitter la Confédération[3].

Si l'intelligentsia anglophone accueille froidement la publication des deux articles de Donald Creighton, l'accueil est tout autre de la part des groupes hostiles au bilinguisme. En raison du capital symbolique de l'historien de Toronto, ces groupes puisent dans ses articles pour affiner leurs arguments dans leur lutte contre le bilinguisme officiel, en dépit de la défaite infligée par la Cour suprême à Joseph T. Thorson en 1974. En fait, les opposants adhèrent à la théorie de la conspiration pour expliquer la décision de l'État fédéral de légiférer en matière linguistique. Selon cette théorie, le premier ministre Pierre Elliott Trudeau serait l'exécutant d'un plan machiavélique destiné à transformer le Canada en un pays où domineraient les francophones. La Loi sur les langues officielles serait l'une des étapes de la stratégie concoctée par Trudeau et sa clique pour faire du Canada un pays unilingue français et détruire de cette façon le Canada anglais. C'est sans doute Jock V. Andrew, un militaire à la retraite, et son livre à succès, *Bilingual Today. French Tomorrow*, publié en 1977, qui synthétisent le mieux cette théorie de la conspiration[4]. L'élection du Parti québécois en 1976 incite les opposants au bilinguisme à se regrouper au sein de la nouvelle Alliance for the Preservation of English in Canada (APEC).

Chez les francophones, les réactions varient. Au Québec, les partisans de l'unilinguisme français assimilent la Loi sur les langues officielles à un outil juridique destiné à protéger l'anglais pendant que la province est en pleine tourmente linguistique. Ailleurs, les dirigeants du réseau institutionnel en milieu minoritaire accueillent favorablement la loi fédérale, même si elle n'est pas enchâssée dans la Constitution canadienne. Toutefois, ils craignent beaucoup qu'un parti politique hostile au bilinguisme obtienne la majorité des sièges lors d'une élection fédérale, forme le gouvernement et décrète l'abolition de la loi ou la rende tout simplement inopérante. Ils relèvent aussi le fait que la Loi sur les langues officielles ne reconnaît pas la notion des deux peuples fondateurs et qu'elle privilégie plutôt les droits individuels au détriment des droits collectifs[5].

La Loi sur les langues officielles ne constitue qu'une étape dans la modification de l'ordre symbolique canadien. Le gouvernement de Pierre Elliott Trudeau introduit, le 8 octobre 1971, une politique sur le multiculturalisme et décrète le respect du pluralisme culturel au pays. L'État fédéral tient compte des critiques à l'égard de la Loi sur les langues officielles, énoncées notamment par les membres des groupes ethniques et surtout les représentants de la communauté ukrainienne. Ces derniers expliquent aux représentants du gouvernement Trudeau que, étant banalisés, les Ukraino-Canadiens se sentent rabaissés au rang de citoyens de deuxième classe. Ce sentiment naît en réaction au discours public présentant l'ukrainien comme une langue étrangère qui ne peut bénéficier d'une protection particulière de la part de l'État fédéral[6]. Quant aux dirigeants du réseau institutionnel francophone en milieu minoritaire, ils se montrent rétifs. Comme le souligne l'historien Stéphane Savard, les leaders de l'Association canadienne-française d'Ontario (ACFO) ne sont pas satisfaits de cette politique, car elle assimile la langue à un simple outil de communication et elle en dissocie la culture. Selon eux, s'il rejette le biculturalisme, l'État fédéral n'adoptera jamais une loi sur les deux cultures officielles[7]. L'État québécois partage la lecture des dirigeants de l'ACFO. Fidèle au « principe de l'égalité entre les deux peuples » fondateurs, le premier ministre Robert Bourassa juge en 1971 que le multiculturalisme est « difficilement compatible avec la réalité québécoise, où il y a une présence dominante de langue et de culture françaises, en plus d'une minorité importante de langue et de culture anglaises, ainsi que de nombreuses minorités d'autres langues et d'autres cultures ». Prônant une politique de souveraineté culturelle, Robert Bourassa assigne à l'État québécois « le rôle de premier responsable sur son territoire de la permanence de la langue et de la culture françaises dans le contexte nord-américain », avec « tous les moyens à sa disposition » et sans « qu'il puisse y avoir la moindre discrimination envers les autres cultures[8] ».

Si le multiculturalisme suscite certains espoirs et plusieurs réticences, sa mise en place montre que l'État fédéral lui alloue peu de ressources financières. En fait, la promotion du multiculturalisme se résume souvent à l'octroi de subventions aux organisations allophones, à l'organisation de colloques, à la publication d'ouvrages et à la présence d'allophones aux célébrations de la Fête du Canada sur la colline parlementaire et ailleurs au pays. L'aide financière est néanmoins la bienvenue chez les peuples autochtones du Canada. En effet, le ministre fédéral des Affaires indiennes et du Nord, Jean Chrétien, annonce la mise sur pied du programme des Centres éducatifs et culturels, qui soutient certaines mesures prises pour l'enseignement des langues amérindiennes et inuites. L'État fédéral répond en partie aux pressions de la Fraternité nationale des Indiens, qui, confrontée à l'assimilation et à l'acculturation galopantes parmi les peuples autochtones, se donne en 1972 une première politique sur la « Maîtrise indienne de l'éducation indienne ».

En ce qui concerne la politique de bilinguisme officiel, le Secrétariat d'État crée la Direction de l'action socioculturelle, responsable de l'aide aux communautés minoritaires de langue officielle. Cette direction octroie des subventions aux associations provinciales francophones et anglophones en milieu minoritaire. Ces subventions permettent la consolidation des associations en couvrant une partie de leurs dépenses de fonctionnement, mais aussi en finançant la création de programmes d'animation socioculturelle ainsi que l'ouverture de centres culturels dans les milieux francophones ou anglophones minoritaires.

L'État fédéral se bute à certains obstacles dans la mise en œuvre de sa politique sur les langues officielles. La création de districts bilingues repose sur la coopération des provinces, mais ces dernières tardent à y voir. Au Québec, même si le ministre de l'Éducation, François Cloutier, suggère en février 1971 de proclamer la province district bilingue, le premier ministre, Robert Bourassa, n'en voit pas l'utilité, étant donné les propositions constitutionnelles que présente le gouvernement de Pierre Elliott Trudeau à la conférence de Victoria[9]. L'Ontario a opéré un choix, celui de ne pas faire du français une des langues officielles de la province. Par conséquent, la formation de districts bilingues irait à l'encontre de sa propre politique d'aménagement linguistique. Un appui aux districts bilingues signifierait un réaménagement de l'ordre symbolique de la province, choix rejeté catégoriquement par le premier ministre, John P. Robarts, et, à compter de 1971, par son successeur, William Davis. Participant aux discussions avec leurs homologues fédéraux, les fonctionnaires ontariens indiquent que la province a l'intention de laisser le champ libre à l'État fédéral dans ce dossier. Ils estiment toutefois que le ressac populaire, du moins en Ontario, serait tel que l'État fédéral devra faire marche arrière. Pour sa part, la province de l'Ontario poursuivra sa politique de l'étapisme, fondée sur la mise en place de mesures administratives qui n'imposent pas la présentation d'une loi à l'Assemblée législative ni une modification de la Constitution de la province : ces derniers gestes susciteraient, selon les responsables provinciaux, une vive hostilité populaire[10].

Dans l'Ouest canadien, l'opposition des citoyens, et notamment celle des groupes allophones, donne des munitions aux provinces. Déjà mécontents du fait que l'État fédéral a scindé la langue et la culture avec sa Loi sur les langues officielles et sa politique du multiculturalisme, les représentants de la communauté ukrainienne n'apprécient guère le projet de création de districts bilingues. Selon eux, cette solution ne correspond pas à la réalité sociolinguistique des provinces de l'Ouest, puisque les francophones y forment moins de 5 % de la population, contrairement à ce qui prévaut au Canada central et dans les Maritimes. En fait, ces districts bilingues risquent de fermer la porte à une éventuelle reconnaissance constitutionnelle des langues des autres communautés ethniques qui ont, à l'instar des Canadiens français, joué un rôle crucial dans le développement social et économique du Canada depuis leur arrivée[11]. Ainsi, l'Alberta, par la voix des premiers ministres Harry E. Strom puis Peter Lougheed, rejette prestement la politique des districts bilingues.

Pour ajouter à l'opposition des provinces, à l'indifférence de la

Fédération des francophones hors Québec (FFHQ) et aux objections de divers groupes, l'étude de Daniel Bourgeois révèle que les fonctionnaires fédéraux associés à la mise en œuvre du projet des districts bilingues concluent, en fin de compte, qu'il n'est pas possible de les créer. Leurs objections sont multiples. Le tracé des frontières de ces districts est une tâche complexe et fort délicate. Leur création cristalliserait aussi l'opposition au bilinguisme, une opposition qui refuse toute transformation des symboles canadiens. Enfin, certains fonctionnaires affirment que les districts bilingues existent déjà dans les pratiques administratives de l'État fédéral, même s'ils ne sont pas formellement reconnus. Par conséquent, ce dernier abandonne sa politique des districts bilingues en 1976.

L'État fédéral a fait un choix. Il alloue davantage de ressources financières à la promotion des langues officielles, à l'offre de services dans les deux langues et surtout à l'enseignement des langues officielles. Ce dernier élément de la Loi sur les langues officielles relève toutefois de la compétence constitutionnelle des provinces. Comme le montre l'historien Matthew Hayday, l'État fédéral cherche un moyen de favoriser l'enseignement des langues officielles ainsi que la fréquentation, par les francophones en milieu minoritaire, des établissements où le français est enseigné. Ce moyen ne doit pas provoquer l'opposition du Québec, soucieux de protéger sa compétence en matière d'éducation.

Dans son champ d'action, le Secrétariat d'État administre le Programme de promotion du bilinguisme en éducation, devenu en 1979 le Programme des langues officielles dans l'enseignement. Partant, il verse une aide financière aux provinces. L'État fédéral espère ainsi que les sommes allouées à ce programme aboutiront dans les écoles fréquentées par les membres des communautés minoritaires de langue officielle. Toutefois, de nombreux acteurs sociaux déchantent rapidement. Des fonctionnaires fédéraux sympathiques à la cause de l'enseignement des langues officielles, des parents francophones ainsi que des anglophones favorables au bilinguisme, qui forment l'association Canadian Parents for French en 1977, constatent tous les limites de l'action fédérale. D'ailleurs, Canadian Parents for French fait entendre sa voix. Bénéficiant d'un appui financier du Secrétariat d'État et ayant des antennes partout au pays, cet organisme presse les provinces d'utiliser les sommes allouées par l'État fédéral pour l'enseignement du français et de l'anglais. De plus, il leur rappelle que les octrois fédéraux doivent servir à l'établissement de programmes scolaires d'immersion française, programmes qui connaissent une forte popularité auprès des membres des classes moyennes anglophones. Les États provinciaux se traînent souvent les pieds, invoquant, comme le fait l'Ontario, le pouvoir décisionnel des conseils scolaires dans l'allocation des ressources à l'enseignement en français. Le dossier de l'enseignement aux communautés francophones en milieu minoritaire montre les limites de l'action de l'État fédéral dans le cadre de la Loi sur les langues officielles. Il faut mobiliser d'autres outils pour régler ce dossier.

Pour l'État fédéral, l'un de ces outils est l'enchâssement des droits individuels dans la Constitution. Dans le document intitulé *La Constitution canadienne et le citoyen, Un aperçu des objectifs de la Confédération, des droits individuels et des institutions gouvernementales,* le gouvernement de Pierre Elliott Trudeau annonce en 1969 sa volonté d'inclure dans la Constitution les droits individuels relatifs à l'enseignement en langue minoritaire. Il tente de le faire dans le cadre de négociations constitutionnelles, qui avortent en 1971 à la suite de l'échec de la conférence de Victoria. Les responsables fédéraux reviennent avec leur projet de charte des droits en 1977, puis un an plus tard dans le document intitulé *Le temps d'agir, Sommaire des propositions du gouvernement fédéral visant le renouvellement de la fédération canadienne.* Leur projet comprend des dispositions en matière d'éducation pour les groupes minoritaires francophones ou anglophones, là où le nombre le justifie[12].

Au cours des discussions sur l'enchâssement constitutionnel d'une charte des droits et libertés, la Fédération des francophones hors Québec (FFHQ) cherche activement à forcer la main des provinces en matière scolaire. La création de la FFHQ en 1975 est un geste symbolique et historique : elle marque le constat de l'éclatement du Canada français, car elle ne compte aucun organisme francophone du Québec. La FFHQ compte profiter de la conjoncture politique particulière et du sentiment d'urgence entourant le dossier constitutionnel, après l'élection du Parti québécois en novembre 1976, pour obtenir des gains significatifs.

Dans un geste d'éclat, la FFHQ publie en 1977 *Les Héritiers de Lord Durham*. Elle rappelle que l'élection du Parti québécois signifie que « le Québec a décidé de participer activement à l'élaboration de son destin. En ce sens, son attitude est exemplaire et les francophones hors Québec la respectent et veulent s'en inspirer[13] ». Le portrait de la francophonie canadienne tracé dans le document rejoint les représentations propagées par des groupes nationalistes au Québec, à savoir que la francophonie est anémique et même vouée à disparaître dans certains cas. Ainsi, la FFHQ insiste sur les taux d'assimilation élevés parmi les groupes francophones dans certaines provinces. Pour enrayer ces taux, les francophones ne peuvent compter sur l'appui de leurs gouvernements provinciaux, car ces derniers, sauf au Nouveau-Brunswick, refusent de proclamer le français langue officielle. Tout comme au Québec, le faible taux de fécondité des femmes francophones minerait le renouvellement générationnel et la croissance démographique à long terme. De plus, les mariages exogames, c'est-à-dire avec des non-francophones, ainsi que la faible capacité des communautés de langue française, à l'exception de celle du Nouveau-Brunswick, à intégrer les immigrants nuiraient à la vitalité de ces communautés. L'accès aux moyens de communication en français est encore largement inadéquat. Enfin, les faibles taux de scolarisation, qui résultent de politiques étatiques frileuses à l'égard de l'usage du français comme langue d'enseignement, placeraient les communautés francophones en milieu minoritaire dans une situation socioéconomique fort précaire.

Au terme de ce sombre bilan, la FFHQ présente une première liste de revendications, qui se précisent avec la publication en 1979 d'un document intitulé *Pour ne plus être... sans pays*. Pour mettre fin au problème du « génocide » et de la « dépossession » qui caractérise l'expérience des francophones en milieu minoritaire, la FFHQ se fait audacieuse. L'organisme réclame la création d'un régime républicain, l'enchâssement d'une charte des droits et libertés dans la Constitution, ainsi que la reconnaissance constitutionnelle des droits linguistiques des minorités de langue officielle, de la dualité culturelle et d'un statut spécial pour les Amérindiens. En matière d'enseignement, tous les enfants devraient avoir accès à l'enseignement primaire et secondaire dans l'une ou l'autre des langues officielles. De plus, la Fédération revendique le droit d'envoyer les enfants dans des écoles dites homogènes. Ici, la FFHQ rejette l'option des écoles bilingues, solution retenue par certaines provinces pour offrir l'enseignement en langue française. Elle souhaite enfin l'obtention de la gestion scolaire et la reconnaissance du français comme langue officielle en Ontario et au Manitoba.

L'État fédéral doit réagir devant ce nouveau discours revendicateur et l'activisme politique plus militant de la FFHQ. Plus encore, la conjoncture politique précédant le référendum sur la souveraineté-association en 1980 l'incite à donner une réponse prompte. Aussi, les responsables fédéraux augmentent l'aide financière accordée aux associations provinciales. L'État fédéral crée également de nouveaux programmes, dont un de contestation judiciaire pour apporter une aide financière aux particuliers et aux groupes qui souhaitent recourir aux tribunaux pour obtenir la reconnaissance de leurs droits.

Il faut dire que le climat politique est tendu : une seule étincelle peut provoquer l'embrasement. En 1976, une polémique majeure oppose l'État fédéral à la Canadian Air Traffic Control Association, qui proteste contre l'usage du français dans les communications entre certains contrôleurs aériens et des pilotes d'avion au Québec. Une partie de ses membres déclenchent à cet effet une grève à la fin de juin, dans quelques villes canadiennes. Ils marquent ainsi leur vive opposition à la volonté du ministère fédéral des Transports d'accroître un tel usage du français au Québec et, selon l'organisme, ailleurs au pays. Depuis 1974, le ministère autorise l'usage des deux langues officielles dans cinq petits aéroports québécois. Le ministre fédéral des Transports, Otto Lang, promet d'étendre à l'ensemble du Québec l'usage du français, ce qui inclut l'aéroport international de Mirabel. La Canadian Air Traffic Control Association et son président, Jim Livingston, s'agitent pour sensibiliser les citoyens, mais surtout pour alerter l'État fédéral à propos du danger qu'encourt le trafic aérien lorsque le français est utilisé dans les communications entre les pilotes et les contrôleurs. Pour leur part, appuyés par leur président, Kenneth Maley, de nombreux pilotes membres de la Canadian Air Line Pilots Association refusent d'être aux commandes de leur avion : ils affirment que la sécurité des vols n'est pas assurée, prenant prétexte d'un incident survenu à l'aéroport de Québec en 1974. Ce geste des pilotes amène Air Canada et CP Air à suspendre plusieurs de leurs vols prévus du 20 au 28 juin 1976.

Bien que l'anglais soit la langue internationale dans les communications aériennes[14], les contrôleurs au Québec font entendre leur dissidence. Ces derniers dénoncent l'action de leur association et les craintes entretenues quant à la sécurité du trafic aérien au Canada. Ils rappellent que le bilinguisme dans les communications aériennes est une pratique courante dans plusieurs aéroports[15]. Enfin, la Canadian Air Line Pilots Association mène une campagne planifiée depuis au moins un an pour disséminer, dans les médias et auprès de la députation fédérale, des informations sur les risques de collision entre avions. Cette campagne de manipulation de l'opinion publique, comme le rapporte le journaliste William Johnson[16], vise à défaire la politique permettant le bilinguisme dans les communications aériennes au Québec.

Malgré les dénonciations du premier ministre, Pierre Elliott Trudeau, et sa condamnation de la campagne de peur menée dans les médias, la grève des pilotes canadiens force l'État fédéral à faire d'importantes concessions. Le gouvernement Trudeau se résigne alors à la création d'une commission d'enquête qui se penchera sur l'étude du bilinguisme dans les communications entre les pilotes et les contrôleurs aériens. Alors que le rapport de la commission conclut que le trafic aérien n'est nullement menacé par l'usage du bilinguisme au Québec, le ministère des Transports accepte de soumettre cette question à la Chambre des communes. Avec à sa tête Roger Demers, l'Association des gens de l'air du Québec dénonce cette concession que le gouvernement a faite aux pilotes et aux contrôleurs anglophones. D'ailleurs, la manière dont le gouvernement libéral règle la grève des pilotes pousse Jean Marchand à démissionner de son poste de ministre fédéral de l'Environnement.

Le bien commun québécois, du libre choix à l'unilinguisme

Au Québec, de 1969 à 1982, les gouvernements du Parti libéral et surtout du Parti québécois élaborent d'autres types de politiques d'aménagement linguistique. Il faut dire que ces choix découlent de la lecture que font les responsables québécois de la situation particulière qui prévaut alors : un climat tendu, exacerbé par le rapport de force entre une majorité francophone qui conteste de plus en plus l'ordre socioéconomique et le statut défavorable de sa langue, une minorité anglophone préoccupée par son maintien et des groupes d'immigrants cherchant à s'intégrer le mieux possible. Dès lors, dans un souci constant du bien commun, les responsables québécois reconnaissent le français comme langue officielle puis comme langue publique, afin d'établir les contours d'une culture de convergence qui intégrera tous les citoyens québécois. Le choix d'une politique d'aménagement linguistique entraîne des conflits avec l'État fédéral, qui fait une lecture pancanadienne de la situation et qui est déterminé à lutter contre la perception que le fait français n'est viable qu'au Québec.

En décalage et en concurrence avec l'État fédéral, et quelquefois en réaction à ses gestes, l'État québécois procède dès les années 1970 à sa propre transformation de l'ordre symbolique au Québec. Celui-ci se fonde à la fois sur la reconnaissance du caractère distinct de la société québécoise et sur l'équilibre entre l'exercice des droits individuels et la recherche du bien commun. Cette transformation s'avère nécessaire :

les mouvements migratoires internationaux modifient sensiblement le tissu social au Québec ; les disparités entre les classes, les groupes ethnolinguistiques et les régions s'accroissent ; les tensions sociales deviennent encore plus palpables. Dans l'élaboration de ce nouvel ordre symbolique, les gouvernements québécois successifs formulent ainsi leurs positions selon leurs objectifs quant au maintien du lien avec le Canada : souveraineté culturelle de la part du gouvernement libéral de Robert Bourassa ; souveraineté-association durant les mandats du Parti québécois. À l'exemple de son pendant canadien, le nouvel ordre symbolique québécois s'inscrit dans une double politique d'unité nationale — une nation circonscrite ici par le territoire québécois — et de recherche de la paix sociale. Il se manifeste entre autres par l'adoption en 1975 de la Charte des droits et libertés de la personne et les politiques d'aménagement linguistique.

Déposé le 31 décembre 1972, le rapport de la commission Gendron reconnaît l'intégration du Québec dans l'économie nord-américaine. La réalité économique explique le comportement linguistique de la population québécoise, l'usage de l'anglais en milieu de travail et surtout la logique économique des choix linguistiques des communautés allophones. De plus, le faible contrôle de l'activité économique par les francophones accentue les pressions pour l'usage de l'anglais dans les entreprises. Devant ces constats, la commission recommande à l'État québécois l'instauration « du français comme langue commune des Québécois », soit une langue qui sert « d'instrument de communication dans les situations de contact entre Québécois francophones et non francophones[17] ». Le français doit aussi être utilisé dans les milieux de travail. Pour leur part, les démographes invitent la commission à cibler les transferts linguistiques comme domaine d'intervention étatique, dans le contexte de la baisse du taux de fécondité des femmes francophones. Cette baisse s'inscrit cependant dans une tendance occidentale et reflète la position changeante de la société envers la procréation. Le rapport reste toutefois silencieux sur le sujet de la langue d'enseignement : la commission estime que la loi 63 a réglé cette question. Par conséquent, il vaut mieux attendre et mesurer les conséquences de la loi avant d'ouvrir de nouveau ce dossier[18].

À partir de ces recommandations, les politiques d'aménagement oscillent entre deux moyens d'assurer la promotion du français, la persuasion et la coercition. Elles visent aussi à modifier les tendances, observées par les démographes et d'autres experts scientifiques, au sujet de la langue de travail à Montréal et des choix linguistiques des immigrants.

Même s'il vient de se faire réélire, en octobre 1973, le gouvernement de Robert Bourassa subit de fortes pressions. Le titulaire du dossier linguistique, le ministre François Cloutier, va donc de l'avant avec sa solution. Adoptée en juillet 1974, la Loi sur la langue officielle (L.Q. 1974, c. 6), dite loi 22, proclame le français langue officielle du Québec. Elle s'appuie sur la persuasion afin d'inciter les employeurs à favoriser le français dans leurs lieux de travail. La loi prévoit également la création de la Régie de la langue française, qui sera dotée d'un pouvoir d'intervention et d'enquête. Enfin, au chapitre de la langue d'enseignement, des limites apparaissent dans la liberté de choix, puisque l'article 43 de la loi impose des tests d'évaluation de la connaissance de l'anglais, dont les résultats détermineront qui peut recevoir l'enseignement dans cette langue.

La loi 22 fait de nombreux mécontents. Les francophones sont divisés : certains lui reprochent son caractère timide, alors que l'Alliance des professeurs de Montréal, le Comité central des parents de la CÉCM et le Conseil des commissaires de la CÉCM la dénoncent carrément. Ils pressent en vain le gouvernement de rendre la fréquentation de l'école française obligatoire pour tous, sauf la minorité anglophone. Pour sa part, la CÉCM demande au gouvernement libéral de Robert Bourassa de favoriser la croissance des effectifs scolaires dans les écoles de langue française à Montréal, comme le souligne l'historien Miguel Simão Andrade. Puisque les allophones choisissent massivement d'envoyer leurs enfants dans les écoles anglaises, la CÉCM exhorte le gouvernement à intervenir pour modifier ces comportements. Pour sa part, le

Mouvement Québec français demande à l'État de proclamer le français seule langue officielle du Québec.

Les mesures réglementant l'accès à l'école anglaise choquent la Quebec Federation of Home and School Associations et d'autres porte-parole de la communauté anglophone qui, pour la première fois, voient remis en cause le rapport de force qui leur est favorable. Deux députés libéraux, John Ciaccia et George Springate, votent contre la loi 22 ; ils sont alors exclus du caucus du parti. Certains militants anglophones se tournent vers les tribunaux pour faire invalider la loi, mais, dans un jugement rendu en avril 1976, le juge Jules Deschênes en reconnaît la constitutionnalité. Dans des gestes amplement médiatisés, d'autres

Colloque sur la langue française organisé par le Mouvement Québec-français, 1974. De gauche à droite : Normand Cherry, de l'Union nationale, François Cloutier, ministre libéral de l'Éducation, l'animateur André Payette et Yves Michaud, du Parti québécois. Photo de Michel Elliott. (BANQ, centre d'archives de Mont-réal, Fonds du journal Québec-Presse, P404, Mouvement Québec-français, 31985-12-042/34)

Manifestation contre la loi 22 à Québec, 1974. (BANQ, centre d'archives de Québec, Fonds du ministère des Communications, E10, S44, SS1, D74-698, P14)

membres de cette communauté prétextent la promulgation de la loi 22 pour quitter le Québec et s'installer ailleurs au Canada. Enfin, plus de 60 000 anglophones signent une pétition demandant à l'État fédéral de désavouer cette loi provinciale, ce qu'Ottawa refuse de faire. Si le gouvernement de Pierre Elliott Trudeau refuse de se rendre aux demandes des militants anglophones, d'autres moyens sont toutefois mis en œuvre. Ainsi, la Gendarmerie royale du Canada poursuit sa collecte d'informations sur les individus et les groupes qui militent en faveur de l'unilinguisme français. Cette prise de parole citoyenne suscite l'inquiétude en raison de son présumé potentiel de violence. Dans le cadre de l'opération G, la GRC demande à ses agents au Québec d'identifier les individus, les groupes, notamment les syndicats et les organisations étudiantes, et les partis politiques — surtout le Parti québécois — qui pourraient recourir à la violence dans le but d'influencer l'action du gouvernement de Robert Bourassa[19].

Parmi les communautés allophones, c'est sans contredit la communauté italienne qui fait la manchette, comme l'indiquent l'historien

Paul-André Linteau ainsi que les sociologues Claude Painchaud et Richard Poulin. Créée en 1972 par Pietro Rizzuto, la Fédération des associations italiennes du Québec (FAIQ) favorise l'adoption d'une nouvelle politique linguistique. Selon les politologues Donat J. Taddeo et Raymond C. Taras, la FAIQ propose que tous les enfants des nouveaux immigrants aillent à l'école française. Après trois ans de fréquentation obligatoire de l'école française, les parents pourraient choisir entre une école de langue française et une école de langue anglaise. Par contre, la FAIQ prend le soin de préciser que les membres de communautés ethniques qui sont déjà établis au Québec, par exemple la majorité des Italiens, seraient exemptés de cette obligation. De plus, les enfants fréquentant les écoles françaises pourraient apprendre l'autre langue officielle.

Malgré l'appui de la FAIQ à la loi 22, le gouvernement libéral fait la sourde oreille aux demandes de cet organisme en matière de langue d'enseignement. Certains membres de la FAIQ quittent la Fédération et créent, en 1974, le Consiglio educativo italo-canadese, qui regroupe des membres du clergé, du milieu des affaires et du secteur de l'éducation. Présidé par Angelo Montini, cet organisme mène la bataille contre la loi 22 et les tests qui déterminent l'accessibilité aux écoles de langue anglaise. Le Consiglio défraie les manchettes lorsqu'il ouvre des classes clandestines dans des écoles membres des commissions scolaires catholiques. À compter de janvier 1975, des cours sont ainsi offerts les samedis matin aux parents d'enfants âgés de 5 ou 6 ans, pour qu'ils puissent préparer leurs enfants à réussir les examens d'admission.

Le mécontentement s'accentue au moment de la rentrée scolaire de septembre 1975, soit au début de la mise en œuvre de la loi 22 en matière d'accès aux écoles de langue anglaise. Les parents allophones, notamment ceux qui veulent envoyer leurs enfants dans des écoles anglaises mais qui ne peuvent le faire parce que ces derniers ont échoué aux tests de connaissance de cette langue, ont un choix à faire : respecter ou non la loi 22. En refusant d'inscrire leurs enfants aux écoles françaises, ils font un geste de désobéissance civile. Par ailleurs, ils constatent que, dans la mise en œuvre de la loi, certaines commissions scolaires sont beaucoup plus tolérantes que d'autres. Appuyés par le clergé italien et le Consiglio, d'autres parents italiens exercent des pressions sur les commissions scolaires et le gouvernement pour qu'ils modifient la loi.

Certains parents italiens de Saint-Léonard, notamment ceux qui habitent sur le territoire de la commission scolaire Jérôme-Le Royer, envoient leurs enfants dans des écoles protestantes anglaises. Leur geste incite des membres du clergé italien à écrire en septembre 1976 à l'archevêque de Montréal, Mgr Paul Grégoire, pour dénoncer cette situation. Soucieux de gagner la sympathie de l'archevêque, ces prêtres s'attristent de voir que des parents catholiques italiens envoient leurs enfants dans des écoles protestantes anglaises et s'apprêtent à sacrifier les croyances religieuses de leurs enfants. Ils rappellent ainsi un des arguments utilisés par de nombreux Canadiens français au moment des crises scolaires survenues au début du XXe siècle dans les provinces anglophones. L'archevêque cache mal son agacement devant l'action de certains membres de son clergé, puisque l'Église catholique devient alors partie prenante du débat linguistique. Il demande aux signataires de la lettre d'expliquer à leurs ouailles les objectifs de la loi 22. Par ailleurs, il doute que les jeunes Italiens vont perdre leur foi catholique parce qu'ils fréquentent des établissements scolaires protestants.

D'autres membres du clergé catholique anglophone interviennent dans le débat en pressant le ministre de l'Éducation en 1976, Jean Bienvenue, de suspendre les articles de la loi concernant l'accès à l'école anglaise, ce que le ministre refuse de faire. Ce dernier est peu enclin à donner raison à ces opposants, car il estime que les membres de la communauté italienne doivent montrer leur volonté d'intégration en choisissant les écoles de langue française.

Frustré par ce qu'il perçoit comme une forme d'inaction, le Consiglio prend une position défavorable au Parti libéral du Québec lors des élections provinciales de 1976. Il informe les libéraux qu'ils ne pourront plus compter sur l'appui inconditionnel de la communauté italienne, ce qui n'empêche pas l'organisme de soutenir des candidats libéraux dans certaines circonscriptions électorales.

L'arrivée au pouvoir du Parti québécois marque un changement de ton dans la gestion du dossier linguistique. Plutôt que de réagir aux cas particuliers, le législateur veut clarifier la question linguistique en adoptant une démarche globale, soucieuse du bien commun, ce qui rassurerait les francophones sur l'avenir de leur langue. Indice de cette volonté quelque peu républicaine, le premier ministre René Lévesque attribue, en dépit de ses réserves, la responsabilité de la mise en œuvre de cette politique globale non pas au ministre de l'Éducation, mais au ministre d'État au Développement culturel, le D\r Camille Laurin. Volontaire et déterminé, Camille Laurin s'entoure d'une équipe d'experts provenant des sciences sociales et humaines : les sociologues Guy Rocher — qui devient sous-ministre — et Fernand Dumont, le linguiste Jean-Claude Corbeil, le syndicaliste — et alors chef de cabinet — Henri Laberge ainsi que d'autres s'attellent à l'élaboration d'un livre blanc sur la politique québécoise de la langue française. L'intention du ministre est claire : il s'agit de faire « un geste décisif pour la libération et la promotion des travailleurs québécois », car, « pour toutes les petites gens de chez nous », « la langue nationale est une condition de vie[20] ».

Après le dépôt du livre blanc en avril 1977, l'Assemblée nationale du Québec adopte en août la Charte de la langue française (L.Q. 1977, c. 7), aussi connue sous le nom de loi 101. S'inscrivant « dans le mouvement universel de revalorisation des cultures nationales qui confère à chaque peuple l'obligation d'apporter une contribution particulière à la communauté internationale », la Charte fait du français « la langue de l'État et de la Loi ». Elle en fait également « la langue normale et habituelle du travail, de l'enseignement, des communications, du commerce et des affaires[21] ».

Charte de la langue française (1977)

Article 1 : Le français est la langue officielle du Québec. [...]
Article 7 : Le français est la langue de la législation et de la justice au Québec. [...]

Camille Laurin (1922-1999), ministre d'État au développement culturel de 1977 à 1980 et père de la Charte de la langue française. Photo d'Eugen Kedl. (Assemblée nationale du Québec, mosaïque 1981)

Article 58 : L'affichage public et la publicité commerciale se font unique-ment dans la langue officielle. Toutefois, dans les cas et suivant les condi-tions ou les circonstances prévus par règlement de l'Office de la langue française, l'affichage public et la publicité commerciale peuvent être faits à la fois en français et dans une autre langue ou uniquement dans une autre langue. [...]

Article 72 : L'enseignement se donne en français dans les classes mater-nelles, dans les écoles primaires et secondaires sous réserve des excep-tions prévues au présent chapitre. [...]

Article 73 : Par dérogation à l'article 72, peuvent recevoir l'enseignement en anglais, à la demande de leur père et de leur mère,

a) les enfants dont le père ou la mère a reçu un enseignement primaire en anglais au Québec, pourvu que cet enseignement constitue la majeure partie de l'enseignement primaire reçu au Québec,

b) les enfants dont le père ou la mère est, le 26 août 1977, domicilié au Québec et a reçu, hors du Québec, un enseignement primaire en anglais pourvu que cet enseignement constitue la majeure partie de l'enseigne-ment primaire reçu hors du Québec,

c) les enfants qui, lors de leur dernière année de scolarité au Québec avant le 26 août 1977, recevaient légalement l'enseignement en anglais, dans une classe maternelle publique ou à l'école primaire ou secondaire,

d) les frères et sœurs cadets des enfants visés au paragraphe c.

Source : L.Q. 1977, c. 7, www2.publicationsduquebec.gouv.qc.ca/dynamicSearch/telecharge.php?type=2&file=%2F%2FC_11%2FC11.htm (site consulté le 5 octobre 2009).

La Charte de la langue française établit des droits linguistiques fon-damentaux concernant l'usage du français par tout citoyen (art. 2 à 6) et reconnaît le français comme langue de la législation et de la justice (art. 7 à 13). En matière d'enseignement (art. 72 à 88), la loi 101 limite l'accès aux écoles primaires et secondaires anglaises aux enfants dont le père ou la mère a reçu l'enseignement primaire en anglais au Québec — ce que l'on désigne sous le vocable de « clause Québec ». Étant donné l'assimilation massive des immigrants au groupe anglophone et ses séquelles sur la viabilité du français, la Charte vise à mettre un terme à la fréquentation des écoles primaires et secondaires anglaises par les enfants provenant des communautés immigrantes allophones. Comme l'indique le linguiste Jean-Claude Corbeil, 90,3 % des enfants de parents allophones habitant Montréal fréquentent en 1972-1973 les écoles de langue anglaise. La proportion n'est que de 2,9 % parmi les franco-phones de Montréal.

Outre le règlement de l'explosive question de la langue d'enseigne-ment, l'État québécois met en place des mesures pour assurer la franci-sation des lieux de travail (art. 41 à 50), entre autres avec l'obtention d'un certificat de francisation pour les entreprises de plus de cinquante employés. De plus, afin que le français soit désormais la langue du com-merce et des affaires, l'unilinguisme français devient la norme pour l'affichage commercial (art. 51 à 71).

Pour veiller à l'application de la loi, le législateur désigne l'Office de la langue française (OLF). Pour assister le ministre dans le développe-ment de la politique linguistique, la loi prévoit la création du Conseil de la langue française (CLF). En légiférant pour atteindre leurs objectifs d'unité nationale et de paix sociale sur le territoire québécois, les res-ponsables étatiques se réclament aussi d'« un esprit de justice et d'ou-verture ». Cet esprit s'exprime envers les minorités ethniques, mais aussi les Amérindiens et les Inuits, puisqu'on leur reconnaît le droit « de maintenir et de développer leur langue et culture d'origine[22] ». Enfin, les responsables québécois réitèrent leur souci à l'égard de la minorité anglophone au Québec. René Lévesque affirme « que le gouvernement se doit de traiter [la communauté anglophone] de façon civilisée » et de ne pas « se comporter en agresseur vis-à-vis [de] la minorité[23] ». En acceptant « la main tendue du député de D'Arcy McGee », Victor Gold-bloom, au moment de l'adoption de la loi 101, Camille Laurin consi-dère que « nous respectons et apprécions trop, en effet, la communauté anglophone du Québec pour ne pas faire montre à son égard de la plus grande amitié et ouverture d'esprit possible[24] ».

Plus qu'une simple mesure de protection linguistique, la Charte de la langue française constitue une solution globale au problème du statut du français au Québec, ainsi que l'expression d'une volonté soucieuse du bien commun sur l'ensemble du territoire. Elle s'accompagne en 1978 d'une politique de développement culturel, élément d'« un projet commun, collectif, d'une société moderne et démocratique[25] », ainsi que d'une entente entre les États fédéral et québécois en matière de sélection des immigrants, dite entente Couture-Cullen. Enfin, les travaux de l'OLF et du CLF fournissent aux responsables politiques le savoir scientifique essentiel à toute intervention ultérieure. Ce savoir ne se cantonne pas au seul espace québécois, mais prend assise sur les différentes expériences internationales effectuées en matière d'aménagement linguistique. Ainsi, une mission de l'OLF enquête en 1979 sur la planification linguistique israélienne. S'il existe « un consensus général touchant le statut de l'hébreu comme langue nationale » en Israël, constate Pierre-Étienne Laporte, « au Québec ce n'est pas encore le cas [avec le français] », car « les aspects politiques et techniques de la question linguistique restent entremêlés ». D'ailleurs, en Israël, note le fonctionnaire, « l'existence d'une seule autorité étatique souveraine donne aux travaux de normalisation terminologique une uniformité de résultats qui n'est pas toujours atteinte chez nous à cause du chevauchement des juridictions [*sic*][26] ».

Au moment de l'adoption de la Charte de la langue française, les réactions dans les milieux francophones, notamment les syndicats, les organismes nationalistes et les citoyens, sont généralement favorables à la nouvelle loi ; certains regroupements, tel le Mouvement Québec français, demandent que l'accès à l'école anglaise soit davantage restreint. D'autres sont plus frileux, à l'instar des porte-parole du Conseil du patronat du Québec et des chambres de commerce, qui craignent pour la santé de l'économie québécoise, notamment la capacité de Montréal à demeurer une importante métropole économique. Ainsi, en matière d'enseignement, ces derniers plaident pour la liberté de choix des parents. Parmi la communauté anglophone, la colère gronde. Les quotidiens *The Gazette* et *The Montreal Star* ouvrent leurs pages aux opposants à la Charte qui récusent les appels à l'ouverture et s'inquiètent de la remise en cause de la domination linguistique de l'anglais. Ces opposants publicisent le déménagement de certains sièges sociaux d'entreprise, dont ceux de la compagnie d'assurance Sun Life

et de la société de confiserie Cadbury. Ils insistent aussi sur les conséquences de la Charte sur l'activité économique au Québec et surtout à
Montréal, conséquences qu'ils jugent néfastes. Comme le souligne la
politologue Josée Legault, les lois linguistiques engendrent la naissance
d'une nouvelle référence identitaire, celle des Anglo-Québécois perçus
désormais comme une minorité.

Si la loi 101 suscite de vives réactions dans le milieu des affaires,
certaines compagnies décident de s'adapter au nouvel environnement,
comme c'est le cas de Canadian Tire. Les dirigeants de cette chaîne
ontarienne acceptent d'accroître l'usage du français dans la correspondance interne de l'entreprise et d'acheter davantage de publicité dans
les médias francophones. Des intérêts commerciaux dictent aussi cette
volonté de francisation : le concurrent Rona bénéficie d'une perception
favorable chez les consommateurs francophones. Désireux d'accroître
leur part de marché et surtout de se défaire de leur image canadienne-
anglaise, les dirigeants de Canadian Tire s'attèlent à la tâche de franciser
leurs opérations au Québec. Ils envisagent même de changer leur raison
sociale pour « Corporation Canadian Tire l^tée », ce à quoi ils renoncent
en fin de compte, la loi 101 ne les y obligeant pas[27].

Selon les politologues Lucie Noël et Garth Stevenson, plusieurs
associations anglophones prennent alors la parole. Fondé par Alex K.
Paterson et Storrs McCall, le Positive Action Committee/Comité d'action positive dénonce l'instauration de restrictions à l'accès à l'école
anglaise et l'abolition de l'anglais comme langue d'usage à l'Assemblée
nationale et dans les tribunaux. Confronté au départ de nombreux
anglophones vers d'autres provinces, l'organisme lance une campagne
dans les quotidiens *The Gazette* et *The Montreal Star* pour les inciter à
rester au Québec. Pour sa part, l'organisme Participation Quebec opte
pour le dialogue avec les francophones. Il le fait en poursuivant sa lutte
contre ce qu'il considère comme des irritants de la loi 101, soit les restrictions concernant la fréquentation de l'école anglaise, l'affichage
commercial et les raisons sociales des entreprises. Avec l'aide du Secrétariat d'État du Canada, désireux de créer au Québec un pendant à la

Fédération des francophones hors Québec, le Council of Quebec Minorities/Conseil des minorités du Québec voit le jour en 1978. La plupart de ces organismes s'abstiennent d'intervenir dans le débat référendaire en 1980, à l'exception du Positive Action Committee, qui milite pour la sauvegarde de l'unité canadienne. Enfin, un autre organisme créé en 1978, le Freedom of Choice Movement/Mouvement de la liberté, s'illustre par ses prises de position extrêmes. Militant pour l'abolition

La communauté anglophone du Québec oppose une forte résistance à la loi 101. « Vos enseignes bilingues menacent directement la fragile culture québécoise ! — Au contraire de celles de mes voisins, je suppose ? » Caricature d'Aislin, The Gazette, *1988. (© Musée McCord, M989.363.96)*

de la loi 101, ce regroupement s'oppose en fait à toute loi destinée à promouvoir la langue française, y compris par l'enchâssement des droits linguistiques dans la Constitution canadienne. Mené par le député provincial William Frederick Shaw, le Freedom of Choice Movement devient un parti politique et présente aux élections provinciales de 1981 une douzaine de candidats, qui mordent tous la poussière.

La situation est légèrement différente chez les membres des communautés ethniques minoritaires. Selon les politologues Donat J. Taddeo et Raymond C. Taras, c'est l'aile québécoise du tout nouveau Congrès national des Italo-Canadiens, créé en 1975 à Toronto pour regrouper l'ensemble des communautés italiennes au Canada, qui exprime le point de vue des Italo-Québécois. L'organisme de la communauté italienne du Québec appuie la décision d'obliger les enfants des immigrants à fréquenter l'école française, lors des débats autour de la Charte de la langue française. Par contre, il plaide pour une exemption qui ferait en sorte que les communautés ethniques déjà enracinées au Québec ne perdraient pas leur liberté de choix. Le gouvernement de René Lévesque rejette cette suggestion. Les parents italiens sont aux prises dès septembre 1977 avec les nouvelles règles régissant l'accès à l'école anglaise. Cette fois, ces parents se trouvent devant une alternative : accepter la nouvelle loi et ses dispositions ou chercher des directeurs d'école anglaise susceptibles d'admettre leurs enfants, ce qui constituerait un geste illégal. L'aile québécoise du Congrès lutte pour régulariser la situation des enfants illégaux en demandant l'amnistie pour eux, ce que refuse de faire l'État québécois.

Malgré ses effets de renforcement du lien civique, particulièrement parmi les immigrants, l'adoption de la Charte de la langue française n'est pas exempte de polémiques, on l'a vu. Toutefois, si ces polémiques s'inscrivent encore dans une prise de parole citoyenne, elles tendent désormais à se manifester devant les tribunaux, ce qui réduit de facto le nombre des protagonistes provenant de l'espace public et augmente d'autant le pouvoir des experts juridiques. À la suite de la contestation d'une section de la loi 101 par un avocat montréalais, la Cour suprême du Canada invalide en 1979, dans l'arrêt *Procureur général du Québec c. Blaikie et autres* ([1979] 2 R.C.S. 1016), les dispositions relatives à la langue d'usage des tribunaux, en vertu de l'article 133 de la Loi constitutionnelle de 1867. Ce premier succès encourage les divers groupes anglophones à se réunir, en 1982 : ils créent un organisme qui devient le porte-parole de leur communauté et bénéficie à ce titre de l'aide financière de l'État. Ce groupe de pression, Alliance Québec, privilégie désormais la contestation judiciaire.

L'élection du Parti québécois marque aussi le début d'un nouveau chapitre dans les rapports entre l'État du Québec et les groupes francophones en milieu minoritaire. Le Parti québécois présente à ces derniers les avantages qu'un futur Québec souverain comporte pour eux. Il espère ainsi rassurer ces groupes, qui craignent les éventuelles conséquences de l'accession du Québec à la souveraineté politique. En avril 1977, le ministre des Affaires intergouvernementales, Claude Morin, expose ainsi les orientations de la politique québécoise à l'égard de ces groupes. Il les assure que l'État du Québec compte dénoncer la politique de deux poids, deux mesures appliquée à la question des droits des groupes minoritaires de langue officielle au Canada. Si jamais les Québécois choisissent la souveraineté politique dans le cadre d'un référendum, l'État du Québec utilisera son poids politique pour favoriser l'avancement de la cause des francophones hors Québec. Ce qui importe pour l'heure, c'est que le Québec se reconnaît une responsabilité « morale » à l'égard des minorités francophones.

Cette responsabilité morale se traduit par des gestes. Ainsi, l'État du Québec reconnaît la FFHQ comme l'interlocuteur officiel des communautés francophones en milieu minoritaire. Il augmente l'aide versée à ces dernières par le biais des programmes d'aide technique et financière qu'il crée. Alors que, en 1974 et 1975, l'aide du gouvernement était de 588 000 $, elle triple après l'accession du Parti québécois au pouvoir. En 1978 et 1979, elle s'élève à trois millions de dollars. Par ailleurs, cet effort du gouvernement québécois est bien faible si on le compare aux sommes consenties par le Secrétariat d'État du Canada. La Direction de l'action socioculturelle dispose d'un budget de 3 625 000 $ en 1976. Son budget augmentera considérablement et dépassera les 70 millions au début des années 1980[28].

L'État québécois avance sa solution au problème de l'accès à l'enseignement en langue française dans les provinces anglaises. En 1977, le premier ministre du Québec, René Lévesque, remet à ses homologues provinciaux des propositions d'entente de réciprocité en matière d'éducation. L'État du Québec propose d'ouvrir des négociations avec les provinces intéressées pour que les anglophones de ces provinces qui vivent au Québec aient les mêmes droits que ceux reconnus aux Anglo-Québécois, sur une base de réciprocité. Le but du Québec est d'obtenir, pour les francophones qui habitent dans les provinces anglophones, les mêmes droits que ceux garantis aux anglophones du Québec. La proposition d'entente de réciprocité répond en fait à de multiples objectifs. D'abord, le Québec veut prévenir toute intervention fédérale dans un domaine de compétence provinciale. Ensuite, il incite les autres provinces à passer à l'action dans le domaine des droits linguistiques, notamment les droits de « leurs » minorités francophones. Enfin, il veut rassurer les francophones et témoigner, par ce geste, de la responsabilité morale de l'État du Québec à leur égard.

L'État fédéral enjoint tout de suite aux premiers ministres provinciaux de rejeter catégoriquement l'offre du gouvernement du Parti québécois, ce qu'ils font. En février 1978, les chefs des gouvernements provinciaux promettent toutefois d'agir pour favoriser l'accès à l'enseignement en langue française là où le nombre le justifie. Par ailleurs, chaque province est libre d'agir à sa guise dans l'application de ce principe[29].

Pour leur part, les dirigeants des groupes francophones craignent que ces négociations ne débouchent sur une multiplication de régimes linguistiques variant d'une province à l'autre. De plus, ces ententes de réciprocité altèrent le discours identitaire de ces communautés en transformant la donne de la dualité nationale. Puisque les gouvernements provinciaux sont invités à négocier avec le Québec, l'État fédéral est mis à l'écart. Quant aux minorités francophones et acadiennes qui associent leur identité à un projet national, elles se voient chacune reléguées au rang de minorité linguistique provinciale.

Les multiples politiques linguistiques provinciales

Du côté des autres provinces, l'engagement en matière d'aménagement linguistique diffère, puisqu'il découle de la reconnaissance de l'ordre symbolique canadien promu par l'État fédéral. Comportant des objectifs autres que ceux du Québec, leurs diverses politiques d'aménagement linguistique révèlent la volonté politique, plus ou moins timide puisque soucieuse d'un éventuel ressac antifrancophone, des responsables provinciaux. Cette volonté prend en compte l'activisme d'individus et de groupes favorables à l'offre de services en français, mais elle est également circonscrite par l'importance de l'opposition au bilinguisme. Bien que les provinces anglo-canadiennes acceptent depuis 1969 les sommes versées par l'État fédéral pour l'enseignement en français et l'immersion française, les communautés francophones, les parents favorables à l'immersion française et l'organisme Canadian Parents for French n'en constatent pas moins l'insuffisance de ces fonds. Dans certains cas, les ressources ne bénéficient pas aux destinataires visés. Enfin, à l'image de la communauté anglo-québécoise, les élites des minorités francophones favorisent l'épanouissement de groupes de pression institutionnalisés, recevant l'aide financière de l'État fédéral, qui usent des ressources formelles du droit pour la promotion de leur cause. Se présentant comme les porte-parole de leurs communautés, ces groupes ont tendance à occuper de manière hégémonique le débat public.

L'Ontario met en place une politique d'aménagement linguistique destinée à accommoder les droits des francophones, sans toutefois modifier substantiellement l'ordre symbolique de la province en regard de l'ordre symbolique canadien. La province cible cinq dossiers :

l'éducation, les services judiciaires, la fonction publique, le fonctionnement de l'Assemblée législative et les municipalités[30].

Après l'adoption des lois 140 et 141 en mai 1968, la lutte pour l'accès à l'éducation en français en Ontario se déplace dans les conseils scolaires, puisque ces derniers ont désormais la compétence requise pour ouvrir une école secondaire de langue française s'il y a un minimum de vingt élèves. Dans plusieurs cas, les conseils scolaires, élus souvent par des parents anglophones, refusent d'établir des écoles de langue française en dépit de la demande en ce sens de dix contribuables francophones, comme le permettent les lois. Dans d'autres cas, ils optent pour la création de classes de langue française à l'intérieur d'une école secondaire anglophone. Cette solution déplaît, car l'anglais devient souvent la langue d'usage à l'intérieur des écoles fréquentées par les francophones.

Les parents et les conseillers scolaires francophones découvrent les limites de leur influence sur les conseils scolaires, comme le révèlent les conflits apparus à Sturgeon Falls, Kapuskasing, Cornwall et Windsor-Essex. Dans ce dernier cas, le ministre de l'Éducation oblige le conseil scolaire à créer une école secondaire de langue française au terme d'une lutte qui a duré huit ans. Une nouvelle crise éclate, cette fois à Penetanguishene en 1979. À la suite du refus du conseil scolaire de Simcoe de créer une école de langue française, des francophones font un geste d'éclat en ouvrant l'école secondaire de la Huronie. L'ouverture de cette école reçoit des appuis de taille, notamment du député fédéral Jean-Robert Gauthier, du chef de l'opposition officielle à Ottawa, Pierre Elliott Trudeau, du Commissariat aux langues officielles, des instances officielles du NPD en Ontario et au fédéral, ainsi que du Parti libéral provincial. Au terme d'une lutte difficile, les parents francophones obtiennent en 1980 l'autorisation de mettre sur pied une école secondaire de langue française, qui ouvrira ses portes deux ans plus tard.

Comme le relate l'historien Michael D. Behiels, ces luttes permettent aux Franco-Ontariens de constater le manque de détermination du ministère de l'Éducation, qui refuse souvent d'intervenir de crainte d'entraver le processus décisionnel des conseils scolaires. La gestion scolaire devient le nouvel enjeu d'importance pour les parents francophones. En 1975, le Comité consultatif de langue française d'Ottawa-Carleton demande la création de conseils scolaires de langue française pour les écoles catholiques et publiques de cette région. L'institution de tels conseils, espère-t-on, pourrait servir de modèle ailleurs en Ontario. Le gouvernement de William Davis confie la question à Henry Mayo, qui, dans son rapport sur le remaniement de la région d'Ottawa-Carleton, propose la création d'un conseil catholique de langue française. Le premier ministre Davis est peu favorable à cette recommandation et le ministère de l'Éducation la rejette, préférant la création de sections francophones à l'intérieur des conseils scolaires catholiques et publics déjà actifs dans la région d'Ottawa-Carleton. Ainsi, les Franco-Ontariens ne gèrent pas directement leurs établissements scolaires, puisque les décisions sont prises par les conseils scolaires, où leur influence est limitée. Les changements constitutionnels de 1982, notamment l'inclusion dans la Charte canadienne des droits et libertés de l'article 23, sur l'enseignement pour les communautés francophones et anglophones en milieu minoritaire, et l'intervention des tribunaux permettront un dénouement favorable aux revendications des Franco-Ontariens.

Dans le domaine des services judiciaires, un projet-pilote permet l'usage du français dans les causes criminelles présentées devant la Cour provinciale de Sudbury, en 1976. Un an plus tard, le procureur général inclut les régions de la capitale nationale et de l'Est dans ce projet-pilote. Ce ne sera toutefois qu'en 1984 que la Loi sur les tribunaux judiciaires reconnaîtra l'usage du français devant les tribunaux.

En ce qui concerne les trois derniers domaines d'intervention — l'Assemblée législative, la fonction publique et les municipalités —, l'Assemblée législative adopte, en juillet 1968, une motion reconnaissant aux élus le droit de s'exprimer en anglais ou en français pendant les travaux parlementaires. La même année, des fonctionnaires et des députés reçoivent leurs premiers cours d'apprentissage de la langue française. Un an plus tard, l'Ontario conclut avec le Québec un accord culturel ciblant notamment la langue, l'éducation et les services provinciaux comme domaines d'intervention. L'Ontario veut offrir des services dans les deux langues là où les francophones constituent une masse démographique suffisante. De plus, la province crée un bureau de traduction pour assister les ministères. Quant aux services en français que les municipalités pourraient offrir, ce dossier met en cause les compétences d'un autre ordre de gouvernement. Même si les municipalités sont les « créatures » des provinces, le gouvernement conservateur de John P. Robarts et celui de son successeur, William Davis, agissent avec prudence. Le gouvernement Robarts modifie ainsi la loi sur les municipalités pour permettre à celles-ci d'offrir des services dans les deux langues[31].

L'étude de Brigitte Bureau signale que, dans les années 1970, la démarche étapiste provinciale pour la mise en place de services en français suscite la colère chez certains Franco-Ontariens. Avec des militantes telles que Jacqueline Pelletier, ces derniers créent le mouvement C'est l'temps pour dénoncer l'unilinguisme des contraventions et des formulaires à remplir pour l'obtention du permis de conduire et le renouvellement des plaques d'immatriculation. Des Franco-Ontariens n'hésitent pas à refuser de remplir un formulaire unilingue pour le renouvellement de leurs plaques d'immatriculation en 1977, quitte à devoir séjourner en prison.

La politique étapiste en matière de services gouvernementaux en français montre selon certains l'absence d'une véritable volonté politique. En 1977, les congressistes de l'ACFO, nouvelle désignation qui remplace celle de l'ACFÉO depuis 1969, demandent la reconnaissance du français comme langue officielle, ce que rejette le gouvernement de William Davis. L'ACFO accentue les pressions par l'envoi de lettres, la signature de pétitions et le dépôt d'un mémoire. Albert Roy, député de l'opposition libérale à Queen's Park, dépose en 1978 un projet de loi d'intérêt privé sur la mise en place de services en français, qui meurt toutefois au feuilleton. Comme le rappelle l'historien Matthew Hayday, l'ACFO déplore le sort réservé au projet de loi du député. Pour sa part, l'Alliance for the Preservation of English in Canada s'agite également et organise une campagne d'envoi de lettres pour s'opposer à l'offre de services provinciaux en français. Lors des pourparlers menant au rapatriement de la Constitution canadienne en 1982, Pierre Elliott Trudeau ne réussit pas à arracher à William Davis la promulgation prochaine du français comme langue officielle en Ontario, contrairement au Nouveau-Brunswick, où Richard Hatfield accepte volontiers la reconnaissance constitutionnelle du bilinguisme dans sa province. Craignant un ressac populaire et, surtout, croyant foncièrement dans la justesse de sa démarche en matière linguistique, le gouvernement Davis privilégie une politique axée sur des mesures administratives.

Au Nouveau-Brunswick, dans la foulée des événements de Moncton et de la commission Laurendeau-Dunton, le gouvernement de Louis J. Robichaud introduit en 1968 sa propre politique d'aménagement linguistique, adoptée un an plus tard par l'Assemblée législative. Dès la conférence fédérale-provinciale sur la Constitution tenue en 1968, le premier ministre informe ses collègues provinciaux et fédéraux qu'il respectera les recommandations de la commission Laurendeau-Dunton et que sa province deviendra bilingue. Dans son rappel des événements ayant entouré la préparation de la Loi sur les langues officielles du Nouveau-Brunswick (L. N.-B., 1969, c. 14), le fonctionnaire Robert Pichette note que le père Clément Cormier, premier recteur de l'Université de Moncton et membre de la commission Laurendeau-Dunton, présente ses suggestions sur une première version du projet de loi. Le père Cormier encourage le gouvernement de Louis J. Robichaud à créer des districts bilingues dans la province et à obliger les municipalités à offrir des services bilingues. Le premier ministre rejette toutefois ces suggestions, car il estime que ce sont les citoyens qui doivent exercer des pressions sur les municipalités pour que ces dernières offrent des services dans les deux langues. Au sujet des districts bilingues, Louis J. Robichaud ne veut pas lier l'offre de services provinciaux bilingues aux frontières mouvantes de ces districts, qui doivent nécessairement refléter les mouvements de migration interne.

Inspirée par la Loi sur les langues officielles du Canada, la loi néo-brunswickoise proclame l'égalité du français et de l'anglais et promeut la mise en place de certains services provinciaux dans ces deux langues. Elle habilite les municipalités à adopter par résolution l'usage de l'une ou l'autre des langues officielles lors des réunions du conseil municipal. Cependant, elle demeure silencieuse sur sa mise en œuvre dans plusieurs secteurs d'activité importants, notamment les corporations professionnelles et les syndicats, le secteur privé et la santé.

Cette loi provinciale suscite diverses réactions. Parmi les Acadiens, beaucoup relèvent les limites de la nouvelle réglementation. Il y a des délais avant l'entrée en vigueur de certaines parties de la loi. De plus, aucun organisme de surveillance de la loi n'est prévu, contrairement à l'État fédéral qui a son Commissariat aux langues officielles. Enfin, le législateur est muet sur la question de la gestion scolaire.

Certains membres de la communauté anglophone y sont pour leur part farouchement opposés. Des groupes tels que la Canadian Loyalist Association, créée en 1968, et l'Orange Lodge of New Brunswick leur donnent une voix. Ces groupes, idéologiquement conservateurs, réagissent mal à l'activisme étatique, surtout lorsque l'action de l'État mène à ce qu'ils considèrent comme une transformation radicale des symboles provinciaux. Ainsi, la Canadian Loyalist Association affirme que la politique du bilinguisme n'est qu'une étape dans le processus de dépossession politique des anglophones, puisqu'elle favorisera la prise de contrôle du pays par les francophones. Pour sa part, la section de Moncton de l'Orange Lodge of New Brunswick propose l'adoption d'une loi faisant de l'anglais la seule langue officielle du pays. Dans son étude sur les mouvements d'opposition aux réformes lancées par le gouvernement de Louis J. Robichaud, le politologue Chedly Belkhodja affirme que ces deux groupes anglophones sont dans la mire de la Gendarmerie royale du Canada.

Ces deux groupes ne sont pas les seuls à faire les frais de la surveillance policière. Ainsi, la GRC ouvre un dossier sur le Dominion of Canada English Speaking Association, auquel le maire Leonard Jones est associé. Si le corps policier juge cet organisme peu enclin à la violence physique, ses agents reconnaissent que son activisme constitue une forme de violence symbolique. Comme le relève la GRC, les prises de position hostiles au bilinguisme institutionnel stimulent le ressentiment des Acadiens[32]. La police fédérale craint néanmoins des débordements chez ces groupes, devant le militantisme des Acadiens et des étudiants de l'Université de Moncton.

En 1972, la lutte pour le bilinguisme amène ses partisans à exercer des pressions sur les municipalités. Les municipalités deviennent un champ de bataille, mais il est probable que le cas de Moncton ait refroidi l'enthousiasme des militants du bilinguisme ailleurs au Nouveau-Brunswick. Bien que les francophones constituent 32 % de la population de la ville, le maire Leonard Jones refuse d'offrir des services en français, voyant même dans un projet de jumelage avec la ville de Lafayette, en Louisiane, une conspiration pour promouvoir le bilinguisme[33]. Formé d'étudiants et de professeurs de l'Université de Moncton et de citoyens préoccupés par l'absence de services municipaux bilingues, le Comité pour le bilinguisme à Moncton multiplie ses interventions publiques pour forcer la main du maire. Ce dernier ne se gêne pas pour affirmer sur toutes les tribunes que le bilinguisme serait une politique discriminatoire et diviserait la communauté au lieu de l'unir. Cette lutte a une portée symbolique très forte : toute victoire contre un opposant reconnu au bilinguisme pourrait bien avoir un effet d'entraînement ailleurs dans la province. Toutefois, le Comité échoue malgré ses efforts, notamment ses pressions pour la mise en place de services bilingues. D'ailleurs, profitant de sa popularité auprès des opposants au bilinguisme, Leonard Jones est réélu à la mairie en 1973, puis il fait le saut en politique fédérale en 1974 comme député indépendant de la circonscription de Moncton. En plus de l'opposition déterminée du maire Jones, les difficultés du Comité pour le bilinguisme à Moncton s'expliquent par les divisions entre les citoyens de Moncton, divisions qui sont aussi présentes parmi les autres Acadiens[34].

La question de la gestion scolaire mobilise la communauté acadienne. Cette dernière rejette les conseils scolaires bilingues, puisqu'ils

ne rejoignent pas les préoccupations des Acadiens. La Société des Acadiens et des Acadiennes du Nouveau-Brunswick (SAANB) et l'Association des enseignants francophones du Nouveau-Brunswick (AEFNB)
revendiquent la mise en place de conseils scolaires distincts pour les
anglophones et les francophones. Comme le signale l'historien Matthew
Hayday, les opposants au bilinguisme organisent alors une campagne
d'envoi de cartes en 1978. Ils demandent que l'anglais soit proclamé
langue officielle de la province et que le gouvernement cesse d'utiliser
l'argent des contribuables pour financer l'enseignement en français et
les programmes d'immersion scolaire en langue française. Confronté à
ces revendications contradictoires, le gouvernement de Richard Hatfield
agit avec prudence. À la suite des élections provinciales de 1974, il scinde
le ministère de l'Éducation en deux secteurs, l'un anglophone et l'autre
francophone, chacun ayant autorité sur les programmes et les évalua-
tions des écoles primaires et secondaires. Ensuite, il forme un groupe de
travail, qui recommande, en 1980, l'abolition des districts scolaires bilingues et la création de conseils linguistiques homogènes.

À la fin des années 1970 et au début des années 1980, le militantisme
en Acadie connaît une période faste, d'autant plus que les griefs sont
nombreux. Les promesses de l'ère Robichaud tardent à se concrétiser,
et les Acadiens du nord-est de la province se trouvent toujours dans une
situation de précarité et de sous-développement économique. « Dans
son cheminement pour une société plus juste », note l'historien Léon
Thériault en 1972, le « peuple acadien du Nouveau-Brunswick » doit se
rendre compte qu'« acadianiser l'appareil politique, là où cela nous
concerne, est devenu aussi important que d'acquérir des écoles françaises, des hôpitaux français, etc.[35] » Fondé en 1972, le Parti acadien
prône des politiques sociales plus justes à l'égard de ces citoyens défavo-
risés, politiques qui seraient mises en place grâce à la création d'une
nouvelle province. Les présidents successifs du parti, Euclide Chiasson
et surtout Donatien Gaudet à partir de 1979, se montrent particulièrement actifs sur ce front.

Devant la progression de ce parti politique qui traduit l'insatisfaction croissante des Acadiens, le gouvernement de Richard Hatfield ne peut rester coi. L'Assemblée législative adopte alors en 1981 la Loi reconnaissant l'égalité des deux communautés linguistiques officielles au Nouveau-Brunswick, dite loi 88 (L.N.-B. 1981, c. O-1.1). S'inspirant du principe du développement séparé, cette loi reconnaît à chaque communauté le droit d'avoir des instances culturelles, pédagogiques et sociales distinctes. Jean-Maurice Simard, parrain du projet de loi et président du Conseil du trésor, rappelle que l'un des objectifs visés est de freiner l'assimilation linguistique des Acadiens. Au début, la SAANB, par la voix de son président, Aurèle Thériault, exprime des réserves à l'égard du projet de loi, jugé un peu trop vague. Pour sa part, la Fédération des étudiants de l'Université de Moncton le rejette complètement, car elle souhaite que l'État du Nouveau-Brunswick reconnaisse les Acadiens en tant que peuple plutôt qu'à titre de communauté comme le prévoit le projet de loi. L'opposition officielle libérale et son chef, Joseph Daigle, ainsi que plusieurs membres de la communauté anglophone dénoncent également le projet provincial, certains craignant que son adoption ne renforce les positions du Parti acadien et ne mène à terme à l'éclatement de la province. La SAANB change toutefois d'avis, en réponse à la campagne menée par Jean-Maurice Simard[36]. Le gouvernement de Richard Hatfield poursuit sa stratégie d'apaisement en mandatant son directeur général aux langues officielles, Bernard Poirier, et le doyen de la Faculté de droit de l'Université de Moncton, Michel Bastarache, pour qu'ils procèdent à l'évaluation globale de la situation linguistique et revoient la Loi sur les langues officielles de 1969. Déposé en 1982, l'imposant rapport Bastarache-Poirier avance quatre-vingt-seize propositions relatives aux services offerts dans les deux langues aux citoyens. La plus controversée touche à la dualité des services assurés aux deux communautés linguistiques. Devant les coûts afférents probables et l'opposition des militants anglophones, Richard Hatfield tergiverse avant de proposer la mise sur pied d'un autre groupe de travail sur la question.

Dans les autres provinces, parfois à l'instigation des parents, du réseau associatif francophone et du groupe Canadian Parents for

French, parfois en raison des efforts de sensibilisation de la commission Laurendeau-Dunton, le législateur intervient dans le domaine des langues et de l'éducation. Cette volonté d'agir s'explique aussi par un changement de direction politique, par exemple après le départ du premier ministre albertain Ernest Manning, hostile au bilinguisme. Le quotidien *Edmonton Journal* critique même en 1967 la position de Manning, jugeant que son opposition à la reconnaissance de droits aux francophones de l'Alberta est nuisible aux efforts déployés pour le règlement de la crise canadienne. Le changement se fait aussi sentir au Manitoba en 1969, avec la formation d'un gouvernement majoritaire par les néo-démocrates d'Edward Schreyer, qui reçoivent l'appui du député libéral de Saint-Boniface, Laurent Desjardins.

Les provinces du Manitoba et de la Saskatchewan en 1967, puis celle de l'Alberta en 1968 accroissent le nombre d'heures consacrées à l'enseignement en français. Par la suite, les États des Prairies autorisent, au cours de la décennie 1970, l'enseignement entièrement en langue française dans les écoles fréquentées par des francophones. C'est ce que fait le Manitoba dès 1970[37]. Les efforts des provinces pour accroître l'enseignement en français se heurtent cependant à de nombreuses difficultés. Dans le cas de l'Alberta, comme le révèle l'analyse de Matthew Hayday, la province bénéficie de sommes fédérales pour favoriser l'usage du français comme langue d'enseignement dans les écoles. Confronté toutefois au problème du recrutement d'enseignants qualifiés qui maîtrisent le français, le ministère de l'Éducation refuse d'allouer des sommes supplémentaires pour attirer des enseignants provenant de l'extérieur de l'Alberta. Enfin, les parents sont divisés au sujet de la revendication visant la création d'écoles homogènes de langue française afin de favoriser l'apprentissage du français chez les jeunes. Selon certains, la réalité socioéconomique rappelle sur une base quotidienne la nécessité de maîtriser la langue anglaise. L'Association canadienne-française de l'Alberta finira toutefois par appuyer la demande d'écoles homogènes au début des années 1980.

En Colombie-Britannique, la province se montre favorable au projet de la Fédération canadienne-française de la Colombie-Britannique encourageant la mise en place d'un réseau scolaire non confessionnel pour les francophones. Toutefois, les Franco-Colombiens sont confrontés à l'opposition du premier ministre de la province, William A. C. Bennett, au cours des années 1960. Mais avec la loi 33 (R.S.B.-C. 1996, c. 216) que fait adopter en 1977 le gouvernement créditiste de Bill Bennett fils, la province décide d'assurer le financement des écoles privées, qu'elles soient confessionnelles ou laïques. Partant, les écoles francophones privées peuvent se prévaloir de cette aide financière[38].

Au Manitoba, l'homme d'affaires Georges Forest conteste en 1975 la validité de contraventions pour stationnement illégal rédigées en anglais seulement. Pour ce faire, il invoque l'article 23 du Manitoba Act (1870, 33 Victoria, c. 3), niant ainsi la validité de l'Official Language Act (1890 [Man.], 53 Victoria, c. 14). La journée même où est rendu l'arrêt *Blaikie*, soit le 13 décembre 1979, la Cour suprême du Canada affirme, dans l'arrêt *Procureur général du Manitoba c. Forest* ([1979] 2 R.C.S. 1032), l'inconstitutionnalité de la loi de 1890. Le gouvernement conservateur de Sterling Lyon se fait tirer l'oreille, comme l'indique le politologue Raymond Hébert. Les responsables manitobains croient que les provinces ont la compétence exclusive de définir les droits linguistiques, droits qui ne sont pas garantis par la Constitution de 1867, selon le premier ministre Lyon. L'inaction résulte en partie de l'opposition de ce dernier à la proposition du gouvernement de Pierre Elliott Trudeau consistant à enchâsser les droits linguistiques dans la Constitution canadienne. À contrecœur, les responsables manitobains doivent accepter la reconnaissance du français et de l'anglais comme langues officielles de la province. Ils créent ainsi en 1981 un secrétariat provincial chargé d'offrir des services en français à la population. La Société franco-manitobaine applaudit ces gestes, mais déplore, en privé, le caractère timide de la politique provinciale d'aménagement linguistique. Par ailleurs, la question de l'invalidité des lois provinciales adoptées depuis 1890 n'est toujours pas réglée, tâche à laquelle s'attaquera le gouvernement néodémocrate d'Howard Pawley, élu lors des élections de 1981.

* * *

Avec l'adoption de la Loi sur les langues officielles en 1969, l'État fédéral, par l'entremise du gouvernement de Pierre Elliott Trudeau, fait le premier geste pour remodeler l'ordre symbolique canadien. La mobilisation citoyenne perdure et alimente d'autant la crise diagnostiquée par la commission Laurendeau-Dunton, crise qui menace l'unité du pays et l'intérêt général. Fidèle à la logique du libéralisme — qui est un art de la séparation, selon le philosophe politique Michael Walzer —, Pierre Elliott Trudeau considère que c'est en assurant le bien des individus que l'on peut établir le bien commun. Aussi, les droits individuels doivent prévaloir sur les droits collectifs. Assurer ces droits individuels, comme celui d'avoir des services dans sa langue maternelle, permettrait le règlement des conflits sociaux présents dans l'ensemble canadien. La politique fédérale d'aménagement linguistique obéit donc à cette logique d'une manière plus ou moins cohérente pour cette période.

En voulant montrer que le français est viable en dehors du Québec, l'État fédéral tente de résoudre le problème de l'accès à l'enseignement en français. Il mesure toutefois les limites de son action. En plus de l'abandon des districts bilingues, le dossier de l'accès à l'éducation dans les langues officielles suscite de la frustration. Les groupes francophones en milieu minoritaire constatent que les provinces se traînent les pieds, et ceux qui décident d'agir confient, comme en Ontario, la gestion de ce dossier aux conseils scolaires, contrôlés par la majorité anglophone.

Par son action en matière linguistique, l'État fédéral entrave les choix de l'État québécois dans le cadre de sa politique linguistique. Puisque le problème se pose d'une manière différente au Québec — il s'agit de la reconnaissance des droits de la majorité francophone subissant un rapport de force défavorable à l'origine —, les gouvernements successifs de Robert Bourassa et surtout de René Lévesque adoptent une autre démarche, plus républicaine, dans la gestion de la donne linguistique. Privilégiant une conception du bien commun centrée sur les droits collectifs pour mieux assurer l'épanouissement individuel, les responsables québécois font le pari que leurs politiques à visée plus globale résorberont à la longue les conflits sociaux fondés sur les clivages linguistiques.

Ces politiques d'aménagement linguistique transforment les références identitaires des différentes communautés. Même si ces politiques visent à établir l'égalité de traitement en matière de droits linguistiques, elles entraînent la stabilisation des rapports de force sur des territoires donnés entre une majorité et une minorité qui se considèrent maintenant comme telles. Dans un Canada dorénavant *anglophone* qui se représente officiellement comme bilingue et multiculturel, les minorités francophones disposent maintenant de moyens juridiques pour faire valoir leurs droits, leur vitalité et leur capacité de maintenir leur existence collective. Au Québec, les *francophones* peuvent désormais se considérer comme la majorité par rapport à une nouvelle minorité, celle des Anglo-Québécois. Pour leur part, ces derniers contestent les lois 22 et 101, car ils refusent le statut de groupe minoritaire. Axé sur les droits individuels, le libéralisme canadien devient un atout dans leur lutte, car les lois linguistiques restreignent à leur avis leur liberté de choix. Si, pour les francophones en milieu minoritaire, la gestion scolaire constitue le nouvel enjeu, pour les Anglo-Québécois, c'est plutôt la question des libertés individuelles qui prédomine.

Qu'il s'agisse du bilinguisme institutionnel ou administratif ou de l'unilinguisme, les nouvelles politiques linguistiques suscitent la mobilisation de nombreux opposants. Dans certains cas, les critiques formulées n'empêchent pas l'État d'aller de l'avant. Ailleurs, les opposants au bilinguisme ne désarment pas en dépit des jugements défavorables des tribunaux. Ils demeurent vigilants et affaiblissent la détermination des gouvernements des différentes provinces, du moins là où une volonté d'agir existe. Parfois, comme en Ontario, l'action des opposants conforte les dirigeants politiques dans le choix de leur politique linguistique.

À la suite du refus de la population d'accorder au gouvernement du Québec un mandat pour négocier la souveraineté-association, en mai 1980, le rapport de force se modifie. La reprise des négociations constitutionnelles transformera de nouveau la donne linguistique.

CHAPITRE 6

Le droit et la langue, de 1982 à nos jours

parlez-nous de votre Charte
de la beauté vermeille de vos automnes
du funeste octobre
et aussi du Noblet […]
nous sommes cent peuples venus de loin
pour vous dire que vous n'êtes pas seuls

MARCO MICONE, *Speak What*

Il feuillette le billet aller-retour de sa langue.
Le billet prend feu et se recroqueville dans le cendrier de sa bouche. […]
The invisible man had a country.
Now he can't even remember its name.

PATRICE DESBIENS, *L'Homme invisible / The Invisible Man*

Eka aimiani,
Nuiten aimuna.
[*Silence. J'entends des paroles.*]

JOSÉPHINE BACON, *Moelle/Uinn,*
(Bâtons à message/Tshissinuashitakana)

Le rapatriement de la Constitution en 1982 et l'enchâssement constitutionnel de la Charte canadienne des droits et libertés produisent des changements importants dans les politiques linguistiques et leur mise en œuvre. Ils influencent également la culture politique au Canada et au Québec.

Au Canada et dans les provinces anglo-canadiennes, la référence au droit et le recours aux tribunaux permettent de solidifier le modèle de nation promu naguère par Pierre Elliott Trudeau. La référence au droit est souvent faite par des individus et des regroupements provenant des communautés francophones en milieu minoritaire, qui revendiquent une pleine reconnaissance de leurs droits en conformité avec le modèle de nation bilingue. Au Québec, la référence au droit et le recours aux tribunaux sont plutôt le fait de citoyens et d'associations voulant contester le modèle de nation québécois et sa promotion du français comme langue publique. Ce faisant, ce recours s'appuie sur une conception individualiste des droits linguistiques.

De 1982 à nos jours, une nouvelle donne linguistique apparaît. La langue demeure toujours un instrument de construction de la nation, mais les modalités de cette construction se transforment sous l'impulsion d'une nouvelle stratégie : celle du recours aux tribunaux canadiens et aux organismes internationaux, notamment l'Organisation des Nations Unies. Avec l'enchâssement de la Charte canadienne des droits et libertés dans la Loi constitutionnelle de 1982 et le développement d'un régime juridique international fondé sur la promotion des droits individuels, de nouveaux experts interviennent dans le débat sur les langues : les juristes. Ces derniers contribuent à un activisme accru de la part des tribunaux. Ils se chargent également de l'interprétation des dispositions juridiques et peuvent se constituer en promoteurs d'une cause politique.

Par suite du recours à la formalité du droit, les expressions informelles de mobilisation publique, telles que les manifestations et d'autres moyens de protestation, perdent une partie de leur efficacité et de leur légitimité auprès des responsables étatiques. Ainsi, au cours de cette période, ce ne sont pas les mobilisations contre les atteintes à la loi 101 au Québec ou contre la fermeture de l'hôpital Montfort en Ontario qui influencent le plus les dirigeants. Plutôt, ce sont les jugements des tribunaux qui orienteront la prise de décisions en cette matière.

Le droit comme nouvelle donne linguistique

Un événement précis est au cœur de l'avènement de cette nouvelle donne linguistique : le rapatriement de la Loi constitutionnelle canadienne, le 16 avril 1982. Depuis les années 1960, de nombreuses rencontres ont porté sur le rapatriement de la Constitution canadienne. Les différents gouvernements québécois, à partir de l'élection des libéraux de Jean Lesage en 1960, demandent une nouvelle répartition des champs de compétence entre l'État fédéral et les provinces. Cette révision peut se faire par la décentralisation, qui doterait chaque province de nouveaux pouvoirs, ou par l'octroi d'un statut particulier au Québec. Si les responsables politiques retiennent la seconde option pour accommoder les demandes du Québec, celle-ci permettra la reconnaissance constitutionnelle d'une autre conception de l'expérience canadienne. Cette conception serait celle de deux peuples fondateurs dotés chacun d'un territoire précis : le Québec, devenu l'État-nation des francophones, et le Canada, comme État-nation des anglophones. Au début des années 1960, les thèses des deux peuples fondateurs et de la reconnaissance de leur égalité recueillent une certaine sympathie auprès des principaux partis politiques fédéraux et de certains quotidiens et intellectuels.

Lorsque Pierre Elliott Trudeau fait le saut en politique fédérale en se joignant au Parti libéral à compter de 1965, il a des idées précises à l'égard du dossier constitutionnel. Selon l'ancien professeur de droit, le Canada n'a besoin ni de modifier les champs de compétence des États fédéral et provinciaux, ni de reconnaître un statut particulier au Québec. Au contraire, il faut assortir la Constitution d'une charte pour protéger les droits et les libertés fondamentaux des Canadiens et empêcher ainsi les États de restreindre ces droits. Enfin, il faut intégrer dans la Constitution ce que Trudeau estime être les caractéristiques essentielles du pays, c'est-à-dire la dualité linguistique, la mosaïque ethnique et la protection des droits scolaires des minorités linguistiques.

Le programme constitutionnel de Pierre Elliott Trudeau gagne en popularité au sein de l'intelligentsia et des principaux quotidiens anglophones. Après l'adoption de la Loi sur les langues officielles et de la politique du multiculturalisme, la thèse des deux peuples fondateurs perd de son ascendant pour être supplantée par les principes, jugés plus neutres, de l'égalité des deux communautés linguistiques et de la coexistence de différentes cultures égales au sein d'un même ensemble. En acceptant la promotion de l'égalité des langues et des cultures au lieu de l'égalité des nations, l'intelligentsia et les quotidiens du Canada anglophone critiquent dès lors les revendications québécoises : toute concession constitutionnelle faite au Québec minerait leur nouveau projet de société. À leurs yeux, l'égalité linguistique et la diversité culturelle constituent tant le cœur du contrat social liant les Canadiens à leur État que les assises du nouveau nationalisme civique canadien. Au cours des années 1970, il reste à trouver une façon d'enchâsser ce contrat civique dans la Constitution canadienne.

L'occasion se présente dans la foulée du référendum québécois de 1980, qui chambarde le rapport de force, alors prédominant, entre un Québec tenté par la souveraineté politique et un Canada inquiet du maintien de son intégrité. Durant les pourparlers constitutionnels qui s'ensuivent, le gouvernement de René Lévesque s'oppose au projet fédéral, notamment à l'enchâssement d'une charte des droits et libertés. Cette dernière limiterait les pouvoirs du Québec, entre autres en matière de droits linguistiques. Le premier ministre du Québec s'allie à ses homologues de sept autres provinces dans l'espoir de faire échec au projet fédéral. Le front des huit s'effondre lorsque le gouvernement de Pierre Elliott Trudeau accepte de modifier certains éléments du projet constitutionnel, notamment en incluant une clause dérogatoire dans la Charte canadienne des droits et libertés. Les négociations constitutionnelles se concluent alors en novembre 1981 par la signature d'un accord, sans l'aval du Québec, sur le rapatriement de la Loi constitutionnelle, l'enchâssement d'une charte des droits et libertés de la personne dans la Constitution, ainsi que l'inclusion d'une formule d'amendement.

Pendant les pourparlers constitutionnels, la FFHQ s'oppose aux propositions du gouvernement Trudeau en matière d'enseignement dans les langues des deux groupes minoritaires. Les dirigeants de l'organisme militent pour la reconnaissance de l'égalité des deux peuples fondateurs en tant que principe interprétatif de la Constitution, suggestion catégoriquement rejetée par le premier ministre fédéral, puisqu'elle va à l'encontre de ses conceptions du fédéralisme et des rapports entre les francophones et les anglophones. Malgré cette rebuffade, la FFHQ poursuit sa lutte en ciblant une quinzaine de députés et de ministres fédéraux, dont Marc Lalonde, Roméo Leblanc, Jeanne Sauvé, Serge Joyal et Jean-Robert Gauthier. Elle leur transmet ses demandes et surtout réagit aux divers scénarios de modification de la Constitution qui circulent dans les jours précédant la conclusion des pourparlers de 1981. En raison des prises de position de la Fédération, des tensions avec certains députés et sénateurs voient le jour, la FFHQ redoutant que l'accès à l'enseignement en langue française ne soit très limité étant donné l'application du critère résumé par la formule « là où le nombre le justifie ». De plus, la FFHQ revendique des écoles et des conseils scolaires homogènes, un accès élargi à l'éducation en langue française du primaire au postsecondaire, ainsi que la gestion scolaire par les francophones eux-mêmes[1].

Charte canadienne des droits et libertés

Article 16 (1) : Le français et l'anglais sont les langues officielles du Canada ; ils ont un statut et des droits et privilèges égaux quant à leur usage dans les institutions du Parlement et du gouvernement du Canada. […]
Article 17 (1) : Chacun a le droit d'employer le français ou l'anglais dans les débats et travaux du Parlement. […]

Article 20 (1) : Le public a, au Canada, droit à l'emploi du français ou de l'anglais pour communiquer avec le siège ou l'administration centrale des institutions du Parlement ou du gouvernement du Canada ou pour en recevoir les services ; il a le même droit à l'égard de tout autre bureau de ces institutions là où, selon le cas :

a) l'emploi du français ou de l'anglais fait l'objet d'une demande importante ;

b) l'emploi du français et de l'anglais se justifie par la vocation du bureau. […]

Droits à l'instruction dans la langue de la minorité

Article 23 (1) : Les citoyens canadiens :

a) dont la première langue apprise et encore comprise est celle de la minorité francophone ou anglophone de la province où ils résident,

b) qui ont reçu leur instruction, au niveau primaire, en français ou en anglais au Canada et qui résident dans une province où la langue dans laquelle ils ont reçu cette instruction est celle de la minorité francophone ou anglophone de la province,

ont, dans l'un ou l'autre cas, le droit d'y faire instruire leurs enfants, aux niveaux primaire et secondaire, dans cette langue.

Continuité d'emploi de la langue d'instruction

(2) Les citoyens canadiens dont un enfant a reçu ou reçoit son instruction, au niveau primaire ou secondaire, en français ou en anglais au Canada ont le droit de faire instruire tous leurs enfants, aux niveaux primaire et secondaire, dans la langue de cette instruction.

Justification par le nombre

(3) Le droit reconnu aux citoyens canadiens par les paragraphes (1) et (2) de faire instruire leurs enfants, aux niveaux primaire et secondaire, dans la langue de la minorité francophone ou anglophone d'une province :

a) s'exerce partout dans la province où le nombre des enfants des citoyens qui ont ce droit est suffisant pour justifier à leur endroit la prestation, sur les fonds publics, de l'instruction dans la langue de la minorité ;

b) comprend, lorsque le nombre de ces enfants le justifie, le droit de les faire instruire dans des établissements d'enseignement de la minorité linguistique financés sur les fonds publics.

Source : Charte canadienne des droits et libertés, http://laws.justice.gc.ca/en/Charter/const_fr.html (site consulté le 14 août 2008).

Après l'adoption de la Loi constitutionnelle de 1982, les droits linguistiques sont désormais enchâssés dans la Constitution. L'article 23 de la Charte canadienne des droits et libertés reconnaît le droit des citoyens canadiens de faire instruire leurs enfants en français ou en anglais dans des établissements scolaires aux niveaux primaire et secondaire. Reconnu pour tous les citoyens canadiens, ce droit s'exerce dans toute province, partout « où le nombre des enfants des citoyens qui ont ce droit est suffisant pour justifier à leur endroit la prestation, sur les fonds publics, de l'instruction dans la langue de la minorité ». Cet article réduit à néant la proposition d'ententes de réciprocité que fait le gouvernement du Parti québécois en matière de droits scolaires. Il entrave surtout la loi 101 et sa section consacrée à l'accès à l'enseignement en langue anglaise.

L'objectif de l'article 23 est de constitutionnaliser le droit des parents d'instruire leurs enfants dans l'une ou l'autre des langues officielles du pays. Cet article contient l'expression « établissement d'enseignement ». Lors des discussions du Comité spécial mixte du Sénat et de la Chambre des communes portant sur la Constitution du Canada, le député Jean-Robert Gauthier joue un rôle déterminant dans la rédaction du libellé de l'article 23, selon la biographe Rolande Faucher. Il propose à ses collègues, avec succès, de remplacer « installations d'enseignement » par « établissements d'enseignement de la minorité linguistique », dans l'espoir que cela favorisera une interprétation généreuse de la part des juges.

Après l'enchâssement constitutionnel de la Charte canadienne des droits et libertés, l'État fédéral poursuit l'instauration de son nouvel ordre symbolique. Il modifie ainsi la Loi sur les langues officielles en 1988. La nouvelle loi reconnaît aux fonctionnaires fédéraux le droit d'utiliser l'une ou l'autre des langues officielles s'ils travaillent dans la région de la capitale canadienne, ailleurs en Ontario, au Nouveau-Brunswick ou au Québec. Elle accorde également au commissaire aux langues officielles la capacité d'analyser tous les règlements que l'État fédéral songe à établir. Elle permet aussi que les tribunaux soient saisis d'une plainte « six mois après son dépôt auprès du Commissaire ». Elle confère à l'État fédéral le mandat d'appuyer le développement des communautés minoritaires francophones et anglophones. Enfin, elle oblige les organismes fédéraux présents au pays et à l'étranger à offrir des services dans les deux langues officielles, lorsque la demande ou la nature des services étatiques le justifient[2].

Une autre mesure législative renforce la mise en place de l'aménagement linguistique fédéral. Parrainée par le sénateur Jean-Robert Gauthier et appuyée par le Commissariat aux langues officielles, la loi S-3 modifie en 2005 une partie précise de la Loi sur les langues officielles. Elle oblige l'État fédéral « à favoriser l'épanouissement » et à « appuyer [le] développement » des communautés minoritaires francophones et anglophones. Ainsi, les instances fédérales ont dorénavant l'obligation de prendre « des mesures positives pour mettre en œuvre cet engagement ». De plus, « les obligations qui sont énoncées dans cette partie de la [loi] pourront faire l'objet d'un recours devant les tribunaux[3] ».

Depuis 1982, le nouvel ordre symbolique canadien repose sur une série de dispositifs. Outre la charte des droits et libertés et les lois linguistiques, il y a le multiculturalisme, qui est un dispositif particulièrement valorisé. Enchâssée dans la Charte, cette politique fait l'objet d'une loi fédérale en 1988. Avec la Loi sur le maintien et la valorisation du multiculturalisme au Canada (1988, 37 Élisabeth II, c. 31), le gouvernement progressiste-conservateur de Brian Mulroney désire étendre le mandat de cette politique, sans pour autant en transformer les objectifs fondamentaux. Bien que cette mesure n'ait pas une portée essentiellement linguistique, la question des langues y est traitée puisqu'il s'agit, « parallèlement à l'affirmation du statut des langues officielles et à l'élargissement de leur usage, [de] maintenir et [de] valoriser celui des autres langues » (art. 3), grâce entre autres à leur enseignement. Plus encore, les instances fédérales doivent désormais « mettre à contribution, lorsqu'il convient, les connaissances linguistiques et culturelles d'individus de toutes origines » (art. 3, 2-e). Partant, sans que ce soit un droit universel, les individus, dans leurs rapports avec l'État fédéral, peuvent recevoir des services dans leur langue maternelle s'il y a des fonctionnaires parlant cette langue.

Cette situation devient très fréquente à partir de la décennie 1990. En effet, le Canada accueille chaque année de 200 000 à 262 000 immigrants depuis 1990. Selon les données du recensement de 2006, 70,2 % des personnes nées à l'étranger parlent ainsi une langue autre que le français ou l'anglais. De ce lot, un immigrant sur cinq (18,6 %) s'exprime dans l'un des divers dialectes chinois, comme le cantonnais ou le mandarin, les autres langues utilisées étant surtout l'italien, le pendjabi, l'espagnol, l'allemand, le tagalog et l'arabe. Seule une mince proportion de la population née à l'étranger — soit 3,1 % — a le français pour seule langue maternelle[4]. Bien que la grande majorité des immigrants, soit 93,6 %, déclarent être en mesure de soutenir une conversation en français ou en anglais, le déséquilibre s'accentue constamment et nécessite un renforcement des politiques d'aménagement linguistique. Il faut néanmoins signaler que, en dépit de la valorisation du multiculturalisme, cette politique n'atteint pas tous ses objectifs depuis les années 1990. Comme le remarque l'anthropologue Denyse Helly, l'austérité budgétaire impose des contraintes à sa mise en œuvre, le mandat du renforcement de l'unité canadienne ne peut être rempli efficacement et, surtout, les responsables fédéraux transforment cette politique en une simple rhétorique.

Enfin, un dernier dispositif de nature juridique et constitutionnelle joue un rôle en matière linguistique. Au moment des négociations menées pour le rapatriement de la Constitution, le gouvernement de Pierre Elliott Trudeau avait usé, en 1981, d'une stratégie fondée sur le recours aux tribunaux pour imposer son ordre symbolique, stratégie facilitée par les convictions du juge en chef de la Cour suprême du Canada, Bora Laskin. À la suite du résultat très serré du référendum de 1995 sur la souveraineté-partenariat, le premier ministre canadien, Jean Chrétien, et son ministre des Affaires intergouvernementales, Stéphane Dion, usent de nouveau de cette stratégie pour empêcher l'accession future du Québec à la souveraineté politique. Toutefois, le résultat est moins net. Certes, la Cour suprême du Canada affirme, dans le Renvoi relatif à la sécession du Québec ([1998] 2 R.C.S. 217), que le Québec, ne constituant pas un peuple, à son avis, ne posséderait pas un droit à la sécession interne. Toutefois, les droits démocratiques doivent prévaloir.

Partant, l'État canadien serait obligé de négocier dans le cas d'une victoire nette du Oui à l'issue d'un futur référendum. Dans un avis où l'influence des juges Antonio Lamer et surtout Michel Bastarache est manifeste, le plus haut tribunal du pays établit quatre principes sous-tendant l'ensemble de la Constitution canadienne, soit le fédéralisme, la démocratie, le constitutionnalisme et la primauté du droit, ainsi que le respect des minorités.

Renvoi relatif à la sécession du Québec (1998)

[1998] 2 R.C.S. 217.

(2) Question 1

La Constitution n'est pas uniquement un texte écrit. Elle englobe tout le système des règles et principes qui régissent l'exercice du pouvoir constitutionnel. [...] Il faut faire un examen plus approfondi des principes sous-jacents qui animent l'ensemble de notre Constitution, dont le fédéralisme, la démocratie, le constitutionnalisme et la primauté du droit, ainsi que le respect des minorités. Ces principes doivent guider notre appréciation globale des droits et obligations constitutionnels qui entreraient en jeu si une majorité claire de Québécois, en réponse à une question claire, votaient pour la sécession. [...]

81. Le souci de nos tribunaux et de nos gouvernements de protéger les minorités a été notoire ces dernières années, surtout depuis l'adoption de la Charte. Il ne fait aucun doute que la protection des minorités a été un des facteurs clés qui ont motivé l'adoption de la Charte et le processus de contrôle judiciaire constitutionnel qui en découle. Il ne faut pas oublier pour autant que la protection des droits des minorités a connu une longue histoire avant l'adoption de la Charte. De fait, la protection des droits des minorités a clairement été un facteur essentiel dans l'élaboration de notre structure constitutionnelle même à l'époque de la Confédération. [...] Même si le passé du Canada en matière de défense des droits des minorités n'est pas irréprochable, cela a toujours été, depuis la Confédération, un but auquel ont aspiré les Canadiens dans un cheminement qui n'a pas été dénué de succès. Le principe de la protection des droits des minorités continue d'influencer l'application et l'interprétation de notre Constitution. [...]

Source : http://csc.lexum.umontreal.ca/fr/1998/1998rcs2-217/1998rcs2-217.html (site consulté le 5 octobre 2009).

Concernant explicitement les minorités linguistiques, le dernier principe contraint fortement les États et les tribunaux pour toute nouvelle mesure relative à l'aménagement linguistique. De plus, ce principe est nettement d'inspiration communautaire, comme le constate le philosophe Michel Seymour. Dès lors, la conception militante des droits individuels qui avait prévalu depuis la constitutionnalisation de la charte des droits et libertés en 1982 s'en trouve nuancée.

L'intervention de la Cour suprême a des incidences directes sur le dossier constitutionnel, mais aussi sur celui de la langue. En guise de réplique à la loi fédérale sur la clarté référendaire que fait adopter en 1999 le gouvernement de Jean Chrétien, le gouvernement de Lucien Bouchard fait adopter la loi 99, portant sur l'exercice des droits fondamentaux et des prérogatives du peuple québécois et de l'État du Québec. La législation réaffirme les compétences, la légitimité et la souveraineté de l'Assemblée nationale devant toute atteinte éventuelle à l'exercice de ses droits, entre autres en matière linguistique. Définissant le peuple québécois comme majoritairement francophone, la loi 99 réaffirme l'article 1er de la Charte de la langue française et la légitimité de toute politique d'unilinguisme, tout en reconnaissant l'apport des peuples autochtones, des Québécois de toutes origines et de la communauté anglophone. Elle suscite l'opposition de militants anglophones, qui entreprennent à partir de 2001 des recours judiciaires pour la faire invalider.

Loi sur l'exercice des droits fondamentaux et des prérogatives du peuple québécois et de l'État du Québec, dite loi 99 (2000)

(L.R.Q., chapitre E-20.2)

Préambule.

CONSIDÉRANT que le peuple québécois, majoritairement de langue française, possède des caractéristiques propres et témoigne d'une continuité historique enracinée dans son territoire sur lequel il exerce ses droits par l'entremise d'un État national moderne doté d'un gouvernement, d'une assemblée nationale et de tribunaux indépendants et impartiaux; [...]

CONSIDÉRANT l'existence au sein du Québec des nations abénaquise, algon-
quine, attikamek, crie, huronne, innue, malécite, micmaque, mohawk,
naskapi et inuite et les principes associés à cette reconnaissance énoncés
dans la résolution du 20 mars 1985 de l'Assemblée nationale, notamment
leur droit à l'autonomie au sein du Québec;
CONSIDÉRANT l'existence d'une communauté québécoise d'expression
anglaise jouissant de droits consacrés;
CONSIDÉRANT que le Québec reconnaît l'apport des Québécoises et des
Québécois de toute origine à son développement; [...]
LE PARLEMENT DU QUÉBEC DÉCRÈTE CE QUI SUIT : [...]
8. Le français est la langue officielle du Québec.
Les devoirs et obligations se rattachant à ce statut ou en découlant sont
établis par la Charte de la langue française.
L'État du Québec doit favoriser la qualité et le rayonnement de la langue
française. Il poursuit ces objectifs avec un esprit de justice et d'ouverture,
dans le respect des droits consacrés de la communauté québécoise d'expression anglaise. [...]

Source : www2.publicationsduquebec.gouv.qc.ca/dynamicSearch/telecharge.php?type
=2&file=%2F%2FE_20_2%2FE20_2.htm (site consulté le 5 octobre 2009).

L'avis sur le Renvoi relatif à la sécession du Québec devient aussi un
puissant argument qui est invoqué dans les recours judiciaires subsé-
quents en matière linguistique, dont ceux qui ont trait à l'ouverture
d'écoles dans la langue de la minorité en 2000 et à l'hôpital Montfort
en 2001. Il est aussi invoqué par la Fédération des communautés francophones et acadienne du Canada en octobre 2006, qui poursuit l'État
canadien à la suite de la décision, prise par le gouvernement conservateur de Stephen Harper, d'abolir le Programme de contestation judiciaire. Confronté au tollé des associations francophones, le gouvernement Harper, prenant appui sur un rapport rédigé par Bernard Lord,
l'ancien premier ministre conservateur du Nouveau-Brunswick, doit
revenir en partie sur cette décision en 2008.

Enfin, la question linguistique suscite de nouveau des divisions au
cours des débats sur le projet de loi privé C-232, présenté en mars 2010
par le député néo-démocrate acadien Yvon Godin. Ce projet de loi
requiert une connaissance des deux langues officielles par les nouveaux

juges de la Cour suprême du Canada. Lors de son étude au Sénat, les opposants au bilinguisme reprennent les arguments utilisés dans le passé. La Canadian Constitution Foundation juge qu'une telle exigence fermerait le plus haut tribunal du pays aux unilingues, mesure à leurs yeux discriminatoire. Le quotidien *The Globe and Mail* estime, pour sa part, qu'il s'agit d'un objectif noble mais que le travail fait par les interprètes est suffisant. Pour ces opposants, la connaissance des lois et l'expérience dans le domaine du droit doivent demeurer les seuls critères de sélection.

Baliser les interprétations de la Charte

Si l'État québécois a montré sa résolution en matière linguistique au cours des années précédentes — comme ce fut le cas avec l'adoption de la Charte de la langue française —, la transformation de la culture politique au tournant des années 1980 lui fait perdre une partie de son initiative. Déjà, le résultat du référendum de mai 1980 diminue sa capacité de négociation dans le cadre du rapport de force avec l'État fédéral. La mise en place de l'ordre symbolique canadien en 1982, auquel le Québec n'adhère pas, influe tout de même sur la gestion politique de la différence et sur la détermination du bien commun, particulièrement en matière linguistique. Enfin, les transformations de la société québécoise, notamment l'épanouissement du pluralisme culturel, le développement accru de l'individualisme et une conception économiste des rapports sociaux de plus en plus hégémonique, déteignent sur les décisions des responsables québécois et sur l'action politique des citoyens. Manifeste dès l'arrêt *Blaikie* en 1979, la stratégie du recours judiciaire pour régler l'enjeu linguistique devient très usitée dans les dernières décennies du XXe siècle et au début du XXIe. Le judiciaire se substituant au politique, cette stratégie réduit d'autant la capacité d'intervention des élus, tout en circonscrivant dans un cadre plus étroit l'intervention des citoyens.

Adoptés en dépit de l'opposition de l'État québécois, la Loi constitutionnelle de 1982 et l'enchâssement dans la Constitution de la Charte
canadienne des droits et libertés offrent des arguments puissants aux
groupes de pression, au cours des années 1980. Ces groupes usent alors
du principe des libertés individuelles pour faire la promotion de leur
cause politique. Dans l'arrêt *Quebec Protestant School Boards c. Procureur général du Québec* ([1984] 2 R.C.S. 66), la Cour suprême du Canada
confirme en 1984 les jugements des tribunaux inférieurs. Elle déclare
inopérante la « clause Québec », qui réservait l'accès aux écoles primaires et secondaires de langue anglaise aux enfants de parents ayant
reçu leur éducation primaire en anglais au Québec[5]. Un autre jugement
de la Cour suprême précise en 2005 la portée de la « clause Canada ».
Depuis l'arrêt *Solski (tuteur) c. Procureur général du Québec* ([2005]
1 R.C.S. 201), les enfants de parents venus d'autres provinces ont désormais un accès élargi à l'école anglaise, s'ils ont déjà fait une partie importante de leurs études dans cette langue. Bien que l'arrêt reconnaisse la
constitutionnalité de la Charte de la langue française et que les enfants
de familles francophones ne puissent pas fréquenter l'école anglaise,
nombreux sont les commentateurs qui, à l'instar de Josée Boileau, du
Devoir, s'inquiètent de « l'embrouillamini juridique » et des « difficultés
d'application » lorsqu'il s'agit de « baliser la souplesse[6] ». Des intentions
politiques et des décisions des cours de justice, qui font suite à l'activisme d'individus et de groupes, contribuent toujours à maintenir l'enjeu linguistique dans le débat public. C'est le cas avec le jugement relatif
à la fréquentation des écoles-passerelles, ces établissements privés non
subventionnés offrant un enseignement en langue anglaise. Dans l'arrêt
Nguyen c. Québec (Éducation, Loisirs et Sport) (2009 C.S.C. 47), rendu
en octobre 2009, la Cour suprême considère comme trop draconienne
la prohibition absolue de la prise en compte du parcours scolaire des
élèves fréquentant les écoles-passerelles anglophones. Dès lors, le jugement abroge la loi 104, qui avait pour objectif d'encadrer l'admissibilité
aux écoles de langue anglaise. En plus de la brèche à la loi 101, l'arrêt
Nguyen témoigne d'un autre glissement important, soit celui des droits

conçus comme une marchandise. Comme le soulignent le sociologue Yves Martin, puis un avis du Conseil supérieur de la langue française en mars 2010, un enfant peut dorénavant acquérir un droit à la langue d'enseignement si ses parents le lui achètent grâce au paiement des droits de scolarité, souvent élevés, dans une école-passerelle[7].

État de droit, l'État québécois doit veiller au respect des lois sur son territoire, sans exception. Après l'élection des libéraux en 1985, le gouvernement de Robert Bourassa propose des modifications à la loi 101. D'abord, il agit au sujet du dossier des élèves dits illégaux. Ce terme est utilisé pour désigner les élèves qui fréquentent une école de langue anglaise alors qu'ils n'y sont pas admissibles parce que leurs parents n'ont pas reçu leur éducation en langue anglaise au Canada. Le ministre de l'Éducation, Claude Ryan, forme un comité de travail qui établira que le nombre d'illégaux est de 1 013, dont 544 sont d'origine italienne. L'aile québécoise du Congrès national des Italo-Canadiens demande pour eux une amnistie. Faisant sienne cette proposition, le gouvernement libéral dépose un projet de loi sur l'admissibilité à l'enseignement en anglais de certains enfants (L.Q. 1986, c. 46). Les quotidiens se divisent sur cette question. Alors que Lysiane Gagnon, dans *La Presse,* dénonce l'amnistie, Jean-Claude Leclerc, du quotidien *Le Devoir,* l'appuie en affirmant que le geste du gouvernement Bourassa constituerait une « solution raisonnable[8] ». En dépit de l'opposition du Parti québécois, de la Société Saint-Jean-Baptiste, de l'Alliance des professeurs de Montréal et de la Centrale de l'enseignement du Québec, l'Assemblée nationale adopte ce projet de loi en juin 1986.

Déposés en 1986 à l'Assemblée nationale par la ministre des Affaires culturelles, Lise Bacon, deux autres projets de loi relancent également le débat linguistique. Le projet de loi 140 prévoit un réaménagement des responsabilités confiées aux organismes responsables de l'application de la loi 101. Outre la transformation du Conseil de la langue française, le projet prévoit l'abolition de la Commission de protection de la langue française. L'Office de la langue française recevrait la compétence de la Commission pour enquêter. Enfin, le gouvernement se réserverait le droit de donner directement à l'Office des directives sur la question linguistique. Quant au projet de loi 142, il vise à reconnaître aux personnes de langue anglaise le droit de recevoir des services sociaux et de santé en anglais.

L'opposition à ces projets de loi est intense, car la crainte est forte d'une politisation du fonctionnement de l'Office. De nombreux citoyens réunis dans le Mouvement pour un Québec français, les syndicats et les regroupements nationalistes mènent la lutte. Le Parti québécois distribue des panneaux portant le slogan « Ne touchez pas à la loi 101 ». La situation s'envenime lorsque la chaîne de magasins Zellers décide de ne plus respecter la loi 101 en matière d'affichage commercial. Devant la perturbation de la paix sociale, le Conseil du patronat du Québec et la Chambre de commerce de Montréal prient le gouvernement de Robert Bourassa de clarifier ses intentions à l'égard de la loi 101. Devant la forte mobilisation, le gouvernement libéral, comme le rappelle l'étude de Michel Plourde, laisse le projet de loi 140 mourir au feuilleton de l'Assemblée nationale.

Le brasier se rallume en décembre 1988 après un jugement de la Cour suprême. L'arrêt *Ford c. Procureur général du Québec* ([1988] 2 R.C.S. 712) invalide les articles de la loi 101 portant sur la langue d'affichage public. Reconnaissant l'objectif de la loi 101 quant à la protection et à la défense de la langue française au Québec, la Cour suprême confirme néanmoins les jugements des tribunaux inférieurs, à savoir que l'obligation d'afficher en français seulement constitue une atteinte à la liberté d'expression fondamentale et au droit à l'égalité. Le verdict surprend par l'extension qui est donnée aux libertés fondamentales, tirée d'une interprétation large des chartes canadienne et québécoise des droits et libertés. Comme le note le sociologue Robert Vandycke à propos du cas voisin des États-Unis, bien que la Cour suprême américaine ait intégré depuis 1942 la publicité commerciale dans sa définition de la liberté d'expression, cette dernière possède un statut moindre que la liberté d'opinion relative à des questions d'intérêt général. Nonobstant le précédent américain, le jugement de la Cour suprême du Canada

La francisation demeure partielle dans la gastronomie. Enseignes de restaurant à Montréal en 1985. (BANQ, centre d'archives de Québec, Fonds du Conseil supérieur de la langue française, E96, S44, DR-5, P21)

n'établit pas une hiérarchie formelle parmi les droits et libertés, mais laisse croire à l'existence d'une hiérarchie informelle, qui tient à la situation minoritaire des francophones dans l'ensemble canadien. Les juges invalident donc l'unilinguisme français dans l'affichage public et commercial, tout en proposant la règle de la prédominance du français[9].

Ces jugements, surtout l'arrêt *Ford* en 1988, provoquent parmi les militants nationalistes québécois une mobilisation importante, qui se manifeste notamment dans la rue. Ces militants adhèrent à une éthique de la conviction qui impose un devoir de vigilance : leurs actions sont motivées par la conviction que le bien commun est fragile, surtout en matière linguistique. Le principe de précaution doit donc prévaloir pour assurer le maintien et l'épanouissement de ce bien commun si chèrement obtenu et défendu avec la Charte de la langue française. Les regroupements nationalistes, dont le Mouvement pour un Québec français avec Guy Bouthillier à sa tête, mais aussi les centrales syndicales, l'Union des artistes et l'Union des écrivains québécois pressent le gouvernement de Robert Bourassa de légiférer pour préserver le visage commercial français, surtout à Montréal. Montréal devient un champ de bataille pour les partisans de la loi 101, car il s'agit du centre économique de la province et de la principale destination choisie par les immigrants lorsqu'ils décident de faire du Québec leur nouveau milieu de vie. Puisque la métropole est présentée comme un avant-poste assiégé, tout recul en son sein entraîne des conséquences néfastes pour l'ensemble du Québec. Si le contexte est différent, l'argument de l'anglicisation de Montréal rappelle néanmoins le discours des militants de la survivance d'avant les années 1960, avec l'analogie des avant-postes assiégés. Naguère, si ces avant-postes tombaient durant la lutte contre l'assimilation, leur perte comportait des effets néfastes pour l'ensemble du Canada français, y compris le Québec. À partir de l'arrêt *Ford* en 1988, l'argument acquiert une nouvelle dimension, avec la métropole perçue désormais comme l'avant-poste du Québec francophone.

L'arrêt *Ford* ne suscite pas une réprobation unanime. Certains militants anglophones applaudissent le jugement de la Cour suprême en matière d'affichage, à l'instar d'Alliance Québec. Par la voix de son président, Royal Orr, le groupe de pression accueille favorablement le jugement et appelle l'État québécois à modifier en conséquence la loi 101. D'autres intervenants contestent l'argument de la fragilité de la langue française au Québec, utilisé par certains pour inciter le législateur à ne pas respecter le jugement de la Cour suprême du Canada. Ils critiquent aussi l'affirmation selon laquelle il faut préserver le visage commercial français afin d'inciter les immigrants à s'intégrer à la majorité francophone. À l'instar du philosophe Charles Taylor, d'aucuns rappellent aussi que l'éducation, le marché du travail et les activités de socialisation constituent des moyens d'intégration des immigrants à la majorité qui sont beaucoup plus efficaces que le seul maintien du visage commercial en français.

Dans le but d'assurer la paix sociale, mais au détriment de l'Accord du lac Meech, le gouvernement de Robert Bourassa tente rapidement de ménager la chèvre et le chou. Avec la loi 178, ratifiée le 21 décembre 1988, le gouvernement recourt à la clause dérogatoire prévue dans l'article 33 de la Charte canadienne des droits et libertés. La loi 178 maintient l'obligation de l'affichage public en français seulement à l'extérieur des commerces. Elle permet toutefois l'usage d'une autre langue à l'intérieur des commerces, pourvu que le français y occupe une place prédominante.

Si les militants des regroupements nationalistes et les autres partisans de la loi 101 agréent le recours à la clause dérogatoire, ils se montrent fort préoccupés par toute altération de la Charte de la langue française. Ainsi, le 12 mars 1989, près de 60 000 personnes manifestent à Montréal, du parc La Fontaine au Champ-de-Mars, pour exiger le maintien plein et entier de la loi 101. Cette manifestation monstre est suivie par d'autres ailleurs, dont une regroupant plusieurs milliers de personnes devant la colline parlementaire à Québec. De plus, le recours à la clause dérogatoire déclenche une réprobation générale au Canada anglophone, où nombre d'opposants à l'Accord du lac Meech avancent le prétexte de la loi 178 pour justifier leur position. Il provoque aussi une

« *Pour protester contre la loi 178,* [*le militant anglophone*] *Stephen Nowell est prêt à organiser des manifestations, imprimer des messages sur tous ses billets, dissuader les touristes américains, payer Hydro-Québec un mois en retard et en petite monnaie et… apprendre le français ? — N'exagérons pas !* » *Caricature d'Aislin,* The Gazette, *février 1989. (© Musée McCord, M989.363.28)*

crise à l'intérieur du Parti libéral du Québec. Plaidant pour le respect intégral des droits individuels, trois ministres anglophones, dont Clifford Lincoln, démissionnent avant la fin de la session parlementaire de 1988. Sous la houlette de Robert Libman, un nouveau parti politique, le Parti Égalité/Equality Party, naît. Ce dernier connaît un succès relatif avec l'élection de quatre candidats lors du scrutin provincial de 1989. Il n'est toutefois pas en position de nuire véritablement au Parti libéral, puisque sa base électorale se concentre massivement dans les circonscriptions montréalaises anglophones et allophones. D'ailleurs, les quatre députés sont ensuite battus aux élections de 1994, dont Richard Holden, qui, entre-temps, était devenu député du Parti québécois dans le comté de Westmount.

En utilisant la clause dérogatoire, le gouvernement de Robert Bourassa sait qu'il devra légiférer de nouveau, puisque cette clause vient à échéance cinq ans après son entrée en vigueur. De plus, les responsables québécois doivent maintenant tenir compte de l'avis du Comité des droits de l'homme des Nations Unies, qui reconnaît en mai 1993, comme l'avait fait auparavant la Cour suprême du Canada, que l'affichage est une liberté fondamentale. Comme le relève le sociologue Robert Vandycke, aucune stratégie politique ne peut désormais faire abstraction de cette nouvelle dimension. Par conséquent, le gouvernement Bourassa présente le projet de loi 86, qui ajuste les dispositions de la Charte de la langue française afin d'exiger la nette prépondérance du français dans la publicité commerciale, tout en accordant une place aux

Manifestation contre la loi 178 à Montréal, mars 1989. Photo de Serge Jongué. (Photothèque FTQ)

autres langues. Comme le relate le linguiste Jean-Claude Corbeil, cette loi abolit également la Commission de surveillance, mais cette dernière sera recréée en 1997. La loi 86 se bute à une vive résistance parmi les militants du fait français, dont Pierre Bourgault, qui soutient qu'elle brise les efforts d'affirmation de la majorité francophone, comme le mentionne son biographe, Jean-François Nadeau. Toutefois, la ferveur n'est plus la même. Même si les députés du Parti québécois s'y opposent à l'Assemblée nationale, la *realpolitik* prévaut, car l'éventualité de l'accession du Québec à la souveraineté, très forte dans le contexte de l'après-Meech, impose de tenir compte de l'opinion internationale et de mettre de l'eau dans son vin.

En balisant l'interprétation des chartes des droits et libertés, les deux jugements rendus en 1984 et en 1988 marquent néanmoins les limites de la stratégie judiciaire des groupes de pression anglophones. Une contestation de la loi 86 au sujet de la prépondérance du français dans l'affichage fait chou blanc devant la Cour d'appel du Québec en 2001, puis la Cour suprême refuse d'entendre l'appel, comme le note la juriste Eugénie Brouillet. Qui plus est, l'avis du Comité des droits de l'homme des Nations Unies mentionne que « les citoyens canadiens anglophones ne peuvent être considérés comme une minorité linguistique », car ils ne sont pas minoritaires à l'échelle de l'État fédéral. Puisque la loi 178 concerne tous les citoyens québécois, anglophones comme francophones, le même comité en conclut que les requérants contre les mesures québécoises en matière d'affichage « n'ont fait l'objet d'aucune discrimination fondée sur leur langue[10] ». Dès lors, la mobilisation s'essouffle. Exception faite de combats d'arrière-garde menés par quelques militants idéologues — tels que les *angryphones* Howard Galganov, William Johnson et Brent Tyler —, la Charte de la langue française ne suscite plus de contestation systématique quant à ses principes. Ainsi, Stéphane Dion, ministre fédéral responsable du Commissariat aux langues officielles en 1998, reconnaît volontiers la légitimité des mesures de protection linguistique que contient la loi 101, au regard des autres démocraties plurilingues[11]. Quant au quotidien *The Gazette*, pourtant prompt à grimper aux barricades au cours des années 1980, il conclut, à la suite de l'arrêt *Solski*, que, « *by easing that fear [of loss of identity], Bill 101 created a language balance under which Quebec has prospered tolerably well*[12] ».

Après le résultat serré du référendum sur la souveraineté-partenariat tenu en octobre 1995, l'heure est à l'apaisement, comme le souhaite le premier ministre du Québec, Lucien Bouchard, dans son discours prononcé au théâtre Centaur devant les membres de la communauté anglophone. « Dans le débat sur la langue », ajoute-t-il dans un rappel du bien commun, « les deux grands groupes linguistiques du Québec sont maintenant sortis de l'ère des bouleversements pour entrer dans une période d'intérêt mutuel[13] ». Devant le Conseil national du Parti québécois, en septembre 1996, Bouchard poursuit dans le même sens : « Nous sommes entre démocrates. Nous avons la responsabilité — en fait, l'obligation — de protéger les droits fondamentaux de nos citoyens. » Dès lors, il lui apparaît nécessaire « de concevoir un aménagement linguistique juste, stable, qui assure la pérennité du français à Montréal et au Québec, qui assure une meilleure intégration des nouveaux arrivants », tout en veillant « au dynamisme de la communauté anglophone[14] ».

L'objectif de la paix sociale étant en apparence atteint sur le front de la langue, l'État québécois procède alors en trois temps. Tout d'abord, la Loi modifiant la Charte de la langue française, ou loi 40, est adoptée en juin 1997, loi qui reste fidèle aux dispositions de la loi 86. Ensuite, le gouvernement de Lucien Bouchard obtient en 1998 une modification de l'article 93 de la Loi constitutionnelle de 1867, qui lui permet désormais d'instaurer des commissions scolaires linguistiques, mieux adaptées à la réalité sociale du Québec contemporain. Enfin, la Commission des États généraux sur la situation et l'avenir de la langue française au Québec, dite commission Larose, procède en 2000 et 2001 à l'examen d'une refonte globale de la Charte de la langue française. À cette fin, elle tient des consultations dans toutes les régions du Québec et recueille 349 mémoires d'organismes regroupant les élites communautaires, mais aussi de simples citoyens. Le rapport final propose deux recommandations importantes pour l'élaboration d'un ordre symbolique québécois. La première insiste sur la rupture de la politique linguistique de la province avec « l'approche historique canadienne qui divise l'identité québécoise suivant une ligne de partage ethnique, la canadienne-française et la canadienne-anglaise ». Ainsi, il serait possible de promouvoir « une approche civique qui fonde l'identité du peuple du Québec sur l'accueil et l'inclusion grâce à une langue commune, le français, et à une culture commune formée des apports de toutes ses composantes ». La seconde recommandation prône l'institution d'une citoyenneté québécoise[15].

Fraîchement accueillies par le gouvernement de Bernard Landry, qui a d'autres priorités, les propositions de la commission Larose deviennent lettre morte après l'élection des libéraux de Jean Charest en avril 2003. Dès lors, par crainte de réveiller le lion qui sommeille, les responsables québécois se montrent d'une grande prudence à l'endroit de l'enjeu linguistique. Il faut dire que les controverses marquent les mandats du gouvernement de Jean Charest, notamment celle sur les défusions municipales, qui se font sur une trame de tensions linguistiques et communautaires à Montréal, et celle sur les cafouillages au sein de l'Office québécois de la langue française depuis 2005. À partir de la conviction que « l'apprentissage de l'anglais est une nécessité pour le progrès individuel et collectif des Québécois[16] », selon les termes du député Yvon Marcoux en 2003, le ministre de l'Éducation, des Loisirs et du Sport, Jean-Marc Fournier, annonce en juin 2005 que l'enseignement de l'anglais langue seconde en première année du primaire devient obligatoire dès l'année suivante. Réalisant ainsi une promesse électorale, le gouvernement de Jean Charest témoigne ici de sa valorisation du bilinguisme, en dépit des sérieuses réserves du Conseil supérieur de l'éducation, qui se questionne sur la justification pédagogique de la mesure.

Sans toucher directement à l'enjeu linguistique, mais renvoyant à la gestion de la différence, une vive polémique bouleverse le paysage politique québécois en 2007, celle des pratiques d'accommodement raisonnable. La présence visible dans l'espace public de communautés ethniques pratiquant une religion autre que chrétienne semble remettre en cause le modèle civique québécois, fondé sur la laïcité, le principe de l'égalité entre les hommes et les femmes ainsi que la primauté du français. L'obsession sécuritaire consécutive aux événements du 11 septembre 2001 et les appréhensions réelles ou présumées des effets du multiculturalisme canadien se conjuguent alors pour déchaîner une tempête médiatique. Devant le mécontentement citoyen grandissant, le premier ministre Jean Charest instaure une commission d'enquête sous la double présidence de l'historien Gérard Bouchard et du philosophe Charles Taylor. Après une tournée du Québec, l'audition de 3 243 intervenants et la réception de 901 mémoires, dont certains abordent des préoccupations linguistiques, la commission Bouchard-Taylor dépose son rapport en mai 2008 sans faire de véritables recommandations formelles sur la question de la langue. Le rapport témoigne d'une lecture de l'enjeu linguistique fondée sur une conception civique de la nation. Devant les critiques énoncées sur le sort réservé à la primauté du français dans un espace public interculturel, les commissaires rétorquent que « l'anglais qu'il faut apprendre et parler aujourd'hui, ce n'est pas celui que Lord Durham voulait imposer », mais « celui qui permet d'accéder à toutes les connaissances et d'échanger avec tous les peuples de la terre ». Pour Gérard Bouchard et Charles Taylor, qui plaident pour un trilinguisme québécois à la manière des autres « petites nations », « cette question mérite la plus grande attention : sinon, c'est une génération de jeunes francophones qui risque d'être injustement pénalisée[17] ».

L'État québécois use aussi de la question linguistique dans la gestion de ses relations internationales, car il en va de la reconnaissance hors frontières d'un État qui n'est pas pleinement souverain. Depuis 1965, les différents gouvernements arriment leur politique internationale à la doctrine énoncée par Paul Gérin-Lajoie, soit assumer le prolongement international des compétences internes du Québec en matière de santé, d'éducation et de culture. Cette doctrine est bien sûr contestée par les responsables fédéraux, soucieux de réserver l'exclusivité de la représentation internationale au seul État canadien. Aussi, la stratégie du gouvernement québécois repose sur le soutien accordé par des organismes internationaux dont les objectifs touchent entre autres à la promotion de la langue française. C'est notamment le cas des Sommets de la francophonie auxquels le Québec participe depuis 1987, grâce à l'appui tacite de la France, comme le mentionne l'historien Frédéric Bastien. Avec la Déclaration du gouvernement du Québec du 24 mars 1999, la ministre des Relations internationales, Louise Beaudoin, réactualise la doctrine Gérin-Lajoie en insistant sur l'aspect linguistique. Dans le contexte de l'adoption de la loi fédérale sur la clarté référendaire, le ton est nettement combatif. La Déclaration réaffirme ainsi que « le Québec est le seul territoire des Amériques dont la langue officielle commune est le français et que l'Assemblée nationale et le gouvernement du Québec sont les seules institutions démocratiques francophones des Amériques ». Aussi, puisque « le peuple québécois a un intérêt fondamental à la promotion et à l'affirmation de la diversité culturelle », le Québec entend participer « aux forums internationaux traitant d'éducation, de langue, de culture et d'identité[18] ». Par la suite, le gouvernement libéral de Jean Charest apaise la tension en reconnaissant à l'État fédéral un domaine réservé en relations internationales, comme le constate le politologue Nelson Michaud. Moins revendicatrice, la politique énoncée en 2006 par la ministre des Relations internationales et de la Francophonie, Monique Gagnon-Tremblay, se contente de donner au gouvernement la priorité d'« appuyer la promotion et le rayonnement de la langue française dans le monde[19] ».

Enfin, le débat sur la qualité de la langue demeure une constante. Pierre Bourgault, qui a tourné une publicité en hommage à la langue française en 1988, s'exprime régulièrement à toutes les tribunes sur l'amélioration de la qualité de la langue, au cours des années 1990. À la fin de la décennie 1990, l'auteur-compositeur et chansonnier Georges Dor relance la querelle sur le français parlé des Québécois avec la publication de trois essais, dont *Anna braillé ène shot (Elle a beaucoup pleuré)*,

Essai sur le langage parlé des Québécois et *Ta mé tu là ? (Ta mère est-elle là ?), Un autre essai sur le langage parlé des Québécois.* Ses propos sont cassants : il dénonce la piètre qualité de la langue parlée, surtout chez les jeunes, en dépit des importants investissements financiers consentis par l'État dans le système scolaire depuis les années 1960, mais aussi dans les médias et notamment à la télévision. Revivifiée par Georges Dor, la polémique connaît de nouveaux soubresauts au cours des années 2000. Durant le débat sur l'instauration du « renouveau pédagogique » depuis le milieu des années 2000, les opposants à la réforme ministérielle soulignent le laxisme des méthodes d'enseignement du français, qui privilégient l'exercice des compétences de l'apprenant plutôt que l'acquisition des contenus du savoir. La controverse sur la qualité de la langue éclate périodiquement à propos d'autres sujets, comme l'usage du français à la télévision et à la radio, par les chansonniers et les humoristes, ainsi que dans Internet.

La vitalité des communautés minoritaires et des peuples autochtones

Le rapport entre langue et politique se fait particulièrement sensible lorsqu'il s'agit de communautés dont le maintien, sinon l'existence, demeure précaire. Constituant le mode de communication du groupe, la langue parlée et écrite assure non seulement l'appartenance sociale, mais aussi la transmission de l'expérience historique et identitaire collective, du passé vers le présent et l'avenir. En dissolvant le lien communautaire, l'assimilation linguistique déstructure profondément ces groupes, surtout s'ils sont en minorité sur un territoire donné et que leurs membres ont un accès malaisé aux ressources assurant leur développement et leur épanouissement. Étant donné ses incidences sociales, économiques et culturelles, la vitalité linguistique de ces communautés minoritaires devient un objectif crucial dans la joute politique. Les communautés francophones et acadiennes de l'extérieur du Québec connaissent bien cette situation, tout comme les peuples amérindiens et inuits au Canada et au Québec. Après 1982, ces communautés et ces peuples, chacun à sa façon, cherchent à tirer leur aiguille du jeu.

Chez les francophones de l'extérieur du Québec, un phénomène majeur transforme le rapport au politique : la judiciarisation croissante de l'enjeu linguistique. L'enchâssement de la Charte canadienne des droits et libertés dans la Loi constitutionnelle de 1982 incite les militants du fait français à recourir aux ressources du système judiciaire pour obtenir la reconnaissance de leurs droits et l'assurance de leur vitalité communautaire. Cette stratégie s'impose d'emblée à partir de 1982, car le recours au lobbying ou à la mobilisation citoyenne présente de sérieuses limites pour un groupe minoritaire dans un régime démocratique. Dès lors, la conception de l'enjeu linguistique se transforme. La langue ne se rapporte plus seulement à un *problème* politique. Devenue l'objet d'un *litige* judiciaire, elle réclame les ressources du droit pour assurer sa régulation.

Au cours des dernières années du XXe siècle et des premières du XXIe, divers jugements prononcés en matière de droits linguistiques, notamment l'interprétation de l'article 23 de la Charte canadienne des droits et libertés au sujet de la gestion scolaire, forcent les États provinciaux anglophones à légiférer en faveur des francophones. Tout en accentuant l'émergence dans le domaine linguistique de l'expertise des avocats et des autres juristes, comme le signalent les juristes Michael Mandel et Mary Jane Mossman, cette *judiciarisation* transforme les tribunaux en forums politiques, y compris dans des causes qui, à l'origine, ne relevait que du judiciaire. Rendu par la Cour suprême en 1999 pour assurer à tout accusé un procès dans la langue de son choix partout au Canada, l'arrêt *R. c. Beaulac* ([1999] 1 R.C.S. 768) est une preuve manifeste de cette nouvelle dialectique entre le judiciaire et le politique. En effet, statuant sur le droit d'un accusé dans une cause criminelle à subir son procès en français, il repose sur une interprétation des droits linguistiques qui exige la compatibilité du droit avec le maintien et l'épanouissement des collectivités de langue officielle au Canada.

La question linguistique connaît un certain dégel en Ontario. L'ACFO, l'Association des enseignantes et des enseignants franco-ontariens ainsi que des parents demandent aux tribunaux de dire si l'article 23 de la Charte reconnaît le droit à la gestion scolaire. En 1984, la Cour d'appel de l'Ontario juge que le droit à l'éducation inclut aussi le droit à la gestion des écoles de langue française. Deux ans plus tard, le Parlement ontarien modifie la loi sur l'éducation et accorde aux fran-cophones le droit de gérer leurs écoles. Dans la plupart des cas, l'État provincial met sur pied des sections françaises à l'intérieur de conseils scolaires publics ou séparés. Les conseillers francophones deviennent responsables de l'ouverture des écoles, de l'embauche du personnel et de l'administration des programmes scolaires. Pour leur part, les conseillers anglophones interviennent et votent sur le transport sco-laire, le budget et l'usage des locaux.

Comme le montre la chercheure Brigitte Bureau, la cohabitation au sein des conseils scolaires n'est pas toujours exempte de conflits. La quête d'autonomie des sections françaises dans les conseils scolaires devient le nouveau cheval de bataille. Les militants franco-ontariens revendiquent l'obtention de structures semblables aux conseils scolaires de langue française autonomes créés à Toronto et dans la région d'Ot-tawa-Carleton en 1988, pour mettre un terme aux querelles entre les conseillers francophones et anglophones. Au pouvoir de 1990 à 1995, le gouvernement néo-démocrate de Bob Rae affiche son intention de régler le dossier de la gestion scolaire. C'est toutefois le gouvernement conservateur de Mike Harris qui, en 1998, créera douze conseils sco-laires de langue française, soit huit conseils catholiques et quatre conseils publics, gérés par les francophones.

Lors des élections provinciales de 1985, l'ACFO demande aux par-tis politiques de se prononcer sur le projet d'une loi-cadre relative aux services en français. Contrairement au Parti progressiste-conservateur, le Parti libéral et le Nouveau Parti démocratique (NPD) s'y montrent favorables. La formation d'un gouvernement minoritaire libéral dirigé par David Peterson, qui bénéficie du soutien du NPD de Bob Rae, engendre ainsi une conjoncture particulière. Selon l'étude de Brigitte Bureau, l'ACFO presse les libéraux d'agir dans le dossier linguistique et participe à la rédaction d'une loi sur les services en français. À l'initiative du ministre Bernard Grandmaître, l'Assemblée législative adopte en novembre 1986 la Loi sur les services en français (L.R.O. 1990, c. F-32), mieux connue sous le nom de loi 8. Cette dernière assure la prestation de services provinciaux en français dans les régions désignées bilingues, c'est-à-dire les régions où les francophones forment au moins 10 % de la population, les milieux urbains qui comptent au moins 5 000 francophones et les régions désignées bilingues avant la promulgation de la loi. L'État confie à l'Office des affaires francophones la responsabilité de la mise en œuvre de la loi.

Les réactions sont multiples. L'ACFO salue la nouvelle loi et espère que l'ultime étape, soit la proclamation du français comme langue officielle, ne tardera pas. Quant aux opposants au bilinguisme, ils font pression sur leurs conseils municipaux, pourtant exclus de la loi, afin de faire proclamer l'unilinguisme de leur municipalité, qui pourrait ainsi se dérober aux éventuelles exigences provinciales en matière de services en français. Ces opposants trouvent une voix au sein de l'Alliance for the Preservation of English in Canada (APEC). L'APEC n'hésite pas à se lancer dans une campagne démagogique, destinée à alimenter la thèse de la conspiration selon laquelle l'État fédéral et maintenant la province de l'Ontario imposeraient aux anglophones unilingues l'apprentissage du français. Selon le groupe de pression, la loi 8 prescrirait la francisation de tous les ministères, de toutes les municipalités et de toutes les entreprises qui sont liées par contrat avec l'État ontarien. De plus — l'APEC poursuivant dans son exagération —, les autres provinces adopteraient leur propre Loi sur les services en français, comme en Ontario. L'association réussit à mobiliser un grand nombre de citoyens, dont 25 000 personnes de Sault Ste. Marie, qui signent une pétition contre l'usage du français dans les services municipaux. Sous la gouverne du maire Joe Fratesi, le conseil municipal de Sault Ste. Marie adopte en 1990 une résolution faisant de l'anglais la seule langue officielle de la municipalité, ce qui déclenche une importante crise pancanadienne au moment de l'agonie de l'Accord du lac Meech. Si plus d'une soixantaine de municipalités imitent le geste fait par le conseil de Sault Ste. Marie, le même nombre de villes en Ontario dénoncent ce mouvement favorable à l'unilinguisme anglais, rappelle l'étude de Don Stevenson et Richard Gilbert. La Cour supérieure de l'Ontario invalide en 1994 ces mesures d'unilinguisme, arguant qu'elles outrepassent les compétences municipales. Malgré la montée aux barricades des opposants, le gouvernement de David Peterson ne fait pas marche arrière. Par contre, il repousse la possibilité de faire du français l'une des langues officielles de la province.

L'élection en 1995 des progressistes-conservateurs dirigés par Mike Harris marque l'accession au pouvoir d'une équipe de politiciens qui embrasse une conception néo-conservatrice du rôle de l'État. Avec son plan d'action connu sous le nom de « Révolution du bon sens », le gouvernement Harris procède à la déréglementation, à la restructuration administrative et à des coupes budgétaires. Dans le cadre de ces politiques, la Commission de restructuration des services de santé en Ontario recommande la fermeture de l'hôpital Montfort, hôpital désigné pour offrir des services en français dans les régions d'Ottawa et de l'Est ontarien.

Les milieux francophones réagissent avec stupeur et colère devant la remise en question unilatérale d'un des fleurons du réseau institutionnel de la communauté franco-ontarienne. Sous la présidence de Gisèle Lalonde, un comité d'appui au maintien de l'hôpital, le comité S.O.S. Montfort, déclenche une énergique campagne de mobilisation populaire pour en empêcher la fermeture. Mus par une éthique de vigilance, comme le signale l'historienne Marie LeBel, les militants s'investissent fortement dans cette cause et occupent toutes les tribunes. Dans cette polémique, où le souvenir des luttes contre le Règlement 17 est fréquemment invoqué, le comité S.O.S. Montfort n'obtient pourtant qu'un succès mitigé. Devant les pressions citoyennes, le gouvernement de Mike Harris ne concède en juin 1997 que l'ouverture de l'aile psychiatrique de l'établissement, demi-mesure qui ne satisfait pas les partisans du maintien intégral de l'hôpital. La contestation judiciaire porte de meilleurs fruits : la Cour divisionnaire de la Cour supérieure de justice de l'Ontario, en novembre 1999, puis la Cour d'appel de l'Ontario, en décembre 2001, font droit aux demandes des groupes de pression franco-ontariens. L'arrêt *Lalonde c. Commission de restructuration des services de santé* ([2001], 56 R.J.O. [3e], 577) stipule que la fermeture de l'hôpital va à l'encontre du principe constitutionnel de la protection des minorités inscrit dans le Renvoi relatif à la sécession du Québec. En février 2002, l'État ontarien doit donc revenir sur sa décision. Non seulement l'hôpital Montfort reste ouvert, mais le gouvernement libéral de Dalton McGuinty, élu en 2003, ainsi que l'État fédéral investissent dans le projet d'agrandissement qui vise à y intégrer les services de l'ancien hôpital militaire d'Ottawa.

La bataille pour l'hôpital Montfort stimule la lutte pour la reconnaissance du français comme langue officielle et l'enchâssement des droits des francophones dans la Constitution. Malgré les pressions de Franco-Ontariens et notamment du groupe Opération Constitution, présidé par Gisèle Lalonde et Marc Cousineau, professeur de droit à l'Université d'Ottawa, les gouvernements conservateur de Mike Harris puis libéral de Dalton McGuinty campent sur leurs positions. Ils refusent de proclamer le français langue officielle, craignant les menaces contre la paix sociale. Toutefois, un geste de compromis est fait à l'endroit des militants franco-ontariens : l'Assemblée législative de l'Ontario modifie en 2007 la loi 8 et crée le poste de commissaire aux services en français. Nommé par le gouvernement et non pas par l'Assemblée législative, le commissaire a un mandat de deux ans, renouvelable. En plus de recevoir les plaintes du public, il peut mener ses propres enquêtes au regard des services offerts en français par les ministères.

➤ *Manifestation de S.O.S. Montfort à l'hôtel Westin, Ottawa, 16 mars 1997. Photo d'Étienne Morin. (Université d'Ottawa, CRCCF, Fonds* Le Droit, *C71, Ph92-13/160397MON17)*

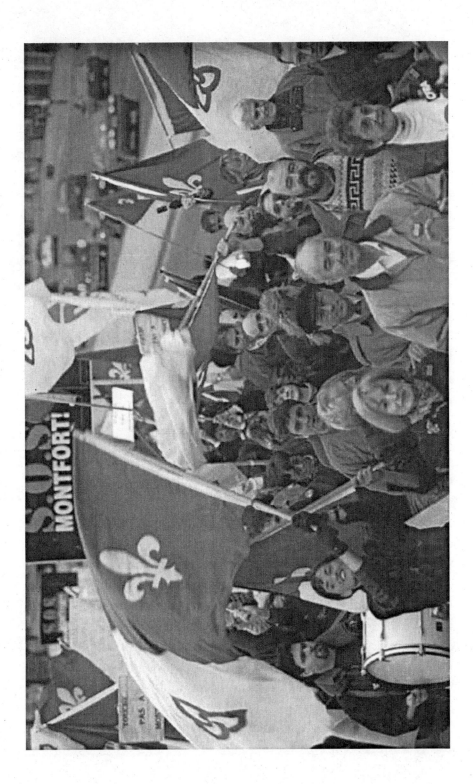

Du côté du Nouveau-Brunswick, dans le domaine de l'aménagement linguistique, les responsables provinciaux demeurent très sensibles aux mutations de l'ordre symbolique canadien. Cette relative conformité leur offre une stratégie de repli et un autre recours à la politique des accommodements mutuels si une polémique venait à éclater entre les deux principaux groupes ethnolinguistiques. Ainsi, avec l'appui du premier ministre Richard Hatfield, la Loi constitutionnelle de 1982 enchâsse désormais le statut bilingue de la province. Sous le gouvernement libéral de Frank McKenna à l'hiver de 1993, un amendement modifie la Constitution interne du Nouveau-Brunswick, afin de faire reconnaître le français, à l'instar de l'anglais, comme langue officielle de la province.

Rendue plus fréquente avec la Charte canadienne des droits et libertés, l'intervention des tribunaux dans le débat politique mène aussi à de nécessaires ajustements dans la politique néo-brunswickoise d'aménagement linguistique. Propriétaire d'un immeuble domiciliaire en février 2000, un homme d'affaires de Moncton, Mario Charlebois, conteste la validité d'un arrêté municipal et d'une ordonnance concernant les normes de construction, puisque les deux textes ont été publiés et imprimés seulement en anglais. Rendu en décembre 2001 par la Cour d'appel du Nouveau-Brunswick, l'arrêt *Charlebois c. Mowat et Ville de Moncton* ([2001] N.-B.C.A. 117) oblige dix-neuf municipalités à traduire leurs règlements et la province à revoir les dispositions de sa Loi sur les langues officielles. L'arrêt *Charlebois* produit ainsi des effets indirects quelque peu surprenants, vu l'histoire récente en Acadie. Signe des temps et indice de la promotion socioéconomique des Acadiens dans la région du Nord-Est néo-brunswickois, après avoir reçu le Sommet de la francophonie en 1999, la ville de Moncton devient en 2002 la première ville officiellement bilingue du Canada, sous la direction du maire Brian Murphy. Cette ironie du sort aurait sans doute fortement déplu à Leonard Jones.

Au milieu des années 2000, la question des services de santé en français se pose également au Nouveau-Brunswick. Confronté à la hausse des coûts des soins de santé, le gouvernement libéral de Shawn Graham entreprend une réforme du système de santé provincial. Le projet déposé à l'Assemblée législative en mars 2008 prévoit la création de deux régies régionales : la première rassemblerait les anciennes régies anglophones, la seconde regrouperait trois régies bilingues et une francophone. Partant, la seconde régie devrait devenir bilingue de facto, ce qui entraînerait la disparition de l'unilinguisme français dans la prestation des services. Selon la Société de l'Acadie du Nouveau-Brunswick et son président, Jean-Marie Nadeau, cette décision provinciale, qui rappelle l'épisode de l'hôpital Montfort à Ottawa, altérerait profondément la gouvernance des instances francophones. Au mois de juin 2009, les deux parties fourbissent leur arsenal juridique : les militants acadiens poursuivent l'État néo-brunswickois pour obtenir le respect des droits de gestion des instances francophones. Encore ici, les juristes sont à l'œuvre, dont l'ancien juge de la Cour suprême Michel Bastarache. En avril 2010, le gouvernement de Shawn Graham retraite sur cette question en abandonnant son projet d'abolir la régie régionale de santé francophone.

L'activisme judiciaire se fait particulièrement vif dans les États provinciaux de l'Ouest canadien. En raison de leur nombre restreint et de leur dispersion, les communautés francophones ne peuvent assurer une mobilisation soutenue et efficace pour une prise de parole citoyenne. De plus, il existe une hostilité latente contre la reconnaissance du fait français et du bilinguisme institutionnel, hostilité qui paralyse souvent l'influence des communautés francophones sur les responsables provinciaux. Cependant, grâce au programme de contestation judiciaire mis sur pied par l'État fédéral, les membres des élites francophones se constituent en groupes de pression institutionnalisés et ont recours aux tribunaux pour promouvoir leur cause.

Au début des années 1980, l'épisode de l'amendement constitutionnel sur les droits linguistiques des Franco-Manitobains témoigne bien des limites de la prise de parole. Avec l'élection du gouvernement néo-démocrate d'Howard Pawley en 1981, un changement de politique en matière linguistique s'amorce au Manitoba. L'arrêt *Forest* de 1979 oblige la province à traduire toutes ses lois. La tâche s'avère immense, et les autorités politiques s'en inquiètent, vu la rareté des traducteurs juridiques, le manque de ressources financières et les risques réels de se voir réimposer le bilinguisme par la Cour suprême du Canada. En effet, depuis 1980, un autre Franco-Manitobain, Roger Bilodeau, conteste lui aussi une contravention établie en anglais et demande aux tribunaux d'invalider la loi concernée puisqu'elle a été adoptée uniquement en anglais. Devant les difficultés associées à la traduction et la crainte d'une nouvelle défaite judiciaire, le gouvernement Pawley promeut l'adoption d'un amendement constitutionnel qui permettrait de garantir le droit des Franco-Manitobains à recevoir des services dans leur langue. En retour, la province pourrait être déliée de son obligation de traduire l'ensemble de ses lois, ne se réservant que les lois adoptées depuis 1970. Comme le rappelle le politologue Raymond Hébert, Howard Pawley présente en mars 1982 les orientations de son gouvernement en matière linguistique devant les membres de la Société franco-manitobaine. Ainsi, il serait possible aux Franco-Manitobains de communiquer avec leur État provincial dans leur langue, les formulaires seraient publiés en français et des services en français seraient offerts, notamment aux jeunes et aux aînés, dans les régions où se concentrent les francophones. La Société franco-manitobaine accueille très favorablement l'énoncé de politique.

Appuyé par l'État fédéral et la Société franco-manitobaine, le gouvernement néo-démocrate d'Howard Pawley dépose en 1983 un projet d'amendement constitutionnel devant l'Assemblée législative. Le procureur de la province, Roland Penner, rappelle alors que cette mesure permettrait d'allouer au développement de la communauté francophone les sommes prévues pour la traduction de l'ensemble des lois. Il insiste sur le fait que les conseils scolaires et les municipalités sont exclus de la portée de l'amendement. Il serait néanmoins possible, pour les municipalités qui comptent un grand nombre de francophones, d'offrir des services en français grâce à une aide financière de l'État fédéral.

Dès le dépôt du projet d'amendement, une importante crise linguistique éclate, permettant aux opposants au bilinguisme de s'unir. Parmi les meneurs figurent les membres du Parti conservateur du Manitoba, dirigés par Sterling Lyon, l'ancien premier ministre, puis par son successeur à partir de décembre 1983, Gary Filmon. Lyon dénonce la mesure en contestant les motivations du gouvernement d'Howard Pawley, notamment l'affirmation selon laquelle l'invalidation de l'ensemble des lois provinciales créerait un chaos juridique. Puisque le Manitoba n'est pas, selon lui, une province bilingue, l'ancien premier ministre affirme aussi que le gouvernement néo-démocrate offre une lecture faussée de l'article 23 de la Loi du Manitoba. Enfin, d'après le coloré politicien, l'amendement constitutionnel résulterait du lobbying de militants qu'il qualifie de fanatiques. Sterling Lyon nie ainsi le caractère représentatif de la Société franco-manitobaine et des militants de la cause francophone, en les diabolisant et en les caricaturant sous les traits d'une petite minorité désireuse d'imposer sa vision au détriment des besoins de la majorité.

Les néo-démocrates comptent dans leurs rangs une importante voix dissidente, Russell Doern. Ce député s'agite en invitant les citoyens à s'opposer au projet d'amendement constitutionnel. Plus de 15 000 personnes signent ainsi une pétition dénonçant l'action provinciale en matière de bilinguisme. L'infatigable adversaire incite même les municipalités à organiser des référendums sur le projet d'amendement constitutionnel. À l'extérieur des partis politiques, le clan des opposants regroupe également des représentants des municipalités rurales du Manitoba, qui ne veulent pas être contraintes à offrir des services en français, et même des militants du Ku Klux Klan, selon le politologue Raymond Hébert.

Parmi les rangs de la communauté franco-manitobaine, la dissension existe aussi, mais pas pour les mêmes raisons. Georges Forest, à l'origine du jugement de la Cour suprême prononcé en 1979, dénonce le projet du gouvernement d'Howard Pawley, qui se soustrairait selon lui à ses obligations judiciaires en matière de traduction. Étant donné l'entente conclue entre le gouvernement néo-démocrate et la Société franco-manitobaine, Forest ne se gêne pas pour contester, de concert avec d'autres Franco-Manitobains, la représentativité de l'organisme communautaire. Plus encore, l'opposition du bouillant militant du bilinguisme s'étend à l'extérieur de la communauté franco-manitobaine et le mène à lutter sans concession contre le projet d'amendement constitutionnel auprès des responsables politiques provinciaux et fédéraux.

Devant cette levée de boucliers, Howard Pawley et Roland Penner lancent une campagne d'information publique, et des audiences publiques permettent aux citoyens de s'exprimer sur la question. L'opération tourne au désastre. Loin de susciter la sympathie à l'endroit du projet d'amendement, les forums de citoyens deviennent une tribune privilégiée pour les opposants dans leur dénonciation du bilinguisme comme politique et comme symbole au Manitoba. L'argument financier y est servi à toutes les sauces : pourquoi devrait-on investir des sommes dans des services en français alors qu'elles seraient plus justement employées pour la création d'emplois, au moment où la province comme le reste du pays connaissent une importante récession économique ?

Malgré un certain appui donné au projet d'amendement par des organismes tels qu'Alliance Québec, les partis politiques fédéraux et des regroupements ethnoculturels, la tempête linguistique ne se calme pas. Certaines municipalités tiennent à organiser un référendum sur l'amendement constitutionnel en dépit des réserves exprimées par les groupes de défense des droits des minorités et les membres des Églises, dont l'archevêque catholique de Saint-Boniface, Mgr Antoine Hacault, qui s'inquiètent des séquelles de la démocratie directe dans la détermination des droits linguistiques. Rien n'y fait, et la majorité des citoyens manitobains rejettent catégoriquement le projet de loi du gouvernement néo-démocrate. Le climat devient délétère avec l'expression de sentiments d'hostilité et de francophobie. Déjà ébranlés par l'incendie de leurs locaux en janvier 1983, des dirigeants de la Société franco-manitobaine obtiennent une protection policière en réponse à des menaces de mort formulées à leur endroit.

Le gouvernement d'Howard Pawley jette l'éponge en 1984. Il se résout à laisser intervenir la Cour suprême du Canada. Le jugement tombe en juin 1985 : toutes les lois du Manitoba sont déclarées inconstitutionnelles. Toutefois, pour que soit maintenu l'ordre public, elles sont déclarées valides jusqu'à l'expiration du délai fixé pour leur traduction. La province du Manitoba utilise les fonds prévus pour la traduction de ses lois. Elle met aussi en place une politique d'offre de services en français qui ne bénéficie pas, comme l'aurait assuré l'amendement de 1983, de garanties constitutionnelles. Parmi les militants du fait français, l'amertume est grande.

La leçon manitobaine porte. Les militants francophones des autres provinces des Prairies se tournent donc vers les tribunaux pour obtenir la reconnaissance de leurs droits linguistiques. En Saskatchewan, l'activisme judiciaire contraint l'État provincial à agir. Un Fransaskois, le père André Mercure, conteste lui aussi une contravention établie en anglais. Il exige de présenter son plaidoyer en français et affirme que l'article 110 de la Loi sur les Territoires du Nord-Ouest, adoptée en 1877, garantit le bilinguisme judiciaire et législatif dans les territoires en cause. Cet article, affirme la Cour suprême, qui est amenée à se prononcer sur le statut du français dans son arrêt *R. c. Mercure* ([1988], 1 R.C.S., 234), reste toujours valide malgré l'adoption de la loi créant les provinces de la Saskatchewan et de l'Alberta en 1905. Par contre, les juges laissent aux législateurs de ces provinces le choix d'agir : ils peuvent proclamer leur province respective bilingue ou unilingue. Pour se conformer en partie au jugement, les assemblées législatives de la Saskatchewan et de l'Alberta adoptent des lois révoquant l'article 110 et valident de façon rétroactive la législation ainsi que la réglementation promulguées antérieurement en anglais seulement[20].

Néanmoins, la position de la province de l'Alberta est de nouveau contestée au début du XXIe siècle, dans une cause impliquant un camionneur franco-albertain, Gilles Caron, qui aboutit devant les tribunaux en 2006. Arguant que le Code de la route albertain n'est pas publié en français et que ses droits constitutionnels ont été violés, il conteste sa contravention et, ce faisant, la loi albertaine de 1988. À l'issue d'un procès où les experts, dont le politologue Edmund Aunger, se sont prononcés sur la preuve historique, la Cour provinciale de l'Alberta rend son jugement en 2008 dans l'arrêt *R. c. Caron* ([2008], A.B.P.C. 232). Le tribunal statue que, avant même l'adoption de la loi de 1887 créant les Territoires du Nord-Ouest, il existait déjà une garantie constitutionnelle du respect des droits linguistiques des francophones. En effet, au moment de la première insurrection métisse de 1869-1870, le gouverneur général de la Terre de Rupert, John Young, avait proclamé le 6 décembre 1869 le respect de tous les droits civils des Métis et des autres habitants de ces contrées. Cette garantie n'ayant pas été abrogée et la proclamation de Young étant considérée comme un document constitutionnel, le respect des droits linguistiques tient toujours pour l'ensemble du territoire de la Terre de Rupert en 1869, soit les provinces canadiennes des Prairies ainsi que les Territoires du Nord-Ouest et le Nunavut. La loi albertaine de 1988 qui consacrait l'unilinguisme de la province deviendrait donc invalide. Le débat n'est toutefois pas clos, car, au mois d'août 2009, la Cour suprême du Canada accepte d'entendre l'État albertain, qui porte l'affaire devant le plus haut tribunal du pays.

À la fin des années 1980, l'Alberta est aussi la scène d'une victoire majeure des francophones en matière de gestion scolaire. Dans leurs recours judiciaires, les militants n'hésitent pas à user de l'article 23 de la Charte canadienne des droits et libertés en ce qui concerne la langue d'enseignement et la langue des tribunaux. Ainsi, un groupe de parents francophones d'Edmonton, parmi lesquels figurent Jean-Claude Mahé et Angéline Martel, constituent l'Association Georges-et-Julia-Bugnet. Les membres de cette association jugent que les programmes d'immersion ou d'enseignement bilingue sont inadéquats pour les enfants de langue française. Ils revendiquent donc la création et la gestion d'écoles homogènes de langue française. Pour sa part, le gouvernement de l'Alberta croit que le système scolaire sert adéquatement les besoins des francophones. Devant un tel refus d'agréer leurs demandes, le groupe de parents décide de recourir aux tribunaux afin qu'ils statuent sur la portée de l'article 23 de la Charte. Représentés par l'influent avocat Michel Bastarache, ils obtiennent l'appui financier du programme de contestation judiciaire établi par le Secrétariat d'État. L'Association bénéficie aussi du vif capital de sympathie du groupe Canadian Parents for French, qui croit que l'État albertain ne veut pas respecter ses obligations constitutionnelles. Ce dernier appui n'est pas négligeable. En effet, les programmes d'immersion française sont en plein essor depuis le milieu des années 1970. Comme le souligne le journaliste Graham Fraser, l'enthousiasme des parents à l'endroit de l'immersion française, couplé au financement conséquent par l'État fédéral, suscite une forte hausse de la fréquentation scolaire : en 1986, 177 824 jeunes Anglo-Canadiens suivent des cours en français, soit une augmentation de la clientèle étudiante de 369 % depuis 1978.

L'action citoyenne de ces parents francophones donne cependant lieu à des frictions avec l'Association canadienne-française de l'Alberta (ACFA), qui hésite dans le dossier scolaire. Les événements au Manitoba sont fraîchement ancrés dans les mémoires, et l'ACFA craint un ressac populaire des anglophones si les francophones obtiennent la gestion de leurs écoles. Ces hésitations reflètent aussi les divisions parmi les francophones de la province sur la question de l'éducation en langue française. Faut-il vraiment revendiquer des écoles homogènes de langue française ? Ne serait-il pas préférable d'envoyer les jeunes francophones à des écoles où l'anglais est une des deux langues d'enseignement ? Finalement, l'ACFA décide de promouvoir les options des écoles homogènes et des écoles d'immersion. En dépit du précédent manitobain, elle croit résolument que des négociations avec le gouvernement de Peter Lougheed permettraient l'obtention de concessions, ce qui rendrait inutile le recours aux tribunaux. Toutefois, devant le refus catégorique du gouvernement conservateur de faire un geste en faveur des francophones, l'ACFA se range derrière les militants de l'Association Georges-et-Julia-Bugnet.

Avec l'arrêt *Mahé c. Alberta* ([1990] 1 R.C.S. 342), l'Association Georges-et-Julia-Bugnet obtient une victoire importante dans le dossier de la gestion scolaire. La Cour suprême du Canada confirme le droit à la gestion scolaire qu'ont les parents de la minorité linguistique, dans ce cas-ci les francophones, pour assurer l'épanouissement de leur langue et de leur culture. Les juges reconnaissent que l'article 23 a un caractère réparateur en raison des préjudices en matière d'éducation qu'ont subis dans le passé les groupes francophones en milieu minoritaire. Le droit à la gestion scolaire inclut le droit de recruter le personnel enseignant, de nommer le personnel responsable de l'administration des établissements scolaires et de dépenser les sommes requises pour l'enseignement. Dès 1993, l'État provincial de l'Alberta crée des conseils scolaires de langue française et accorde aux francophones le droit de gérer leurs écoles. Les autres provinces anglophones font de même dans les années subséquentes. Ce qui n'empêche pas les parents francophones, s'ils jugent que leur droit à l'enseignement dans la langue de la minorité est brimé, de traîner de nouveau l'un ou l'autre des États provinciaux devant les tribunaux. Ainsi, dans l'arrêt *Arsenault-Cameron c. Île-du-Prince-Édouard* ([2000] 1 R.C.S. 3), la Cour suprême établit en 2000 le droit de gestion et de contrôle exercé par les conseils scolaires de langue française en ce qui concerne l'emplacement des écoles francophones.

Si le recours aux ressources judiciaires caractérise la défense des droits linguistiques des communautés francophones et acadiennes durant cette période, l'action politique n'est pas exclue. Les leaders de ces communautés participent avec conviction, vu les profondes incidences sur les rapports entre langue et politique, aux importantes discussions constitutionnelles et au débat national qui s'échelonnent de l'élection du gouvernement progressiste-conservateur de Brian Mulroney, en 1984, au référendum québécois sur la souveraineté-partenariat, en octobre 1995. Avec le retour au pouvoir du Parti libéral de Robert Bourassa, une nouvelle période de négociations constitutionnelles démarre. Le ministre québécois délégué aux Affaires intergouvernementales canadiennes, Gil Rémillard, présente en 1986 les cinq conditions requises, dont la reconnaissance du caractère distinct du Québec, pour que l'État québécois adhère à la Loi constitutionnelle de 1982. Les premiers ministres fédéral et provinciaux acceptent ces conditions en 1987 et approuvent les changements constitutionnels réunis dans l'Accord du lac Meech, que le Parlement fédéral et chaque assemblée législative doivent adopter.

Durant l'épisode de l'Accord du lac Meech, de 1987 à 1990, les dirigeants francophones en milieu minoritaire, les responsables politiques et les militants nationalistes québécois adoptent des objectifs et des stratégies qui en viennent à s'opposer. Principal porte-parole institutionnel de la francophonie canadienne, la FFHQ réagit négativement à l'Accord du lac Meech. Selon son président, Yvon Fontaine, l'Accord est une réconciliation entre deux majorités, le Québec et le Canada, dans lequel il n'y a toutefois aucun gain pour les minorités de l'une ou l'autre des langues officielles. Les dirigeants francophones espéraient que le Québec obtienne des clarifications sur le fameux article 23 de la Charte canadienne des droits et libertés, entre autres sur la question de la gestion scolaire. Plus grave encore, selon eux, l'Accord pourrait empêcher les communautés francophones en milieu minoritaire de réclamer de nouveaux droits. Malgré ses divisions internes sur la question de l'appui à l'Accord — notamment la forte opposition de l'ACFA —, la FFHQ juge qu'elle ne peut s'y opposer catégoriquement. À la suite des pressions de responsables fédéraux et québécois, mais aussi de dirigeants et d'associations francophones en milieu minoritaire, telles que l'Association canadienne-française de l'Ontario et la Société des Acadiens et Acadiennes du Nouveau-Brunswick, la Fédération en vient même à appuyer l'entente constitutionnelle. Puisque le train constitutionnel est en marche, les dirigeants de la FFHQ considèrent qu'il faut monter à bord et demander ensuite l'apport de modifications à l'Accord. À cette fin, ils suggèrent de retoucher la définition de la société distincte afin qu'elle inclue les communautés francophones en milieu minoritaire. Ils proposent également d'imposer un devoir à l'État fédéral et aux autres provinces, soit protéger mais aussi promouvoir la dualité linguistique. Enfin, la SAANB demande l'enchâssement constitutionnel de la Loi reconnaissant l'égalité des deux communautés linguistiques officielles afin de garantir l'ordre symbolique prévalant au Nouveau-Brunswick depuis 1981.

L'Accord du lac Meech confère également au Québec le soin de protéger et de promouvoir son caractère distinct. Sur ce point, la Fédération des francophones hors Québec et Alliance Québec jugent que le terme « protéger » est insuffisant. Selon la FFHQ, la protection, contrairement à la promotion, est limitative puisqu'elle cantonne le législateur dans un rôle passif pour l'exécution de ses obligations à l'égard de la francophonie. Quant à elle, Alliance Québec craint que la clause de la société distincte ne menace les droits linguistiques. La position de ces organismes ne plaît guère aux responsables québécois. Selon Michel Doucet, juriste et président de la SAANB de 1987 à 1989, le premier ministre Bourassa et le ministre Rémillard montrent peu d'empressement à appuyer les demandes de la FFHQ et celles des Acadiens du Nouveau-Brunswick. D'après le gouvernement Bourassa, l'ajout du terme « promouvoir » donnerait des armes aux Anglo-Québécois dans leur lutte contre l'ordre symbolique québécois fondé sur la protection et la promotion de la langue française.

Devant l'opposition d'intellectuels, de porte-parole amérindiens, de certaines provinces et de la majorité des citoyens canadiens, l'Accord du lac Meech meurt en juin 1990. Cet échec entraîne la reprise des pourparlers constitutionnels, qui aboutissent à l'Accord de Charlottetown. Cette fois, le gouvernement de Robert Bourassa accepte que la Constitution reconnaisse « l'attachement des Canadiens et de leurs gouvernements à l'épanouissement et au développement des communautés minoritaires de langue officielle dans tout le pays[21] ». Cependant, la majorité des citoyens canadiens rejettent l'Accord de Charlottetown lors du référendum de 1992.

Dans un geste qui suscite de l'amertume au Québec, la Fédération des communautés francophones et acadienne du Canada demande aux Québécois de voter pour le Non lors du référendum en 1995. Ce geste indique l'ampleur des divergences, depuis 1982, entre les dirigeants du réseau institutionnel francophone en milieu minoritaire et les respon-sables politiques québécois, divergences qui donnent fréquemment lieu à des accrochages. Ces accrochages révèlent des conceptions contradic-toires du fédéralisme. Dans le cas du Québec, le gouvernement libéral de Robert Bourassa veut accroître les pouvoirs de l'État provincial, tandis que le gouvernement péquiste de Jacques Parizeau, qui lui succède, veut réaménager les structures politiques de manière à faire reconnaître l'exis-tence de deux États souverains. Les groupes francophones en milieu minoritaire adhèrent à une vision symétrique du fédéralisme. Les pro-vinces ont un triste bilan en ce qui concerne la promotion des droits des groupes francophones, sauf le Nouveau-Brunswick et, dans une moindre mesure, l'Ontario. Pour cette raison, les dirigeants du réseau institution-nel refusent que les provinces puissent assumer de nouvelles responsabi-lités dans la promotion des droits des minorités. Selon les fédéralistes québécois de la tendance de Robert Bourassa, le fédéralisme asymétrique, plus respectueux de leur conception de la diversité canadienne, offrirait une piste de solution. Il y a une opposition entre des visions de la dualité canadienne et des moyens requis pour la protéger et la promouvoir. Les minorités francophones sont en quelque sorte des participantes à un débat dont elles ne contrôlent pas pleinement les variables.

Pendant que les communautés francophones en milieu minoritaire obtiennent certains gains significatifs, avec notamment l'obtention de la gestion scolaire, les indices de vitalité de ces groupes font l'objet d'une production scientifique abondante. Pour plusieurs, la vitalité linguis-tique d'un groupe se mesure par son poids démographique. C'est sans contredit Charles Castonguay, mathématicien à l'Université d'Ottawa, qui est le plus prolifique à ce sujet, car il a analysé sous toutes ses cou-tures la vitalité linguistique des Québécois et des groupes francophones en milieu minoritaire. Dans ce dernier cas, ses études soulignent leur décroissance démographique et leur incapacité à assurer le renouvelle-ment des générations.

Ce déclin s'expliquerait par la baisse de l'indice de fécondité des femmes, qui est de 1,58 enfant par femme dans ces communautés,

depuis les années 1980. Selon les analyses de Castonguay, la francophonie canadienne serait en situation de sous-fécondité et de déficit entre
les générations. Il faut préciser que cette sous-fécondité, loin d'être un
phénomène propre aux groupes francophones, caractérise l'ensemble
des sociétés occidentales, à l'exception des États-Unis et de la France.
Alors que de nombreux États tentent d'en neutraliser les effets au
moyen d'un accroissement du nombre d'immigrants admis, les
groupes francophones en milieu minoritaire ne peuvent recourir à cette
solution puisqu'ils ne détiennent pas les pouvoirs d'un État. De plus,
peu d'immigrants francophones s'établissent dans les provinces anglophones. Selon Castonguay, l'attraction du français dans ces provinces
serait extrêmement faible, ce qui empêche un renouvellement de la
population par l'apport d'immigrants.

Outre la sous-fécondité, un autre problème se pose : celui des transferts linguistiques au profit de l'anglais. Dans une autre étude publiée
en 2002, Castonguay constate que l'anglicisation des francophones en
milieu minoritaire a augmenté plus rapidement que la francisation des
groupes allophones au Québec. Ces transferts correspondent à l'écart
entre les données des recensements sur la langue maternelle et la langue
d'usage à la maison. Avec l'augmentation des mariages exogames chez
les francophones, la langue d'usage au foyer est de plus en plus souvent
l'anglais. Le nombre des francophones diminuerait en raison du faible
taux de fécondité des femmes et des progrès de l'assimilation. De plus,
le mécanisme de compensation qui avantageait les francophones, soit
une forte fécondité qui contrebalançait les pertes résultant des transferts
linguistiques, aurait maintenant disparu. À cause de ces tendances
lourdes sur le plan démographique, la vitalité des communautés francophones serait devenue très aléatoire. Au terme de plusieurs années de
recherche et d'étude, Charles Castonguay conclut que l'avenir démographique des communautés francophones en milieu minoritaire est
sombre et fort préoccupant. Inéluctablement, la population francophone en milieu minoritaire diminue.

À l'instar des analyses du père Richard Arès publiées dans les années 1950 et 1960, les études de Charles Castonguay suscitent de vives réactions. Elles consternent ou, au contraire, confortent dans leur idée ceux qui croient — entre autres parmi les nationalistes québécois — que la francophonie canadienne disparaîtra prochainement. Devant les conclusions pessimistes du mathématicien, de nombreuses critiques se font entendre, notamment sur l'utilisation des données démographiques comme seul critère pour mesurer la vitalité d'un groupe. Un tel instrument de mesure, jugent les détracteurs de Castonguay, serait limitatif et relatif. Plusieurs sociologues, relayés par les porte-parole institutionnels, promeuvent un autre indice, soit la vitalité institutionnelle. Ils insistent sur le dynamisme du réseau d'organismes communautaires, s'inspirant en cela du sociologue Raymond Breton et de son modèle de la « complétude institutionnelle ». Selon eux, afin d'estimer la vitalité d'un groupe minoritaire, il faudrait cerner la capacité de ce groupe à structurer son espace politique, économique et socioculturel grâce à un réseau d'organismes comblant les différents besoins des membres de la communauté, de la naissance au tombeau. Ainsi, un fort degré de complétude institutionnelle limiterait les progrès de l'assimilation puisque les francophones disposeraient de plusieurs activités et organismes auxquels ils pourraient participer.

Le modèle de la complétude institutionnelle reçoit la préférence des leaders communautaires francophones. En insistant sur la vitalité institutionnelle de leur communauté, ces dirigeants pressent les États de leur garantir l'appui financier essentiel pour le maintien et l'expansion de leur réseau. Selon eux, si on multiplie les institutions et qu'on dote les communautés d'une plus grande autonomie de gestion, il serait possible de limiter les progrès de l'assimilation. Dès lors, et de manière fort paradoxale, le bilinguisme que mettent de l'avant les États fédéral et provinciaux serait de plus en plus perçu comme une politique favorisant l'assimilation. En effet, les francophones en milieu minoritaire réclament désormais des instances homogènes de langue française, comme on l'a vu dans le cas des services de santé au Nouveau-Brunswick et de l'hôpital Montfort.

Un autre objet de préoccupation est sans contredit la valorisation du bilinguisme personnel comme référence identitaire des francophones en milieu minoritaire. Selon certains leaders d'opinion, la référence identitaire du bilinguisme personnel masquerait les progrès de l'assimilation dans les communautés francophones. D'autres signalent que le bilinguisme montrerait plutôt l'émergence d'un nouveau rapport avec la langue anglaise. Pour nombre de francophones, la symbolique de l'anglais se transforme : de la langue du capital, elle devient celle du marché. Dans un contexte de mondialisation marchande, l'anglais — ou plutôt le *business English* — comme outil de communication favoriserait le rapprochement entre nations, mais surtout faciliterait l'accès au commerce international. Dès lors, le français apparaîtrait comme une valeur ajoutée. Cette perception pose autrement les problèmes de l'assimilation, les stratégies de préservation de la langue maternelle et surtout les rapports entre le français et l'anglais. Toutefois, elle ne traduit pas toute la réalité socioéconomique sur le terrain. En effet, comme le constatent, pour la période allant de 1970 à 2000, les économistes Nicolas Béland et Maurice Beaudin et le sociologue Éric Forgues, l'écart salarial entre les unilingues anglophones et les bilingues, d'une part, et les unilingues francophones, d'autre part, persiste au Nouveau-Brunswick et favorise toujours le premier groupe. Ce n'est qu'au Québec, où les francophones constituent la majorité, que ces inégalités salariales disparaissent, à partir de 1995.

La vitalité linguistique ne concerne pas seulement les communautés francophones. Elle constitue un défi capital dans le cas des langues autochtones du Canada et du Québec. Les peuples amérindiens, inuits et métis connaissent depuis longtemps les avanies de la marginalisation et de l'exclusion sociales : pauvreté endémique, sous-développement social et économique, aliénation et assimilation culturelles, problèmes liés à l'alcoolisme, à la toxicomanie, au suicide et à la violence interpersonnelle, etc. Devant cette situation de plus en plus intolérable, les autochtones font entendre leur voix dès les années 1960, mais avec plus de vigueur encore à partir des années 1980. Dans la foulée des revendications autochtones, l'enjeu linguistique se retrouve sur la liste des priorités. Il faut dire que les timides mesures des années 1970 ne suffisent guère et que la condition des langues devient nettement alarmante. Comme le souligne la politologue Mary Jane Norris, une maigre proportion de 24 % — constituée surtout de personnes âgées — de la population autochtone au Canada est capable en 2001 de parler ou de comprendre une langue amérindienne, inuite ou métisse. Des 104 langues amérindiennes présentes au Canada et au Québec, l'UNESCO relève en 2002 que 19 sont moribondes et que 28 sont gravement menacées. Pis encore, le cri, l'ojibwé et l'inuit-inupiaq sont les seules langues assurées d'une survie à long terme. Au moins sept langues amérindiennes ont disparu au cours des années 1990, à l'instar des langues mortes que sont devenus le béothuk, le nicola, le tsetsaut, le huron, le neutre et le pétun.

Pour assurer la survie et la vitalité culturelles de ces peuples, il importe de prime abord de reconnaître officiellement leurs langues. S'inspirant d'une étude sur les politiques linguistiques relatives aux autochtones publiée en 1988, l'Assemblée des Premières Nations (APN) et son chef, George Erasmus, s'opposent ainsi au projet de loi C-37 relatif à la création d'un institut sur les langues patrimoniales, projet de loi proposé par le ministre fédéral David Crombie. Selon l'APN, les langues des Premières Nations sont propres aux nations fondatrices et elles sont protégées par les droits issus de traités et la législation fédérale. Les péripéties puis l'échec de l'Accord de Charlottetown, qui visait à inclure dans la Loi constitutionnelle de 1982 la préservation des langues et des cultures autochtones, ne réduisent pas la mobilisation sur l'enjeu linguistique, enjeu qui est fortement lié à la dimension culturelle. Ainsi, l'APN publie de 1989 à 1992 une série d'études sur cette question. Le regroupement se donne aussi en 1992 un Secrétariat aux langues et à l'alphabétisation, chargé entre autres de favoriser le développement linguistique des Premières Nations, d'accroître la sensibilisation communautaire et d'exercer des pressions pour obtenir une protection juridique et un financement accru des différents programmes étatiques.

L'action du Secrétariat est relativement efficace : le rapport de la Commission royale sur les peuples autochtones recommande un financement en faveur de la survie et de la vitalité des langues amérindiennes, inuites et métisses. Toutefois, bien que le ministère fédéral du Patrimoine lance certaines mesures à partir de 1997, la situation demeure toujours aussi préoccupante : les données du recensement de 1996 ne montrent pas d'amélioration, et l'aide fédérale demeure assujettie aux politiques d'austérité budgétaire. Avec ses énoncés stratégiques relatifs aux langues autochtones de 2000 et de 2004, l'APN exerce des pressions constantes sur l'État fédéral, qui consent, en mai 2009, à l'étude d'un projet de loi par le Sénat sur la promotion des langues autochtones ainsi que sur la reconnaissance et le respect des droits linguistiques des autochtones. Devant la lenteur du processus, le recours judiciaire est aussi employé, notamment par les Métis. Rendu par la Cour suprême en 2003, l'arrêt *R. c. Powley* ([2003], 2 R.C.S., 207) reconnaît aux Métis une culture et une identité collectives distinctes de celles de leurs ancêtres, culture et identité qui se distinguent grâce entre autres à l'emploi du michif.

Au Québec, la situation des langues amérindiennes et inuites se présente de manière quelque peu différente. Certes, l'assimilation linguistique reste toujours aussi forte. Toutefois, depuis la Convention de la Baie-James et du Nord québécois en 1975 et la Charte de la langue française en 1977, le Québec reconnaît explicitement des droits linguistiques aux autochtones sur son territoire. Cette reconnaissance prend forme avec les quinze principes adoptés par le gouvernement de René Lévesque en 1983, qui sont reconduits dans la Motion portant sur la reconnaissance des droits des autochtones qu'adopte l'Assemblée nationale en 1985. Deux principes traitent précisément de l'enjeu linguistique. L'État québécois reconnaît d'abord le droit des onze nations autochtones en territoire québécois à protéger leur culture, leur langue et leurs coutumes. Ensuite, la reconnaissance s'étend au droit de posséder et de contrôler des instances correspondant à leurs besoins dans les domaines de la culture, de l'éducation et de la langue. Dans le cadre de la politique du Maintien et développement des langues autochtones du Québec, le Secrétariat québécois aux affaires autochtones se donne aussi en 1989 des objectifs de sauvegarde et de maintien du patrimoine linguistique et culturel des nations autochtones. En matière de justice, de services de santé et d'affichage, les langues amérindiennes et inuites peuvent être employées dans certaines situations. Dans le domaine de l'éducation, la Charte de la langue française permet l'usage d'une langue autochtone dans les écoles et prévoit la création de commissions scolaires gérées par les autochtones. Cependant, la politique linguistique québécoise relative aux Amérindiens et aux Inuits se cantonne surtout dans un énoncé de principes : peu de ressources financières sont généralement allouées à leur mise en œuvre. Si la Paix des braves conclue entre le chef de la communauté crie, Ted Moses, et le premier ministre du Québec, Bernard Landry, semble augurer un changement en 2002, l'entente de principe conclue en 2004 entre le Québec et les Innus au sujet du Nitassinan ainsi que de la protection et du rayonnement de leur langue n'a toujours pas débouché sur la ratification d'un traité (en juin 2009). Ces délais traduisent l'écart entre la bonne volonté et les actes en ce début de XXIe siècle.

* * *

Au mois de janvier 2008, *Le Journal de Montréal* effectue une enquête sur les services en français dans les commerces de la métropole. Se faisant passer pour une unilingue anglophone, la journaliste Noée Murchison réussit à obtenir quinze emplois exigeant un contact direct avec la clientèle. Sur les quinze employeurs, quatorze ont jugé que, malgré les plaintes de la clientèle, les lacunes apparentes de Noée Murchison en français importaient peu. Largement commentés dans l'espace public, les résultats de cette enquête nourrissent encore aujourd'hui les craintes d'une anglicisation, craintes exprimées entre autres par René

Roy, secrétaire général de la Fédération des travailleurs du Québec, ou le parolier Luc Plamondon. Ils corroborent également les conclusions d'une étude de l'Office québécois de la langue française (OQLF) publiée en 2008, selon laquelle le tiers des commerces et des petites entreprises de Montréal emploient du personnel n'ayant pas une connaissance fonctionnelle du français.

Au-delà des faiblesses évidentes de la politique d'aménagement linguistique québécoise, l'enquête de Noée Murchison révèle un autre rapport entre langue et politique. En plus des inégalités entre le capital et le travail, l'usage de l'anglais traduit l'omniprésence des lois du marché dans la détermination du bien commun. La mondialisation des échanges économiques qui s'accentue depuis les années 1980 entraîne la valorisation d'une langue passe-partout, le *business English* ou *globish*, au détriment des autres idiomes. La promotion exclusive d'une langue pour le commerce et les affaires tend à renforcer l'actuel ordre des choses, avec ses inégalités socioéconomiques et politiques. Si certains postmodernes s'extasient devant les merveilles du trafic linguistique contemporain, ce phénomène provoquerait néanmoins un appauvrissement culturel généralisé. Plus encore, il menacerait à plus ou moins brève échéance la vitalité des communautés politiques, et en particulier celle des communautés minoritaires.

L'enquête de Noée Murchison reflète aussi une autre tendance lourde, celle de l'usage du droit pour la régulation des rapports sociaux et le règlement des problèmes politiques. En effet, devant une prestation de services unilingue, les clients lésés se tournent généralement vers les tribunaux, qu'ils soient administratifs, comme celui de l'OQLF, ou civils. Les différentes stratégies de prise de parole citoyenne, tels le boycottage ou la manifestation publique, sont moins valorisées car jugées peu efficaces. Depuis 1982, les tribunaux deviennent ainsi le théâtre privilégié de l'enjeu linguistique. Dès lors, les problèmes liés aux langues, avec toute leur complexité, se résument à des litiges filtrés par le droit. Si les décisions judiciaires favorisent parfois les membres des minorités, il n'empêche qu'elles sont rendues au terme d'un long processus, qui nécessite du temps ainsi que d'importantes ressources humaines et financières. Aussi, les relations de domination initiales tendent à subsister pendant et souvent après le règlement. Enfin, en se confinant au tribunal, l'enjeu linguistique exprime un autre rapport au politique. En confiant le litige sur la langue au droit et à ses interprètes, les citoyens et leurs représentants élus font silence. Partant, ils perdent quelque peu de leur habilitation dans la détermination du bien commun, le devoir-vivre collectif se substituant au vouloir-vivre collectif. Un certain déficit démocratique se creuse alors, nourrissant le cynisme et les préventions des citoyens vis-à-vis de la *chose publique*. Cette nouvelle tendance durera-t-elle ? Bien malin qui saurait le dire.

Conclusion

Mais pourquoi parler
De ce qui n'est là que pour douter des mots
Le silence d'un peuple tout entier
Est celui-là que regrettent les poèmes

FERNAND DUMONT, « La mémoire réconciliée »
(La Part de l'ombre)

Les mutations de l'enjeu linguistique

Le rapport entre langue et politique constitue un bon indicateur des mutations qu'ont connues les cultures politiques depuis 1539 jusqu'à nos jours. Dès l'arrivée des premiers colons français en Amérique, il importe au souverain d'homogénéiser son royaume et d'affermir l'allégeance de ses sujets. Subordonné à la question de la confession religieuse, l'enjeu de la langue et de son usage s'inscrit dans le cadre de cette politique. Au lendemain de la Conquête en 1760, la volonté d'homogénéisation confessionnelle et de promotion de l'allégeance au nouveau souverain, le roi britannique, transcende les divisions en matière de langue, divisions pourtant bien réelles.

Un changement majeur se produit au moment de l'ère des révolutions. Révolution politique d'abord : dès 1789, le renversement de la société d'ordres en France bouleverse les repères connus depuis le Moyen Âge. Suivant la lecture d'Edmund Burke, les attributs ethnoculturels prédominent désormais pour définir l'appartenance à la communauté politique : la langue des débats à la Chambre d'assemblée du Bas-Canada en 1792 devient ainsi un objet de préoccupation pour les parlementaires. Le début du XIXe siècle voit une double nationalisation des langues. L'anglais devient un attribut de la nation britannique sur l'île d'Albion et au-delà des mers. À la suite de la répression des insurrections de 1837-1838 et de l'échec du projet républicain des patriotes, c'est au tour du français d'être visé. Menacés d'assimilation par le projet de Lord Durham et l'union des deux Canadas, les Canadiens, à présent « Canadiens français », n'ont d'autre choix que de nationaliser leur langue afin d'assurer sa pérennité dans des circonstances périlleuses pour sa survie. Après 1840, la langue devient ainsi gardienne de la foi et garante de la nation.

Révolution industrielle ensuite. Le tournant du XIXe siècle voit émerger un nouveau mode de domination socioéconomique, fondé sur la division entre le capital et le travail. Dans les colonies britanniques de l'Amérique du Nord, où la classe bourgeoise émergente s'assure de la maîtrise des leviers politiques pour favoriser le progrès du commerce et de l'industrie, l'accès aux ressources se fait principalement en anglais, idiome du monde des affaires dans l'empire. Pour un grand nombre d'Acadiens et de Canadiens français qui doivent vendre leur force de travail en échange d'un salaire, la maîtrise du français seulement devient un obstacle dans l'accès aux ressources, notamment s'ils émigrent vers les villes ou aux États-Unis. En parallèle à leur nationalisation, les langues acquièrent une connotation et une distinction culturelles qui reflètent les relations de domination socioéconomique, sans pour autant s'y coller exactement. Pour nombre de citoyens au XIXe siècle puis au cours du siècle suivant, le capital se dit en anglais et le travail, en français.

Avec l'ère des révolutions, la volonté politique d'homogénéiser les populations sur le territoire de l'État se fait plus pressante que jamais. Toutefois, elle rencontre une nouvelle exigence : celle de l'ordre libéral

qui assure le développement économique. Alors que le grand remue-
ment des peuples crée des millions de migrants de part et d'autre de
l'océan Atlantique, les responsables de plusieurs provinces ainsi que du
Dominion du Canada cherchent à les fixer sur de nouveaux territoires
puis à les fondre dans la nation anglo-canadienne. Deux phénomènes
paradoxaux se manifestent dès lors : l'assimilation et l'accommodement. Se réclamant des droits et libertés britanniques, les membres des
élites anglo-canadiennes prônent l'adoption de politiques d'assimilation culturelle et linguistique dans le but de protéger la prédominance
de l'anglais comme langue d'usage et comme caractéristique ethnoculturelle du Canada. Ces politiques engendrent de nombreux conflits
religieux et linguistiques au Nouveau-Brunswick, au Manitoba, en
Ontario et ailleurs au Canada, en particulier à la fin du XIXᵉ siècle et au
début du XXᵉ. Ces conflits s'enveniment avec la présence, dans ces provinces, des communautés nationales de langue française. Acadiens et
Canadiens français doivent ainsi résister à l'exercice d'un pouvoir
homogénéisant, qui cherche à réduire leur différence. D'où l'établissement d'un régime d'accommodement mutuel : devant une résistance
ouverte qui mène à un conflit menaçant la paix civile, les membres
des élites communautaires conviennent entre eux de la bonne entente,
une bonne entente qui pousse à la conciliation et au compromis.

Dans la seconde moitié du XXᵉ siècle, les cultures politiques au
Canada et au Québec connaissent de nouvelles transformations. Avec
les mouvements migratoires internationaux et le développement des
moyens de communication, la diversité culturelle devient luxuriante au
sein de la Cité. De plus, dans le sillage de la démocratisation de l'éducation, de la poussée de l'individualisme et de l'hégémonie croissante du
marché, l'espace public s'élargit et se fragmente. Devant la vigueur de la
prise de parole citoyenne, le régime de l'accommodement mutuel s'effrite, et l'enjeu linguistique occupe de nouveau les débats publics. Ins-
pirés par les thèses de la décolonisation qui visent à lever le joug de la
domination économique, nombre de citoyens au Québec et dans les
communautés francophones des autres provinces considèrent la langue

française tel un bien commun à protéger et à promouvoir. Les anciennes élites communautaires, qui privilégiaient les rapports informels, doivent dorénavant composer avec ces multiples intervenants. Afin d'assurer la discipline sociale qui est menacée par les tensions linguistiques, elles agréent dès les années 1960 une intervention formelle de l'État dans les domaines relevant de la société civile.

Source de la loi et responsable du respect des droits, l'État poursuit alors la construction de l'unité nationale — qu'elle soit canadienne ou québécoise — et de la paix sociale. Par le biais des politiques d'aménagement linguistique, les responsables étatiques — surtout au fédéral et au Québec — se donnent la mission d'assurer aux citoyens une offre de services en français et d'intervenir entre autres dans les domaines de la langue de travail et de l'éducation. Dans une perspective centrée sur les droits individuels, l'État fédéral mise sur le bilinguisme officiel dès 1969 pour répondre à cette exigence, redéfinissant ainsi les contours de l'appartenance politique. Après quelques hésitations, l'État québécois instaure l'unilinguisme officiel au moyen de la Charte de la langue française, en 1977. Comme le signale la juriste Eugénie Brouillet, « la survie et l'épanouissement de l'identité culturelle québécoise à travers notamment la protection de la langue française constituent des aspirations communes, donc un droit collectif des Québécois[1] ». Pour les communautés minoritaires qui ne détiennent pas la maîtrise de l'appareil d'État, le respect des droits linguistiques, notamment en matière scolaire, et le maintien du rapport de force reposent sur le recours aux tribunaux et sur la vitalité du réseau institutionnel. Toutefois, comme on l'observe dans la situation dramatique des langues autochtones au tournant du troisième millénaire, cela ne suffit pas toujours.

Les tendances lourdes de l'enjeu linguistique

Au-delà des différences langagières, la Cité politique constitue pleinement une communauté de discours, selon la définition courante parmi les sociolinguistes. Elle présuppose le partage d'un réseau de communication entre des individus, qui conviendront plus ou moins des usages d'une langue, de sa valeur ainsi que de sa pertinence sociale et politique. Au Canada et au Québec, de 1539 jusqu'à nos jours, l'enjeu linguistique se pose, on l'a vu, selon trois modalités au sein des Cités politiques : celles du comment-vivre, du devoir-vivre et du vouloir-vivre ensemble. Sur une période de plus de quatre siècles, ces trois modalités témoignent des tendances lourdes qui marquent le rapport entre langue et politique.

Le comment-vivre ensemble : le poids de l'action citoyenne

Débutons par le comment-vivre ensemble, par les rapports de force entre les participants à l'enjeu linguistique, leurs stratégies d'exercice du pouvoir et de résistance. Depuis l'avènement de la démocratie parlementaire, une grande tendance du rapport entre langue et politique concerne l'action citoyenne, qu'on observe avant la mise en place d'une politique étatique, pendant sa préparation et après sa mise en œuvre. Le politique, on ne le soulignera jamais assez, est une affaire d'individus avant d'être une affaire d'idées ou d'entités abstraites comme la Loi ou l'État. Au fil du temps, des figures émergent et influencent fortement les conceptions de l'enjeu linguistique au sein de la Cité, que l'on songe à Edmund Burke, à Louis-Joseph Papineau et à Louis-Hippolyte La Fontaine avant 1848 ; à D'Alton McCarthy, à Henri Bourassa, à Armand LaVergne à la fin du XIXe siècle et au tournant du XXe ; au père Richard Arès et au frère Untel à l'orée de la Révolution tranquille ; à André Laurendeau au moment de la Commission royale d'enquête sur le bilinguisme et le biculturalisme ; à Camille Laurin avec la Charte de la langue française et à Pierre Elliott Trudeau avec la Loi sur les langues officielles et l'enchâssement constitutionnel de la Charte canadienne des droits et libertés ; ou à Michel Bastarache, à Pierre Bourgault, à Georges Forest et à Gisèle Lalonde depuis 1982. Lorsque ces individus prennent la parole, aucun — à l'exception de Camille Laurin et de Pierre Elliott

Trudeau — n'exerce alors de responsabilités décisionnelles au sein d'un gouvernement. Ils s'expriment à l'extérieur du système de gouvernement, dans les forums parlementaires parfois, le plus souvent dans les autres tribunes de l'espace public. Leur influence sur l'enjeu linguistique tient essentiellement au fait que leurs idées sur la question concordent avec l'état d'esprit de leurs concitoyens. « Dans la lutte pour l'imposition de la vision légitime », pour reprendre ici l'analyse du sociologue Pierre Bourdieu, ces individus « détiennent un pouvoir proportionné à leur capital symbolique, c'est-à-dire à la reconnaissance qu'ils reçoivent d'un groupe[2] ». Bref, ils sont les porte-parole de l'action citoyenne.

Cette action est la condition première de toute politique linguistique. Elle est le fait d'acteurs sociaux, c'est-à-dire de citoyens seuls ou regroupés en organismes et en associations professionnelles, comme l'ACFÉO, la SANB, Alliance Québec, la Fédération des francophones hors Québec (devenue la Fédération des communautés francophones et acadienne du Canada), etc., qui s'investissent dans la prise de parole et qui adoptent des stratégies afin d'atteindre leurs objectifs. Chacun de ces acteurs sociaux détient une capacité de mobilisation, dispose d'un capital symbolique, possède des ressources matérielles — humaines et financières — qui diffèrent selon les cas. Ainsi, certains de ces organismes peuvent soutenir une mobilisation de leurs membres sur une longue période afin de peser de tout leur poids sur les décideurs. La mobilisation prompte et massive des citoyens bas-canadiens contre le projet d'union des deux Canadas en 1822 empêche pour un temps Londres d'agir en ce sens. Les politiques linguistiques adoptées par les États provinciaux de 1880 à 1920 témoignent aussi de l'action des membres de la communauté anglo-saxonne, qui forment la majorité au Canada. Réunis dans des organismes comme l'Equal Rights Association, ces derniers frissonnent devant l'afflux des immigrants. Ils préconisent la solution de l'assimilation dans la gestion de la diversité culturelle et font sentir toute leur force auprès des responsables provinciaux. Pensons aussi à la pression constante exercée par les organismes québécois favorables à l'unilinguisme français avant l'adoption de la loi 101, qui rassemblent dans les rues plusieurs dizaines de milliers de simples citoyens en faveur de leur cause.

D'autres acteurs sociaux peuvent se fier à la solidarité de leur communauté politique, tant et aussi longtemps que les réseaux de communication se maintiennent. C'est le cas lors de la grande mobilisation du Canada français au moment de l'adoption du Règlement 17, alors que les associations franco-ontariennes reçoivent l'appui de compatriotes du Québec. Ayant un accès plus restreint aux ressources matérielles, d'autres acteurs sociaux comptent sur leur opiniâtreté pour tenter de changer l'ordre des choses. Si certains réussissent, comme les parents Jean-Claude Mahé et Angéline Martel, le camionneur Gilles Caron ou l'homme d'affaires Mario Charlebois, d'autres échouent parfois en fin de course, tel l'ancien juge Joseph T. Thorson.

Les responsables étatiques, surtout ceux et celles qui occupent des fonctions ministérielles, montrent peu d'initiative dans l'instauration des politiques linguistiques. Et pour cause. Pour reprendre la terminologie des sciences politiques, ces politiques ne peuvent être établies selon l'approche *top down* : si elles étaient issues de la seule volonté de l'exécutif, en consultation avec les fonctionnaires, elles n'auraient que peu de légitimité aux yeux de la grande majorité des citoyens, qui leur opposeraient alors une fin de non-recevoir. L'exemple de la Loi constitutionnelle de 1982 est éloquent à cet égard. Bien que le Québec ne l'ait pas ratifiée et que sa légitimité soit toujours remise en cause, il en va autrement dans l'ensemble canadien, où la grande majorité des citoyens s'identifient largement à ce symbole d'appartenance, et ce, dès son instauration. Reposant sur la légitimité afin de réduire les divisions du social, les politiques linguistiques sont donc issues de ce jeu constant entre l'exercice du pouvoir par les responsables étatiques et les stratégies de résistance — comme la contestation ou la mobilisation — des citoyens.

En conséquence, l'enjeu linguistique, dans son comment-vivre ensemble, est un lieu de polémiques. Le processus de mise en place des

politiques linguistiques se caractérise ainsi par des tensions et des divisions sociales qui débouchent sur de vastes mobilisations citoyennes,
dont l'intensité varie dans le temps, et sur des conflits souterrains ou
ouverts. C'est la nature même de ces politiques, car elles visent à transformer l'ordre symbolique d'un État et, partant, à définir les critères
d'appartenance à la communauté politique.

Les politiques linguistiques touchent donc aux valeurs fondamentales de la citoyenneté, d'où leur potentiel hautement mobilisateur.
Étant donné leur connotation morale, d'autres enjeux relatifs aux
valeurs fondamentales, à l'instar de l'avortement et de la réglementation
relative aux drogues et à l'alcool, suscitent également une vaste mobilisation. Néanmoins, ils n'ont pas les mêmes objectifs. Dans le cas des
enjeux politiques à connotation morale, la mobilisation vise à faire
triompher les conceptions moralisatrices, influencées par les convictions religieuses, des citoyens. Dans le cas des enjeux touchant à l'appartenance collective, les citoyens mobilisés veulent plutôt promouvoir
l'identification la plus étendue possible aux symboles constitutifs de la
communauté politique, tels que celui de la langue.

Le devoir-vivre ensemble : la permanence du droit et de la norme

De 1539 à nos jours, deux tendances lourdes de l'enjeu linguistique
renvoient à l'instauration de normes régulant la vie en commun, au
devoir-vivre collectif. Les politiques linguistiques reposent sur des
choix, comme le note le sociolinguiste Bernard Spolsky, mais des choix
qui sont limités vu leur encadrement normatif. Les normes sont formelles lorsqu'elles relèvent du droit et de son application, en particulier
dans la régulation des usages et la reconnaissance des langues. Elles le
sont moins quand elles touchent à l'élaboration des règles linguistiques,
surtout en ce qui concerne la qualité de la langue parlée et écrite.

Première grande tendance du devoir-vivre ensemble, le droit joue
un rôle fondamental dans le rapport entre langue et politique. Depuis
l'ordonnance de Villers-Cotterêts, qui porte, nous le soulignons forte-

ment, sur l'administration de la justice, le souverain — le roi ou le peuple par le biais de ses représentants au sein de l'État — ne se contente pas d'offrir ses bons conseils et sa médiation pour régler les conflits linguistiques. Il use de son pouvoir régalien pour rétablir l'ordre public et imposer un modus vivendi officiel, en légiférant et en réglementant. En matière linguistique, on constate donc une formalisation des polémiques et des consensus, avec l'usage du droit comme instrument de régulation des divisions sociales. Traités, chartes, lois et règlements scandent ainsi l'histoire des rapports entre langue et politique, de la Proclamation royale de 1763 à la Charte canadienne des droits et libertés de 1982, de la loi britannique de 1731 sur le *Use of English Language in the Law Courts made Obligatory* jusqu'à la Charte de la langue française de 1977 et à la Loi sur les services en français en Ontario en 1986.

Au-delà de l'acte de légiférer, l'administration de la justice témoigne de la primauté du droit en matière linguistique. Les tribunaux sont des instances majeures, sinon les principales, dans le développement historique de l'enjeu linguistique. En d'autres mots, le législatif et l'exécutif sont souvent à la remorque du judiciaire, qui se trouve en première ligne dans la régulation des polémiques. D'où la grande importance accordée par les citoyens, depuis les débuts, à l'instance judiciaire, car celle-ci est garante de l'exercice de leurs droits linguistiques. En 1834, les 92 Résolutions font grief aux juges de leur unilinguisme et, ce faisant, de leur incapacité à rendre convenablement la justice. En 1916, le verdict du Comité judiciaire du Conseil privé de Londres, au sujet de la légalité du Règlement 17, confirme aux Franco-Ontariens qu'ils n'ont jamais eu le droit de recevoir un enseignement dans leur langue. En 1988, l'arrêt *Ford* de la Cour suprême du Canada abroge une disposition importante de la Charte de la langue française lorsqu'il abolit la règle de l'unilinguisme français dans l'affichage public et commercial.

L'intervention des tribunaux dans les processus d'élaboration et de mise en œuvre des politiques linguistiques précède de beaucoup l'entrée en vigueur de la Charte canadienne des droits et libertés. Avec l'instauration de l'État de droit, le XIXe siècle voit nombre de citoyens et de groupes d'intérêt se tourner vers les tribunaux dans l'espoir de faire triompher leur point de vue en matière linguistique. Cependant, le recours aux tribunaux n'est pas toujours une source de gain : les rapports de force au sein de la communauté politique prévalent au bout du compte. Au Manitoba, les tribunaux invalident à deux reprises, en 1892 et en 1909, la loi abolissant le français comme langue officielle, mais la province fait fi de ces jugements. Après l'adoption de la Loi sur les langues officielles en 1969, l'ancien juge Joseph T. Thorson plaide sans succès pour la révocation de cette mesure législative. Par ailleurs, les responsables politiques comprennent rapidement, pour des raisons stratégiques, le potentiel d'instrumentalisation des verdicts rendus par les tribunaux. Au moment de l'affaire des écoles du Manitoba en 1890, le ministre conservateur Joseph-Adolphe Chapleau espère vivement que les tribunaux, grâce à l'image d'impartialité associée à la justice, calmeront le jeu et offriront une solution à la crise.

Toutefois, l'enchâssement de la Charte canadienne des droits et libertés dans la Loi constitutionnelle de 1982 bouleverse le rôle des tribunaux. Les juges doivent désormais tenir compte de l'article 23 de la Charte et adopter une démarche libérale en matière linguistique, puisque le législateur cherche à réparer les préjudices subis par les communautés francophones en milieu minoritaire qui ont été privées d'un accès à l'enseignement dans leur langue. Invoquant volontiers l'article 23, les militants des communautés francophones font ainsi des gains dans la reconnaissance juridique de leurs droits. Ce renversement du rapport de force est assimilé par certains à une « tyrannie » des tribunaux : devant l'activisme de groupes d'intérêt cherchant à forcer la main des gouvernements, les responsables politiques seraient pris en otages par les verdicts des juges. Cette « tyrannie », on le sait, est largement exagérée, pour deux raisons tenant aux rapports de force et à l'allocation des ressources. D'une part, en dépit des programmes de contestation juridique conçus pour faciliter le recours aux tribunaux par les groupes francophones et anglophones en milieu minoritaire, la voie judiciaire est un processus long, lent et coûteux. D'autre part, les responsables politiques ont toujours le dernier mot, soit en invoquant la clause dérogatoire — comme ce fut le cas au Québec en 1988 —, soit en légiférant de nouveau pour corriger la situation.

Le devoir-vivre collectif ne se résume pas seulement aux relations avec l'État, ses législations et son appareil judiciaire. Il couvre également la société civile, où les citoyens établissent des normes de distinction sociale en matière linguistique. Cette distinction se manifeste dans les débats relatifs à la qualité de la langue et à son bon usage, débats qui représentent une autre tendance importantes du XVIe au XXIe siècle. En effet, la question de la qualité de la langue fait l'objet d'une préoccupation constante, traduisant les valeurs et les relations de domination politique et socioéconomique qui sont présentes au sein de la communauté.

La volonté politique d'homogénéisation sociale sur le territoire de la Cité s'accompagne d'une « théorie également centralisatrice et normalisatrice de la langue », comme le souligne la littéraire Lise Gauvin[3]. Cette volonté dicte les normes de qualité et les jugements rendus à partir de celles-ci. Les visiteurs en Nouvelle-France n'hésitent pas à louanger la pureté du français parlé par les habitants, signe éloquent de la réussite de la promotion de la langue royale, au détriment des patois locaux. Après la Conquête, une nouvelle relation de domination s'impose au moyen d'une autre langue : l'anglais. Plus encore, il y a la rupture avec la France, qui adopte, notamment au moment de la Révolution de 1789, de nouvelles normes de qualité. Les John Lambert, Michel Bibaud et Alexis de Tocqueville constatent tous, dans les premières décennies du XIXe siècle, l'écart croissant entre le bon parler et la langue des Canadiens — où les anglicismes, signes de l'identification aux dominants, abondent.

À la fin du XIXe siècle et au début du XXe, le discours sur la norme linguistique se ramifie. La réalité des Acadiens et des Canadiens français est de plus en plus celle de l'usine en Nouvelle-Angleterre ou en ville, où la langue des machines, des patrons et de la promotion sociale est l'anglais. De plus, les membres des élites bourgeoises peuvent se rendre de nouveau en France. Dès lors, le discours sur la qualité de la langue traduit une double résistance. Les Narcisse-Henri-Édouard Faucher de Saint-Maurice et Jules-Paul Tardivel font l'éloge des patois à la fois pour combattre l'infiltration de l'anglais et pour se distinguer de la norme de Paris. Avec les années 1900, le ton est désormais plus critique. Adhérant aux valeurs libérales, les membres des élites qui participent à des groupes comme la Société du parler français blâment l'individu. En plaidant pour la responsabilisation individuelle et en dénonçant le piteux état de la langue française parlée et écrite, ces derniers prescrivent une norme de qualité et tentent d'établir une certaine forme de contrôle social. Toutefois, leurs dénonciations ne produisent pas les effets escomptés.

Au tournant des années 1960, le débat sur la qualité de la langue fait l'objet d'une forte médiatisation dans l'espace public avec la publication des *Insolences du frère Untel*. C'est le moment d'une importante mutation des références identitaires canadiennes-françaises, où la foi ne constitue plus une composante de la nation. De plus, le débat sur le joual pose les enjeux politiques de la démocratisation de l'éducation. Dès lors, la langue acquiert une valeur ajoutée considérable, et, par conséquent, les débats sur sa qualité permettent de remettre en question le rôle de l'État dans la gestion du dossier linguistique. À la fin des années 1990, les critiques portent toujours sur la piètre qualité de la langue française, particulièrement parmi les jeunes. La charge de Georges Dor constitue un jugement sévère des efforts consentis en éducation au cours des quarante dernières années, un triste constat d'échec. Le débat sur la qualité de la langue n'est pas une spécificité du Québec ou de l'Acadie, mais il y touche une corde sensible, car la langue constitue une référence identitaire capitale et la survie du fait français demeure toujours aussi précaire.

Le vouloir-vivre ensemble : la langue entre marché et mémoire

Une dernière tendance lourde dans l'histoire du rapport entre langue et politique a trait au vouloir-vivre ensemble. S'il est une constante de l'enjeu linguistique, il s'agit bien de ce lien étroit et permanent entre la langue et le sentiment d'appartenance à une communauté historique, les références identitaires communes, le projet d'une continuité entre le passé et l'avenir. Le partage d'une langue entre les citoyens institue la Cité : par son caractère performatif, cette langue lui permet de se manifester par le discours, de s'inscrire dans l'espace et le temps, de durer. Parler français, anglais, italien, ukrainien, attikamek, ojibwé ou inuit, ce n'est pas seulement traduire par le langage un rapport au monde. C'est aussi « faire société[4] », par l'expression notamment des divisions du social et des projets d'avenir. C'est surtout affirmer sa solidarité avec des êtres humains. Le français de Jean-Baptiste Poquelin dit Molière, l'anglais de William Shakespeare, l'innu de Rita Mestokosho sont autant de parts d'humanité, dans toute leur plénitude et leur diversité. En parlant leur langue, nous établissons plus qu'un simple contact communicationnel, nous touchons à ces humains par-delà les siècles, des humains aux multiples richesses, des humains qui ne veulent pas disparaître.

Avec l'hégémonie croissante des lois du marché au sein des rapports sociaux, le vouloir-vivre ensemble au cœur de l'enjeu linguistique risque de s'atrophier dans maints aspects, ce qui suscite de graves conséquences pour la Cité politique. D'abord, comme les citoyens se réduisent désormais à des consommateurs, une conception strictement utilitaire de la langue s'en trouve favorisée. Ainsi, au cours des dernières années, le statut de la langue anglaise a changé, puisque l'accélération des échanges économiques entre les continents fait du *business English* la lingua franca. Les études sur les jeunes francophones, notamment ceux qui vivent en milieu minoritaire, montrent qu'ils ne considèrent pas l'anglais comme une menace culturelle, mais bien comme un simple instrument de communication. Ensuite, la promotion d'une langue utilitaire se fait au détriment des autres langues ayant un moindre accès aux ressources et au marché. Réalité ancienne mais réactualisée, l'assimilation parmi les communautés minoritaires francophones et la disparition de nombre de langues autochtones affectent ainsi la diversité culturelle actuelle, tout en entraînant la perte de références identitaires et d'un savoir accumulé depuis des générations.

Enfin, la réalité exprimée par la langue risque de se résumer de plus en plus à des interactions économiques, et non plus à sa plénitude culturelle et politique. « Le silence d'un peuple tout entier/Est celui-là que regrettent les poèmes », disait Fernand Dumont.

Au début de ce troisième millénaire, la langue est politique, forcément politique. En effet, devant la recomposition de l'espace public en microcosmes discursifs et l'émergence de références identitaires inédites, de nouvelles solidarités naissent pour susciter une prise de parole au cœur de la communauté politique. Portée par des mobilisations à l'image des mouvements altermondialistes, réactualisant des causes comme celle de la nation, cette prise de parole citoyenne s'articule sur des questions comme la diversité culturelle et des conceptions moins économistes des droits et libertés. Elle use de réseaux multiples, tels que ceux dans Internet, pour se faire entendre. Elle mobilise de nouveaux acteurs qui la portent dans le feu des débats et des combats. Au moment de clore notre étude et de faire silence, rappelons-le avec confiance : au sein de la Cité, la mémoire de la parole est celle qui ouvre l'avenir.

Remerciements

L'art du remerciement est l'un des plus ardus mais des plus plaisants qui soient. Il relève de la finition de l'ouvrage, lorsque la reconnaissance de la générosité couvre de sa patine le produit du labeur de l'historien. D'où le soin à apporter à l'expression de notre gratitude puisque, l'histoire luttant contre l'oubli, il n'est certes pas dans notre intention d'omettre qui que ce soit. Que l'on nous pardonne si, par infortune, ce peut être le cas.

L'enquête historique est une aventure dans les vestiges du passé, où la découverte est constamment au rendez-vous. Cette découverte est collégiale, elle repose sur la mise en commun des efforts de nombreuses personnes. Ainsi, le travail d'une équipe d'assistants curieux, enthousiastes et compétents fut des plus appréciés. Nous remercions donc chaudement les étudiants et étudiantes aux cycles supérieurs qui ont participé à la cueillette de l'information : David Dowe, Leanne Dustan, Mathieu Lapointe, Karen Macfarlane, Eric Payseur et Jamie Trepanier, de l'Université York ; Olivier Côté, Gabriel Delisle, Émilie Guilbeault-Cayer, Mathieu Horth-Gagné, Alexandre Lévesque, Julien Massicotte, Patrick-Michel Noël, Isabelle Roy et Stéphane Savard, de l'Université Laval. Nos remerciements vont également au précieux appui fourni en cette matière par la Faculté des études supérieures de l'Université York.

La découverte se fait dans des lieux. Grâce à des guides perspicaces et attentionnés, les centres d'archives du Nouveau-Brunswick, de l'Ontario et du Québec furent pour nous des mines regorgeant de matériaux précieux. Notre gratitude est grande à l'égard du personnel du Centre d'études acadiennes à Moncton, dont Kenneth Breau ; des Archives provinciales du Nouveau-Brunswick (Fredericton) ; de la Division des archives et de la reconstitution des débats, ainsi que de la bibliothèque de l'Assemblée nationale du Québec, en particulier Christian Blais, Marise Falardeau, Alain Gariépy, Geneviève Langlois et Martin Pelletier ; du Centre de Québec de Bibliothèque et Archives nationales du Québec, dont Rénald Lessard et André Ruest ; du Centre de recherche Lionel-Groulx et du Service des archives du Congrès juif canadien-Montréal ; du Musée McCord, dont Cerise Mahuzier ; de la photothèque de la Fédération des travailleurs du Québec, tout particulièrement Isabelle Gareau ; de Bibliothèque et Archives Canada, dont Alain Roy et Lynn Lafontaine ; du Centre de recherche sur la civilisation canadienne-française (Université d'Ottawa), dont son directeur, Yves Frenette, et son archiviste, Nicole Bonsaint ; et, enfin, des Archives publiques de l'Ontario à Toronto. Nous remercions également le sénateur Serge Joyal pour sa généreuse contribution à l'iconographie de cette synthèse.

La découverte apparaît aussi grâce au partage des idées et des approches. Tout au long du labeur, des amis et des collègues ont commenté des parties de chapitre, ont réagi à des hypothèses, ont fait part de conseils et de suggestions ou ont généreusement offert leur savoir et leurs connaissances. Notre reconnaissance est vive à l'égard de Sébastien Arcand, Jean-Pierre Beaud, Nicolas Béland, Justin Bisanswa, Daniel Bourgeois, Eugénie Brouillet, Robert Comeau, Nathalie Courcy, Michel De Waele, Jacques Faucher, Rolande Faucher, Pierre Foucher, Donald Fyson, Gilles Gallichan, Patrice Groulx, Matthew Hayday, Daniel Hickey, Richard Jones, Guy Laforest, Julien Massicotte, Roberto Perin, Alain Roy, Giuseppe-J. Turi, Stéphane Savard, Jocelyn Saint-Pierre, Nathalie Tousignant et Jean-Philippe Warren. Nous sommes tout aussi reconnaissants envers Christophe Horguelin, des Éditions du Boréal, qui a su nous accompagner avec sagacité et efficacité dans la révision du manuscrit.

Ce partage s'est aussi manifesté de manière plus formelle, soit dans le cadre de deux activités scientifiques. Tenu à l'Université Laval à l'automne 2006, un séminaire aux cycles supérieurs a permis à un groupe de spécialistes des questions linguistiques de partager leurs réflexions sur ce thème. Ce séminaire a bénéficié de l'appui financier et logistique de la Chaire pour le développement de la recherche sur la culture d'expression française en Amérique du Nord (CEFAN). Nous exprimons ici notre gratitude à l'endroit de son ancien titulaire, Jacques Mathieu, et de son adjointe administrative, Jeanne Valois. Ce travail de réflexion sur les politiques linguistiques s'est poursuivi au Collège universitaire Glendon de l'Université York. Cet établissement universitaire a accueilli un colloque les 29 et 30 mars 2007, afin de marquer le quarantième anniversaire du dépôt du premier rapport de la commission Laurendeau-Dunton. Nous sommes tout aussi reconnaissants au principal, Kenneth McRoberts, et à son équipe, ainsi qu'à la Chaire Avie Bennett Historica en histoire canadienne de l'appui enthousiaste qu'ils nous ont donné.

Pour exister, l'enquête historienne nécessite des ressources. Nous savons gré au Conseil de recherche en sciences humaines du Canada de son généreux soutien à notre projet intitulé *D'une réalité culturelle à un problème politique : les politiques linguistiques au Canada, 1960-1982* (858-2004-0006), dans le cadre du Programme de recherche et de diffusion lié aux langues officielles.

Pour conclure, vu leur rôle crucial dans l'accomplissement de cet ouvrage, deux personnes font l'objet d'une gratitude particulière. Andrée Courtemanche est, comme à l'habitude, l'une de celles-ci. Amie de l'un des auteurs, compagne et complice de l'autre, elle a su les conseiller judicieusement dès les débuts de l'entreprise jusqu'à son aboutissement, tout en leur offrant un appui constant et un fructueux apport intellectuel. Qu'elle reçoive ici la marque de notre reconnaissance la plus authentique et la plus chaleureuse.

Tout au long de ce projet, nous avons reçu l'appui bienveillant des Éditions du Boréal et de notre éditeur, Paul-André Linteau. Grâce à sa rigueur intellectuelle, à ses suggestions et à ses conseils avisés ainsi qu'à sa patience, il nous a permis de mener à terme cette étude historique qui embrasse plus de 400 ans d'histoire de l'enjeu linguistique au Canada et au Québec. Encore une fois, et comme toujours, qu'il en soit vivement remercié.

Marcel Martel et Martin Pâquet
Toronto et Québec, ce dix-neuvième jour de mai 2010

Abréviations

ACFÉO	Association canadienne-française d'éducation d'Ontario
ACFO	Association canadienne-française d'Ontario
APO	Archives publiques de l'Ontario
AVQ	Archives de la Ville de Québec
BAC	Bibliothèque et Archives Canada
BANQ-Q	Bibliothèque et Archives nationales du Québec, centre de la capitale nationale
BANQ-M	Bibliothèque et Archives nationales du Québec, centre de Montréal
CÉA-M	Centre d'études acadiennes, Université de Moncton
CRCCF	Centre de recherche en civilisation canadienne-française
CRLG	Centre de recherche Lionel-Groulx, Montréal
CVFA	Conseil de la vie française en Amérique
FSSJBO	Fédération des Sociétés Saint-Jean-Baptiste de l'Ontario

Notes

CHAPITRE PREMIER • DE LA RELIGION À LA LANGUE, 1539 À 1848

1. Cité dans Guy Bouthillier et Jean Meynaud, *Le Choc des langues au Québec, 1760-1970,* Montréal, Presses de l'Université du Québec, 1972, p. 139 et 141. Voir aussi Chantal Bouchard, *La Langue et le Nombril. Histoire d'une obsession québécoise,* Montréal, Fides, 1998, p. 67.

2. Francis Maseres, *Occasional Essays on Various Subjects, Chiefly Political and Historical,* Londres, Robert Wilks, 1809, p. 341-342.

3. Bouthillier et Meynaud, *Le Choc des langues au Québec,* p. 106.

4. *The Parliamentary Register,* vol. 28, Londres, J. Devrett, 1791, p. 514.

5. Cité dans Jim McCue, *Edmund Burke and Our Present Discontents,* Londres, Claridge Press, 1997, p. 23.

6. *The Parliamentary Register,* vol. 29, Londres, J. Devrett, 1791, p. 379-380.

7. Edmund Burke, « A Letter to Sir Hercules Langrishe on the Catholics of Ireland, January 3rd, 1792 », dans Edmund Burke, *The Works of Right Honourable Edmund Burke,* vol. 1, Londres, Holdsworth and Corner, 1839, p. 303-306.

8. *The Parliamentary Register,* vol. 29, p. 379-380.

9. Réal Bélanger, Richard Jones et Marc Vallières, *Les Grands Débats parlementaires, 1792-1992,* Sainte-Foy (Québec), Presses de l'Université Laval, 1994, p. 54-56.

10. Cité dans John Hare, *Aux origines du parlementarisme québécois, 1791-1793,* Sillery (Québec), Septentrion, 1993, p. 91. Voir aussi Michael Dorland et Maurice Charland, *Law, Rhetoric, and Irony in the Formation of Canadian Civil Culture,* Toronto, University of Toronto Press, 2002, p. 101-102.

11. Bélanger, Jones et Vallières, *Les Grands Débats parlementaires,* p. 54-56.

12. Cité dans Gaston Deschênes, *Une capitale éphémère. Montréal et les événements tragiques de 1849,* Sillery (Québec), Septentrion, 1999, p. 104.

13. *La Minerve,* 16 février 1832, p. 1.

14. Cité dans Jean-Paul Bernard (dir.), *Assemblées publiques, résolutions et déclarations de 1837-1838,* Montréal, VLB, 1988, p. 278 et 284.

15. *La Gazette de Québec,* 15 janvier 1801.

16. John Lambton (Lord Durham), *The Report and Dispatches of the Earl of Durham, Her Majesty's High Commissioner and Governor-General in British North America,* Londres,

Ridgways, 1839, p. 16. Traduction de : « *perhaps, more than those other European nations, calculated to repress the intelligence and freedom of the great mass of the people* ».

17.   *Ibid.*, p. 47-48. Traduction de : « *each was taught to cherish its own language, laws, and habits* ».

18.   *Ibid.* Traduction de : « *the error* [...] *is the vain endeavour to preserve a French Canadian nationality in the midst of an Anglo-American colonies and states* ».

19.   *Ibid.*, p. 225. Traduction de : « *the Union is never disturbed by the quarrels of these races; and the French language and manners* [...] *pass away like the Dutch peculiarities of New York* » ; et de : « *a popular government, in which the English majority shall permanently predominate, that Lower Canada, if a remedy for its disorders be not too long delayed, can be tranquilly ruled* ».

20.   Cité dans Bruce Curtis, « Irish Schools for Canada : Arthur Buller to the Bishop of Quebec, 1838 », *Historical Studies in Education/Revue d'histoire de l'éducation*, vol. 13, n° 1 (2001), p. 54.

21.   Bélanger, Jones et Vallières, *Les Grands Débats parlementaires*, p. 57.

CHAPITRE 2 • PREMIÈRES SECOUSSES LINGUISTIQUES : LES CRISES SCOLAIRES AU CANADA, 1848-1927

1.   Matteo Sanfilippo, « Essor urbain et création de nouveaux diocèses dans l'Ouest : la correspondance des délégués apostoliques, 1902-1918 », *Canada e Italia verso il Duemila : Metropoli a Confronto*, Milan, Schena Editore, 1992, p. 269.

2.   Dans ce cas-ci, le bilinguisme signifie que le prêtre ou les religieux maîtrisent une deuxième langue en plus du français. Robert Painchaud, « Les exigences linguistiques dans le recrutement d'un clergé pour l'Ouest canadien, 1818-1920 », *Société canadienne d'histoire de l'Église catholique, sessions d'étude 1975*, p. 43-64.

3.   Henri Bourassa, « La langue française et la religion catholique », dans Guy Frégault, Michel Brunet et Marcel Trudel (dir.), *Histoire du Canada par les textes*, Montréal, Fides, 1952, p. 236.

4.   Lettre de Mgr Ignace Bourget à Godefroi Lamarche, 27 mai 1872, citée dans Roberto Perin, *Ignace de Montréal. Artisan d'une identité nationale*, Montréal, Boréal, 2008, p. 204.

5.   Lettre de L.-F. Laflèche à J.-A. Chapleau, 12 mai 1890, reproduite dans Robert Rumilly, *Monseigneur Laflèche et son temps*, Montréal, Éditions B. D. Simpson, 1945, p. 338.

6.   Rumilly, *Monseigneur Laflèche et son temps*, p. 339-340.

7.   Edmund A. Aunger, « Justifying the End of Official Bilingualism : Canada's North-West Assembly and the Dual-Language Question, 1889-1892 », *Canadian Journal of Political Science*, vol. 34, n° 3 (septembre 2001), p. 451-486 ; Bouthillier et Meynaud, *Le Choc des langues au Québec*, p. 255.

8.   BAC, fonds de la Commission royale des relations entre le Dominion et les provinces, C6987, *Mémoire des Canadiens français de l'Alberta*, 14 mars 1938, 3 p.

9.   Paul-E. Gosselin, *Le Conseil de la vie française*, Québec, Éditions Ferland, 1967, p. 4.

10.   Michel Verrette, *L'Alphabétisation au Québec, 1660-1900. En marche vers la modernité culturelle*, Sillery (Québec), Septentrion, 2002, p. 92 et 101.

11.   *Ibid.*, p. 119.

12.   Cité dans Bouthillier et Meynaud, *Le Choc des langues au Québec*, p. 207.

13.   *Ibid.*, p. 231.

14.   *Ibid.*, p. 355-357 ; Yvan Lamonde, *Histoire sociale des idées au Québec, 1896-1929*, Montréal, Fides, 2004, p. 62-63 et 145.

15. Cité dans Bouthillier et Meynaud, *Le Choc des langues au Québec*, p. 281.

16. *Ibid.*, p. 294.

17. Cité dans Lamonde, *Histoire sociale des idées au Québec*, p. 54.

18. Napoléon-Antoine Belcourt, « De l'exercice des droits reconnus à la langue française au Canada », *Premier Congrès de la langue française au Canada. Compte rendu*, Québec, Imprimerie de l'Action sociale, 1913, p. 288-307 ; Henri Bourassa, « La langue française et l'avenir de notre race », *ibid.*, p. 370-389.

19. *Ibid.*, p. 78.

20. Belcourt, « De l'exercice des droits reconnus à la langue française au Canada », p. 302.

21. CRCCF, fonds de l'ACFÉO, C2/236/2, *Statuts & Règlements du Comité permanent du Congrès de la langue française au Canada.*

CHAPITRE 3 • RIEN À SIGNALER SUR LE FRONT : DU RAPPEL DU RÈGLEMENT 17 À LA COMMISSION LAURENDEAU-DUNTON, 1927-1963

1. « I'll Stay in Canada », dans Stephen Leacock, *On the Front Line of Life. Memories and Reflections, 1935-1944*, Toronto, Dundurn Group, 2004, p. 177.

2. Cité dans « Canada and the Monarchy », *ibid.*, p. 198.

3. AVQ, fonds du CVFA, P 52/D 5.6, *Acte d'adhésion officielle des Franco-Ontariens au Congrès de la langue française à Québec*, juin 1937 ; lettre à Mgr Camille Roy, de P.-E. Rochon, président général de l'ACFÉO, et J.-M. Laframboise, président général de l'Association Saint-Jean-Baptiste d'Ottawa, 14 décembre 1936.

4. Mgr Émile Yelle, « La langue et l'esprit français dans le Manitoba et dans l'Ouest canadien », *Deuxième Congrès de la langue française au Canada. Québec, 27 juin-1er juillet 1937, Compte rendu*, Québec, Imprimerie L'Action catholique, 1938, p. 239.

5. Bouthillier et Meynaud, *Le Choc des langues au Québec*, p. 485-487, 622-625.

6. Karim Larose, *La Langue de papier. Spéculations linguistiques au Québec*, Montréal, Presses de l'Université de Montréal, 2004, p. 40-41.

7. Jean-Pierre Charland, « L'instruction chez les Canadiens français », dans Michel Plourde (dir.), *Le Français au Québec. 400 ans d'histoire et de vie*, Saint-Laurent et Sainte-Foy (Québec), Fides et Publications du Québec, 2000, p. 180.

8. *Ibid.*, p. 181-182.

9. *Débats de l'Assemblée législative du Québec*, 25 avril 1947.

10. AVQ, fonds CVFA, P 52/D 7-4, *Lettre du Conseil*, septembre 1939 ; AVQ, fonds CVFA, P 52/D 7-5, lettre de Paul-Émile Gosselin à Jules Castonguay, directeur du Bureau du recensement, 8 octobre 1940 ; CRCCF, fonds de l'ACFÉO, C2/457/2, *Mémoire du Conseil de la vie française en Amérique à Paul Comtois, ministre des Mines et des Relevés techniques du Canada, sur l'Atlas du Canada et sur d'autres publications de son ministère* (1958).

11. AVQ, fonds CVFA, P 52/D 7-9, lettre de Paul-Émile Gosselin à Jules Castonguay, registraire en chef du Canada, 5 mars 1942 ; lettre de l'Association catholique franco-canadienne de la Saskatchewan à Jules Castonguay, 8 avril 1942.

12. *Le Devoir*, 7 février 1962, p. 1.

13. BAC, fonds de la Commission royale des relations entre le Dominion et les provinces, C6987, *Mémoire des Acadiens et des Canadiens français des provinces maritimes*, 11 avril 1938.

14. *Ibid.*, *Mémoire des Canadiens français de l'Alberta*, 14 mars 1938.

15. Conseil de la vie française en Amérique, *Troisième Congrès de la langue française. Québec, 18-26 juin 1952. Compte rendu*, Québec, Éditions Ferland, 1953, p. 446-447.

16. CRCCF, fonds de la FSSJBO, C19-3/1/12, *Réunion régulière du Conseil,* 13 mars 1959.

17. CRCCF, fonds de l'ACFÉO, C2/229/5, lettre de l'ACFÉO au premier ministre Leslie Frost, 5 février 1961.

18. Normand Labrie, *La Construction linguistique de la Communauté européenne,* Paris, Honoré Champion, 1993, p. 28-29.

19. « M. Hees élimine tout espoir. Le recensement 61 sabotera l'équilibre franco-anglais », *La Presse,* 19 novembre 1960.

20. Richard Arès, « Positions du français dans l'Ouest canadien », *Relations,* n° 163 (juillet 1954), p. 195 ; « Positions du français aux Maritimes », *Relations,* n° 161 (mai 1954) ; « Positions du français en Ontario et au Québec », *Relations,* n° 164 (août 1954).

21. Larose, *La Langue de papier,* p. 102.

22. [Jean-Paul Desbiens], *Les Insolences du frère Untel,* préface d'André Laurendeau, Montréal, Éditions de l'Homme, 1960, p. 20.

23. CRCCF, fonds de l'ACFÉO, C2/342/1, Gaston Dulong, *L'État actuel du français au Manitoba,* mai et juin 1963, 16 p.

24. Georges-Émile Lapalme, *Le Vent de l'oubli. Mémoires,* t. 2, Ottawa, Leméac, 1970, p. 241 ; *Pour une politique. Le programme de la Révolution tranquille,* Montréal, VLB, 1988, p. 76-98.

25. Jean-Louis Roy, *Les Programmes électoraux du Québec. Un siècle de programmes politiques québécois,* t. 2 : *1931-1966,* Ottawa, Leméac, 1971, p. 378-379.

26. Édouard Duc, « La langue française dans les relations entre le Canada et la France (1902-1977). De la "survivance" à l'unilinguisme français au Québec », thèse de doctorat en histoire, Université Paris-IV Sorbonne, 2007, t. 2, p. 671-673.

27. Québec, *Rapport de la Commission royale d'enquête sur l'enseignement dans la province de Québec,* 2ᵉ partie ou t. II, 1964. En ligne : http://classiques.uqac.ca/contemporains/quebec_commission_parent/rapport_parent_3/rapport_parent_vol_3.doc

CHAPITRE 4 • ACTION-RÉACTION : COMMISSIONS D'ENQUÊTE ET AGITATION, 1963-1969

1. Paul Daoust, « Les jugements sur le joual (1959-1975) à la lumière de la linguistique et de la sociolinguistique », thèse de doctorat, Université de Montréal, Département de linguistique et philologie, 1983, cité dans Bouchard, *La Langue et le Nombril,* p. 231.

2. Gérald Godin, « Les colombes séparatistes », 1974, cité dans Larose, *La Langue de papier,* p. 175.

3. Gérald Godin, « Le joual et nous », *Parti pris,* vol. 2, n° 5 (janvier 1965) ; « La Langue au Québec. Entretien avec Wilfrid LeMoyne, extraits », novembre 1975, p. 33 et 78, cité dans Larose, *La Langue de papier,* p. 175.

4. André Major, « À joual donné, il faut (quand même) regarder les dents », *Le Devoir,* 14 novembre 1969, p. 6.

5. Cité dans Larose, *La Langue de papier,* p. 243 ; Robert Yergeau, *Art, argent, arrangement. Le mécénat d'État,* Ottawa, Éditions David, 2004.

6. Joël Belliveau, « Tradition, libéralisme et communautarisme durant les "Trente Glorieuses" : les étudiants de Moncton et l'entrée dans la modernité avancée des francophones du Nouveau-Brunswick, 1957-1969 », thèse de doctorat en histoire, Université de Montréal, 2008, p. 293-298.

7. Mark V. Levine, *La Reconquête de Montréal,* Montréal, VLB, 1997, p. 91-92.

8. Duc, « La langue française dans les relations entre le Canada et la France », p. 841, 851, 915.

9.   *Les États généraux du Canada français. Assises nationales tenues à la Place des Arts de Montréal du 23 au 26 novembre 1967,* Montréal, Éditions de l'Action nationale, 1968, p. 125-126.

10.   Donat J. Taddeo et Raymond C. Taras, *Le Débat linguistique au Québec. La communauté italienne et la langue d'enseignement,* Montréal, Presses de l'Université de Montréal, 1987 ; Michel Plourde, *La Politique linguistique du Québec, 1977-1988,* Québec, IQRC, 1988.

11.   Nicolas Landry et Nicole Lang, *Histoire de l'Acadie,* Sillery (Québec), Septentrion, 2001.

12.   Richard Arès, « La grande pitié de nos minorités françaises », *Relations,* nº 267 (mars 1963), p. 65.

13.   *Ibid.,* p. 68.

14.   « En l'absence de politiques appropriées. La situation démographique des francophones au Québec et à Montréal d'ici l'an 2000 », *Le Devoir,* 4 novembre 1969, p. 5.

15.   Paul Cappon, *Conflit entre les Néo-Canadiens et les francophones de Montréal,* Québec, Presses de l'Université Laval et Centre international de recherche sur le bilinguisme, 1974, p. 17.

16.   Duc, « La langue française dans les relations entre le Canada et la France », t. 2.

17.   Commission royale d'enquête sur le bilinguisme et le biculturalisme, *Rapport préliminaire,* Ottawa, Imprimeur de la reine, 1965, p. 125.

18.   CRCCF, fonds de l'ACFÉO, C2/454/11, *Lettre adressée à toutes les cellules du Canada de l'Ordre concernant la commission sur le bilinguisme et le biculturalisme,* 2 juillet 1963.

19.   Conseil de la vie française en Amérique, *Bilinguisme et biculturalisme,* Québec, Éditions Ferland, 1964, p. 99.

20.   Société Saint-Jean-Baptiste de Montréal, *Le Bilinguisme et l'union canadienne,* Montréal, 1964, p. 54.

21.   BAC, MG 31 E 38, vol. 11, dossier 14, lettre de la Voice of Canada League, sans date ; lettre de la Canadian National Association, sans date ; BAC, MG 32 B35, vol. 133, dossier S.O.S. Bilinguisme notes, lettre de la Voice of Canada League, 3 février 1969.

22.   *The Globe and Mail,* 20 mars 1965.

23.   BAC, MG 31 H188, vol. 3, dossier 6, lettre de Neil Morrison, cosecrétaire de la Commission royale d'enquête sur le bilinguisme et le biculturalisme, à Charles E. Dojack, président de la Canada Ethnic Press Federation, 6 février 1965.

24.   Tricia Hong, « Redefining the Storyline : Immigrant/Ethnic Briefs to the Royal Commission on Bilingualism and Biculturalism », « Major Research Paper », Département d'histoire, Université York, décembre 2006.

25.   *Le Devoir,* éditorial du 3 décembre 1967 ; « The "Third Group" Looks at Bilingualism and Biculturalism », *The Ottawa Citizen,* vol. 11, nº 1 (février 1965), p. 1 ; BAC, MG32 C67, vol. 98, dossier Official Languages Bill 1969, lettre du sénateur Paul Yuzyk à la députation fédérale, 21 mai 1969.

26.   BAC, MG 30 C72, vol. 7, dossier Briefs to the B & B Commission, Statement of the Canadian Jewish Congress, Western Division, sans date ; *Toronto Daily Star,* éditorial du 31 mars 1965.

27.   Michael Oliver, « Réflexion sur la Commission royale d'enquête sur le bilinguisme et le biculturalisme », *Isuma, Revue canadienne de recherche sur les politiques,* vol. 2, nº 2 (été 2001), p. 131.

28.   Commission royale d'enquête sur le bilinguisme et le biculturalisme, *Rapport,* livre I : *Les Langues officielles,* Ottawa, Imprimeur de la reine, 1968, p. 198-199.

29.   Robert Comeau, « André Laurendeau et la Commission royale d'enquête sur le bilinguisme et le biculturalisme », dans Robert Comeau (dir.), *André Laurendeau. Un intellectuel d'ici,* Montréal, Presses de l'Université du Québec, 1990, p. 203.

30.   Commission royale d'enquête sur le bilinguisme et le biculturalisme, *Rapport,* livre I, p. xxv.

31. *Ibid.*, p. 198-199.

32. BAC, RG 146, vol. 2378, *Mouvement pour l'unilinguisme français au Québec, Québec (Prov.)*, dossier 1 ; RG 146, vol. 2621, *Protests and Demonstrations Against Bill 63, Province of Quebec*, dossiers 1 à 6.

33. BANQ-Q, E140, fonds de la Commission d'enquête sur la situation de la langue française et sur les droits linguistiques au Québec, 1960-01-520/1, Kahn-Tineta of Caughnawaga Indian Land, Québec, 20 février 1969, p. 1-2.

34. BANQ-Q, E140, fonds de la Commission d'enquête sur la situation de la langue française et sur les droits linguistiques au Québec, 1960-01-520/2, retranscription des réunions sur le thème des « Immigrants et groupes ethniques », 28 avril et 4 juin 1970.

35. Québec, *Rapport de la Commission d'enquête sur la situation de la langue française et sur les droits linguistiques au Québec*, livre I : *La Langue de travail. La situation du français dans les activités de travail et de consommation des Québécois* ; Jean-Claude Gémar, « Les grandes commissions d'enquête et les premières lois linguistiques », dans Michel Plourde (dir.), *Le Français au Québec. 400 ans d'histoire et de vie*, p. 247-253.

36. Serge Carlos, *L'Utilisation du français dans le monde du travail du Québec. Analyse socio-linguistique du monde du travail québécois*, étude pour la Commission d'enquête sur la situation de la langue française et sur les droits linguistiques au Québec, Québec, 1973, p. 216.

37. Commission royale d'enquête sur le bilinguisme et le biculturalisme, *Rapport*, livre II : *L'Éducation*, p. 143.

38. Daniel Bourgeois, *Canadian Bilingual Districts: From Cornerstone to Tombstone*, Montréal et Kingston, McGill-Queen's University Press, 2006, p. 36-38.

39. Duc, « La langue française dans les relations entre le Canada et la France », p. 789, 841.

40. Larose, *La Langue de papier*, p. 204-205.

41. BANQ-Q, E6, fonds du ministère de la Culture, des Communications et de la Condition féminine, boîte 3, dossier Québec-Paris-Ottawa, Association canadienne des éducateurs de langue française, *Mémoire à la Commission royale d'enquête sur le bilinguisme et le biculturalisme*, octobre 1964 ; rapport de G.-H. Dagneau au ministre des Affaires culturelles, 16 décembre 1963 ; mémorendum accompagnant le rapport du directeur, 2 décembre 1963.

42. AVQ, fonds CVFA, D 366, contenant 19847, lettre de P.-É. Gosselin aux membres du Conseil de la vie française en Amérique, 25 février 1966.

43. Commission royale d'enquête sur le bilinguisme et le biculturalisme, *Rapport*, livre II, p. 201.

44. BAC, MG 31 D 77, vol. 44, *Verbatim Report of Proceedings, Ontario Advisory Committee on Confederation*, mars 1965, p. 19.

45. APO, RG3-26, boîte 455, dossier French Language Ontario Correspondence Ontario Govt. June-December 1968, lettre de R. Glen Hodgson, MPP, Government Whip, à John Robarts, 2 février 1968 ; APO, RG3-26, boîte 454, dossier French Language Ont.—General-Ontario Government, January-December 1969, « Main points made in letters on bilingualism, 1968 ».

46. APO, F1017, boîte 5312, dossier Source Papers 1965, *Statement of the Cultural Sub-Committee on the Status of French in Ontario*, 21 janvier 1966 ; Jon Sufrin, « The Canadian Apocalypse : Nationalists and the End of Canada, 1963-1983 », thèse de doctorat, Programme des études supérieures en histoire, Université York, 2009, p. 370-373.

47. APO, F1017, boîte 5311, dossier Notices and Agendas 1967, *Thoughts for a Position Paper on the Question of Bilingual Districts Resulting from a Discussion at the February 17 Meeting of the OACC*.

48. Rolande Faucher, *Jean-Robert Gauthier : « Convaincre… sans révolution et sans haine »*, Sudbury, Prise de parole, 2008, p. 98-100.

49. Michel Doucet, *Le Discours confisqué*, Moncton (Nouveau-Brunswick), Éditions d'Acadie, 1995, p. 27-36 ; Belliveau, « Tradition, libéralisme et communautarisme durant les "Trente Glorieuses" », p. 256-261.

CHAPITRE 5 • AGIR : LES LOIS LINGUISTIQUES, 1969-1982

1. Patrick Tomlinson, « The Debate on Bill C-120 : An Evaluation of the Parliamentary Dialogue of the Official Languages Act », Programme des études supérieures en histoire, Université York, novembre 2007.

2. BAC, MG 31 E38, vol. 18, dossier 11, lettre de Carol Joy Feldsted Wilson à J. T. Thorson, 3 décembre 1970 ; lettre de A. J. Bolsby à J. T. Thorson, 21 mars 1971 ; lettre de J. T. Thorson à Hugh MacPhail, 11 octobre 1972 ; *The Globe and Mail*, 21 janvier 1972, p. 2 ; 1er juin 1972, p. 3 ; 23 janvier 1974, p. 10 ; 12 février 1974, p. 9 ; 3 avril 1974, p. 9 ; Leonard Jones, « The Bigot », discours à l'Alliance for the Preservation of English in Canada, 20 novembre 1978, en ligne : www.languagefairness.ca/docs/news_bigot.htm (consulté le 9 juin 2009).

3. Jon Sufrin, « The Canadian Apocalypse », p. 134, 377-382, 425-429.

4. *Ibid.*, p. 429-434.

5. CRCCF, fonds de l'ACFÉO, C2-38/5/14, projet de lettre de l'ACFÉO au premier ministre P. E. Trudeau, s.d. ; CRCCF, fonds de l'ACFÉO, C2/528/4, *The Dynamic of the Franco-Ontarian Heritage. Brief To Heritage Ontario, June 1972 (translation)*, p. 5.

6. BAC, MG 30 D 387, vol. 1, dossier 21, discours de H. J. Syrnick, vice-président de l'Ukrainian Canadian Committee, 1er juillet 1970.

7. CRCCF, fonds de l'ACFÉO, C2-38/5/14, projet de lettre de l'ACFÉO au premier ministre P. E. Trudeau, s.d. ; CRCCF, fonds de l'ACFÉO, C2/528/4, *The Dynamic of the Franco-Ontarian Heritage. Brief To Heritage Ontario, June 1972 (translation)*, p. 5.

8. BANQ-M, E 47, fonds du ministère de l'Immigration, 16 9.12, *Multiculturalisme*, lettre de Robert Bourassa à Pierre Elliott Trudeau, Québec, 11 octobre 1971, p. 1-3 ; BANQ-Q, E 42, fonds du ministère des Affaires intergouvernementales, 154, *Communiqués — général — 1970-71*, dossier 1971 — Robert Bourassa, « Le principe de la politique du multiculturalisme m'oblige à apporter des réserves sérieuses », Robert Bourassa, Québec, 16 novembre 1971, p. 3.

9. BANQ-Q, E5, fonds du Conseil exécutif, 2.1, *Minutes 1960-1980*, 1996-01-007/1, Conseil des ministres, *Séance du 24 février 1971*, p. 6.

10. APO, RG3-26, 544, dossier « Bilingualism in Public Service Billing. Dists. Advisory Board Civil Service Commission », mémoire de W. A. B. Anderson à Robert Welch, Provincial Secretary and Minister of Citizenship, 20 juillet 1970.

11. BAC, MG 30 D 387, vol. 1, dossier 21, discours de Dr. I. Hlyka, président de la Taras Shevchenko Foundation, 1er juillet 1970.

12. Derick McNeil, « Et la lutte reprendra le 17 avril 1982. Québec, Ottawa et la Fédération des francophones hors Québec. Leurs luttes pour l'éducation en langue minoritaire, 1976-1982 », mémoire de maîtrise en histoire, Université d'Ottawa, 1994, p. 13, 27, 32.

13. Fédération des francophones hors Québec, *Les Héritiers de Lord Durham*, Ottawa, FFHQ, 1977, vol. 1, p. 7.

14. *The Globe and Mail*, 18 mars 1976.

15. *The Globe and Mail,* 16 juin 1976.
16. *The Globe and Mail,* 25 juin 1976.
17. Québec, *Rapport de la Commission d'enquête sur la situation de la langue française et sur les droits linguistiques au Québec,* livre 1.
18. Plourde, *La Politique linguistique du Québec,* p. 13-16.
19. BAC, RG 146, vol. 2622, dossier Protests and Demonstrations — Reaction to Language Bill 22, Quebec, vol. 5, from 15-11-74, [s.a.], *Rapport sur les réactions face au bill 22 (analyse),* 22 septembre 1974.
20. *Débats de l'Assemblée nationale du Québec,* 26 août 1977, repris dans Camille Laurin, *Une traversée du Québec,* Montréal, L'Hexagone, 1999, p. 116.
21. Charte de la langue française, L.Q. 1977, c. 7, préambule.
22. Charte de la langue française, préambule ; BANQ-Q, E5, fonds du Conseil exécutif, 3.4, *Cabinet du ministre d'État au Développement culturel,* 2005-03-001/242, 101-M, Camille Laurin à Billy Diamond, Montréal, 3 juin 1997, p. 1-2.
23. BANQ-Q, E5, fonds du Conseil exécutif, 2.1. *Minutes 1960-1980,* 2005-10-001/10, Conseil des ministres, *Séance du 23 mars 1977,* p. 4.
24. *Débats de l'Assemblée nationale du Québec,* 26 août 1977, repris dans Laurin, *Une traversée du Québec,* p. 114.
25. *La Politique québécoise de développement culturel,* vol. I : *Perspectives d'ensemble : de quelle culture s'agit-il ?,* Québec, Ministère d'État au Développement culturel, 1978, p. 6.
26. BANQ-Q, E 42, fonds du ministère des Relations internationales, 2002-04-003/44, Pierre-É. Laporte, *L'Expérience de planification linguistique en Israël et son intérêt pour le Québec. Rapport de mission,* [1979], p. 4 et 8.
27. Martin Weger, « A Canadian Company? Canadian Tire in Quebec and Western Canada », chapitre de « A Relationship of Trust: Canadian Tire and Canadian Consumers, 1922-2000 », thèse de doctorat (histoire), Université York, 2010.
28. McNeil, « Et la lutte reprendra le 17 avril 1982 », p. 20-24 ; Marcel Martel, « L'intervention du gouvernement fédéral auprès des groupes minoritaires francophones », dans Conseil de la langue française, *Pour un renforcement de la solidarité entre francophones au Canada. Réflexions théoriques et analyses historique, juridique et sociopolitique,* Sainte-Foy, Publications du Québec, 1995, p. 111-118.
29. McNeil, « Et la lutte reprendra le 17 avril 1982 », p. 23-27 ; Michael D. Behiels, *Canada's Francophone Minority Communities: Constitutional Renewal and the Winning of School Governance,* Montréal et Kingston, McGill-Queen's University Press, 2004, p. 40-42.
30. APO, RG3-26, 503, dossier Official Language Act Federal Government Jan. 70-Dec. 70, *Government of Ontario: Policy and Projects undertaken in the field of bilingualism since 1967,* Office of the Co-ordinator on Bilingualism, 1er octobre 1970.
31. *Idem* ; APO, RG3-26, 544, dossier Bilingualism in Public Service Jan. 71-Feb. 71, *Memorandum to All Cabinet Ministers from Prime Minister of Ontario,* 23 décembre 1970.
32. BAC, RG 146, vol. 3046, *The New Brunswick Area Commander Security Service, Re: Pressure Groups — General — Canada, Moncton District Unit Security Service,* Moncton, 11 décembre 1978.
33. *The Moncton Times,* 1er mai 1972.
34. CÉA-M, fonds du Comité pour le bilinguisme à Moncton (1921-1972), 152.16, Yves Roberge, Jérôme Pelletier et Gilbert Doucet, *Visage français de l'Acadie,* Moncton, s.d., 30 p. Nos remerciements vont à Julien Massicotte pour avoir attiré notre attention sur le Comité pour le bilinguisme à Moncton.
35. CÉA-M, fonds Donatien-Gaudet, 70-16, *Congrès des francophones du N.-B./Conférence de*

Léon Thériault, Léon Thériault, *Les Acadiens du Nouveau-Brunswick et le phénomène politique,* [1972], p. 6.

36. Michel Doucet, *Le Discours confisqué,* p. 59-62, 77-94.

37. José E. Igartua, *The Other Quiet Revolution: National Identities in English Canada, 1945-71,* Vancouver, University of British Columbia Press, 2006, p. 210 ; Raymond-M. Hébert, *Manitoba's French-Language Crisis: A Cautionary Tale,* Montréal et Kingston, McGill-Queen's University Press, 2004, p. 19-20.

38. CRLG, P2/C 228, lettre de Fred E. Walden à André Laurendeau, coprésident de la commission B & B, 2 juin 1966 ; Igartua, *The Other Quiet Revolution,* p. 216.

CHAPITRE 6 • LE DROIT ET LA LANGUE, DE 1982 À NOS JOURS

1. McNeil, « Et la lutte reprendra le 17 avril 1982 », p. 36-49.

2. José Woehrling, « Convergences et divergences entre les politiques linguistiques du Québec, des autorités fédérales et des provinces anglophones : le nœud gordien des relations entre les Québécois francophones, la minorité anglo-québécoise et les minorités francophones du Canada », dans Conseil de la langue française, *Pour un renforcement de la solidarité entre francophones au Canada,* p. 253.

3. En ligne : www.pch.gc.ca/progs/lo-ol/legislation/bill_s2_f.cfm (consulté le 11 août 2008).

4. Tina Chui, Kelly Tran et Hélène Maheux, *Immigration au Canada : un portrait de la population née à l'étranger, année de recensement 2006,* Ottawa, Statistique Canada et ministère de l'Industrie, décembre 2007, p. 12-13.

5. Woehrling, « Convergences et divergences », p. 272.

6. *Le Devoir,* 1er avril 2005.

7. *Le Devoir,* 4 décembre 2009.

8. *Le Devoir,* 22 mai 1986.

9. Woehrling, « Convergences et divergences », p. 274.

10. Nations Unies, Comité des droits de l'homme, *Constatations au titre du paragraphe 4, de l'article 5 du Protocole facultatif se rapportant au Pacte international relatif aux droits civils et politiques — Quarante-septième session,* Communications nos 359/1989 et 385/1989, John Ballantyne et Elizabeth Davidson, et Gordon McIntyre c. Canada, 5 mai 1993, art. 11.2 et 11.5.

11. Stéphane Dion, *Le Pari de la franchise. Discours et écrits sur l'unité canadienne,* Montréal et Kingston, McGill-Queen's University Press, 1999.

12. *The Gazette,* 1er avril 2005.

13. *La Presse,* 13 mars 1996.

14. *The Gazette,* 11 septembre 1996.

15. Commission des États généraux sur la situation et l'avenir de la langue française au Québec, *Le Français, une langue pour tout le monde. Une nouvelle approche stratégique et citoyenne,* Québec, Gouvernement du Québec, 2001, p. 21.

16. *Le Soleil,* 27 janvier 2003.

17. Gérard Bouchard et Charles Taylor, *Fonder l'avenir. Le temps de la conciliation. Rapport,* Commission de consultation sur les pratiques d'accommodement reliées aux différences culturelles, 2008, p. 217.

18. Québec, *Déclaration du gouvernement du Québec concernant la participation du Québec aux forums internationaux traitant d'éducation, de langue, de culture et d'identité,* Québec, 24 mars 1999, p. 2-3.

19. *La Politique internationale du Québec. La force de l'action concertée,* Québec, ministère des Relations internationales, 2006, p. 26.

20. Richard Julien, « Les Franco-Albertains et la gestion de leurs écoles », *Cahiers franco-canadiens de l'Ouest,* vol. 7, n° 1 (1995), p. 119-154.

21. Cité dans Woehrling, « Convergences et divergences », p. 306.

CONCLUSION

1. Eugénie Brouillet, *La Négation de la nation. L'identité culturelle québécoise et le fédéralisme canadien,* Sillery (Québec), Septentrion, 2005, p. 343.

2. Pierre Bourdieu, *Ce que parler veut dire. L'économie des échanges linguistiques,* Paris, Fayard, 1982, p. 101.

3. Lise Gauvin, *La Fabrique de la langue. De François Rabelais à Réjean Ducharme,* Paris, Seuil, 2004, p. 338.

4. Joseph Yvon Thériault, *Faire société. Société civile et espaces francophones,* Sudbury (Ontario), Prise de parole, 2007.

Bibliographie

Pour plus de commodité, le présent ouvrage comporte un appareil de notes allégé. Le lecteur trouvera ci-dessous la liste de tous les documents et études utilisés, en particulier ceux dont les auteurs sont cités dans le corps du texte.

Fonds d'archives

Archives de la ville de Québec
Fonds du Conseil de la vie française en Amérique

Archives publiques de l'Ontario
Fonds George-Gathercole (F1017)
Fonds du premier ministre John P. Robarts, *General Correspondence* (RG3-26)

Bibliothèque et Archives Canada
Fonds Walter-Bossy (MG 30 C72)
Fonds Modest-Orest-Cmoc (MG 30 D 387)
Fonds de la Commission royale des relations entre le Dominion et les provinces
Fonds Donald-Creighton (MG 31 D 77)
Fonds Walter-Dinsdale (MG 32 B35)
Fonds Charles-Dojack (MG 31 H188)
Fonds de la Gendarmerie royale du Canada (RG 146)
Fonds Joseph-Thorson (MG 31 E 38)
Fonds Paul-Yuzyk (MG32 C67)

Bibliothèque et Archives nationales du Québec (Centre de la capitale nationale)
Fonds de la Commission d'enquête sur la situation de la langue française et sur les droits linguistiques au Québec (E-140)

Fonds du Conseil exécutif (E-5)

Fonds du ministère de la Culture, des Communications et de la Condition féminine (E-6)

Fonds du ministère des Affaires intergouvernementales (E-42)

Fonds du ministère des Relations internationales (E 42)

Bibliothèque et Archives nationales du Québec (Centre de Montréal)
Fonds du ministère de l'Immigration (E-47)

Centre d'études acadiennes, Université de Moncton
Fonds du Comité pour le bilinguisme à Moncton
Fonds Donatien-Gaudet

Centre de recherche en civilisation canadienne-française, Ottawa
Fonds de l'Association canadienne-française d'éducation d'Ontario
Fonds de la Fédération des Sociétés Saint-Jean-Baptiste de l'Ontario

Centre de recherche Lionel-Groulx, Montréal
Fonds de la Commission Laurendeau-Dunton (P2/C)

Périodiques

Le Devoir
La Gazette de Québec
La Minerve
La Presse
Parti pris
Relations
Le Soleil
The Gazette
The Globe and Mail
The Moncton Times
The Toronto Star

Banques de données

LexUM (pour les décisions de la Cour suprême du Canada), Université de Montréal, Faculté de droit. En ligne : www.lexum.umontreal.ca

CanLII (pour les jugements relatifs aux législations fédérales, provinciales et territoriales), Fédération des ordres professionnels de juristes du Canada. En ligne : www.canlii.org/fr/index.php

Études

Andrade, Michel Simão, « La Commission des écoles catholiques de Montréal et l'intégration des immigrants et des minorités ethniques à l'école française de 1947 à 1977 », *Revue d'histoire de l'Amérique française,* vol. 60, n° 4 (printemps 2007), p. 455-486.

Aunger, Edmund A., « Justifying the End of Official Bilingualism: Canada's North-West Assembly and the Dual-Language Question, 1889-1892 », *Canadian Journal of Political Science,* vol. 34, n° 3 (septembre 2001), p. 451-486.

Barbaud, Philippe, *Le Choc des patois en Nouvelle-France. Essai sur l'histoire de la francisation au Canada,* Québec, Presses de l'Université Laval, 1984.

Bastien, Frédéric, *Relations particulières. La France face au Québec après de Gaulle,* Montréal, Boréal, 1999.

Beaudin, Maurice, Nicolas Béland et Éric Forgues, « Inégalités selon le bilinguisme : un parcours différencié entre les travailleurs francophones et anglophones du Québec et du Nouveau-Brunswick de 1970 à 2000 », communication présentée au congrès de l'Association canadienne d'économique, Toronto, Université de Toronto, 28 au 31 mai 2009, 69 p.

Bédard, Éric, « McGill français : un contexte de fébrilité étudiante et nationaliste », *Bulletin d'histoire politique,* vol. 9, n° 1 (automne 2000), p. 148-152.

Bédard, Théophile-Pierre, *Histoire de cinquante ans (1791-1841). Annales parlementaires et politiques du Bas-Canada depuis la Constitution jusqu'à l'Union,* Québec, Léger-Brousseau, 1869.

Behiels, Michael D., *Canada's Francophone Minority Communities: Constitutional Renewal and the Winning of School Governance,* Montréal et Kingston, McGill-Queen's University Press, 2004.

Bélanger, Réal, *Wilfrid Laurier. Quand la politique devient passion,* deuxième édition, Québec, Presses de l'Université Laval, 2006.

Bélanger, Réal, Richard Jones et Marc Vallières, *Les Grands Débats parlementaires, 1792-1992,* Sainte-Foy, Presses de l'Université Laval, 1994.

Belcourt, Napoléon-Antoine, « De l'exercice des droits reconnus à la langue française au Canada », *Premier Congrès de la langue française au Canada. Compte rendu,* Québec, Imprimerie de l'Action sociale, 1913, p. 288-307.

Belkhodja, Chedly, « Une réaction de droite au changement : le refus des réformes Robichaud au Nouveau-Brunswick », dans *L'Ère Louis J. Robichaud, 1960-1970. Actes du colloque,* Moncton, Institut canadien de recherche sur le développement régional, 2001, p. 127-141.

Belliveau, Joël, « Tradition, libéralisme et communautarisme durant les "Trente Glo-rieuses". Les étudiants de Moncton et l'entrée dans la modernité avancée des francophones du Nouveau-Brunswick, 1957-1969 », thèse de doctorat (histoire), Université de Montréal, 2008.

Bernard, Jean-Paul (dir.), *Assemblées publiques, résolutions et déclarations de 1837-1838*, Montréal, VLB, 1988.

Bouchard, Chantal, *La Langue et le Nombril. Histoire d'une obsession québécoise*, Mont-réal, Fides, 1998.

Bouchard, Gérard, et Charles Taylor, *Fonder l'avenir. Le temps de la conciliation. Rap-port*, Québec, Commission de consultation sur les pratiques d'accommodement reliées aux différences culturelles, 2008.

Bourassa, Henri, « La langue française et l'avenir de notre race », *Premier Congrès de la langue française au Canada. Compte rendu*, Québec, Imprimerie de l'Action sociale, 1913, p. 370-389.

Bourdieu, Pierre, *Ce que parler veut dire. L'économie des échanges linguistiques*, Paris, Fayard, 1982.

Bourgeois, Daniel, *Canadian Bilingual Districts: From Cornerstone to Tombstone*, Montréal et Kingston, McGill-Queen's University Press, 2006.

Bouthillier, Guy, et Jean Meynaud. *Le Choc des langues au Québec, 1760-1970*, Mont-réal, Presses de l'Université du Québec, 1972.

Breton, Raymond, « Institutional Completeness of Ethnic Communities and the Per-sonal Relations of Immigrants », *American Journal of Sociology*, vol. 70 (1964), p. 193-205.

Brouillet, Eugénie, *La Négation de la nation. L'identité culturelle québécoise et le fédéra-lisme canadien*, Sillery (Québec), Septentrion, 2005.

—, « La Charte de la langue française et la Charte canadienne des droits et libertés : la difficile conciliation des logiques majoritaire et minoritaire », dans Marcel Mar-tel et Martin Pâquet (dir.), *Légiférer en matière linguistique*, Québec, Presses de l'Université Laval, 2008, p. 359-388.

Brun, Henri, *La Formation des institutions parlementaires québécoises, 1791-1838*, Sainte-Foy (Québec), Presses de l'Université Laval, 1971.

Bureau, Brigitte, *Mêlez-vous de vos affaires. 20 ans de luttes franco-ontariennes*, Ottawa, Association canadienne-française de l'Ontario, 1989.

Burke, Edmund, *The Works of Right Honourable Edmund Burke*, vol. 1, Londres, Holdsworth and Corner, 1839.

Cameron, David, et Richard Simeon (dir.), *Language Matters: How Canadian Volun-tary Associations Manage French and English*, Vancouver, University of British Columbia Press, 2009.

Canada, Commission royale d'enquête sur le bilinguisme et le biculturalisme, *Rapport préliminaire*, Ottawa, Imprimeur de la reine, 1965.

—, *Rapport*, livre I, *Les Langues officielles*, Ottawa, Imprimeur de la reine, 1968.

—, *Rapport*, livre II, *L'Éducation*, Ottawa, Imprimeur de la reine, 1968.

—, *Rapport*, livre III, *Le Monde du travail*, Ottawa, Imprimeur de la reine, 1969.

Cappon, Paul, *Conflit entre les Néo-Canadiens et les francophones de Montréal*, Québec, Presses de l'Université Laval, Centre international de recherche sur le bilinguisme, 1974.

Carlos, Serge, *L'Utilisation du français dans le monde du travail du Québec. Analyse socio-linguistique du monde du travail québécois*, étude pour la Commission d'enquête sur la situation de la langue française et sur les droits linguistiques au Québec, Québec, 1973.

Castonguay, Charles, « Assimilation linguistique et remplacement des générations francophones et anglophones au Québec et au Canada », *Recherches sociographiques*, vol. 43, n⁰ 1 (2002), p. 149-182.

Certeau, Michel de, Dominique Julia et Jacques Revel, *Une politique de la langue. La Révolution française et les patois : l'enquête de Grégoire*, Paris, Gallimard (« Folio-Histoire », 117), 2002 [1975].

Charland, Jean-Pierre, « L'instruction chez les Canadiens français », dans Michel Plourde (dir.), *Le Français au Québec. 400 ans d'histoire et de vie*, Montréal et Québec, Fides et Publications du Québec, 2000, p. 177-183.

Chui, Tina, Kelly Tran et Hélène Maheux, *Immigration au Canada : un portrait de la population née à l'étranger, année de recensement 2006*, Ottawa, Statistique Canada et Ministère de l'Industrie, décembre 2007.

Colley, Linda, *Britons : Forging the Nation, 1707-1837*, Londres, Pimlico, 1992.

Comeau, Robert, « André Laurendeau et la Commission royale d'enquête sur le bilinguisme et le biculturalisme », dans Robert Comeau (dir.), *André Laurendeau. Un intellectuel d'ici*, Montréal, Presses de l'Université du Québec, 1990, p. 203-206.

Conseil de la vie française en Amérique, *Troisième Congrès de la langue française. Québec 18-26 juin 1952. Compte rendu*, Québec, Éditions Ferland, 1953.

—, *Bilinguisme et biculturalisme*, Québec, Éditions Ferland, 1964.

Cook, Ramsay, *The Regenerators: Social Criticism in Late Victorian English Canada*, Toronto, University of Toronto Press, 1985.

—, *Canada, Québec, and the Uses of Nationalism*, deuxième édition, Toronto, McClelland & Stewart, 1995 [1986].

Corbeil, Jean-Claude, *L'Embarras des langues. Origine, conception et évolution de la politique linguistique québécoise*, Montréal, Québec Amérique, 2007.

Couturier-LeBlanc, Gilberte, Alcide Godin et Aldéo Renaud, « L'enseignement français dans les Maritimes, 1604-1992 », dans Jean Daigle (dir.), *L'Acadie des Maritimes*, Moncton, Centre d'études acadiennes, 1993, p. 543-586.

Curtis, Bruce, « Irish Schools for Canada: Arthur Buller to the Bishop of Quebec, 1838 », *Historical Studies in Education / Revue d'histoire de l'éducation*, vol. 13, n° 1 (2001), p. 49-58.

Débats de l'Assemblée législative du Québec, 1867-1968.

Débats de l'Assemblée nationale du Québec, 1968 à nos jours.

Denis, Wilfrid B., « Ethnicité et conflits scolaires en Saskatchewan de 1905 à 1980 », dans Linda Cardinal (dir.), *Une langue qui pense. La recherche en milieu minoritaire francophone au Canada*, Ottawa, Presses de l'Université d'Ottawa (« Actexpress »), 1993, p. 77-100.

Desbiens, Jean-Paul, *Les Insolences du frère Untel*, préface d'André Laurendeau, Montréal, Éditions de l'Homme, 1960.

Deschênes, Gaston, *Une capitale éphémère. Montréal et les événements tragiques de 1849*, Sillery (Québec), Septentrion, 1999.

Dickason, Olive, *Les Premières Nations du Canada*, Sillery (Québec), Septentrion, 1996.

Dion, Stéphane, *Le Pari de la franchise. Discours et écrits sur l'unité canadienne*, Montréal et Kingston, McGill-Queen's University Press, 1999.

Dorland, Michael, et Maurice Charland, *Law, Rhetoric, and Irony in the Formation of Canadian Civil Culture*, Toronto, University of Toronto Press, 2002.

Doucet, Michel, *Le Discours confisqué*, Moncton, Éditions d'Acadie, 1995.

Duc, Édouard, « La langue française dans les relations entre le Canada et la France (1902-1977). De la "survivance" à l'unilinguisme français au Québec », thèse de doctorat (histoire), Université Paris-IV Sorbonne, 2007.

Dumont, Fernand, *Genèse de la société québécoise*, Montréal, Boréal, 1993.

Les États généraux du Canada français. Assises nationales tenues à la Place des Arts de Montréal du 23 au 26 novembre 1967, Montréal, Éditions de l'Action nationale, 1968.

Farina, Annick, « Lingua e identità : il dilemma del joual durante la "Rivoluzione tranquilla" », *Rivista di Studi canadesi*, n° 20 (2007). p. 105-111.

Faucher, Rolande, *Jean-Robert Gauthier : « Convaincre… sans révolution et sans haine »*, Sudbury (Ontario), Prise de parole, 2008.

Fédération des francophones hors Québec, *Les Héritiers de Lord Durham*, vol. 1, Ottawa, Fédération des francophones hors Québec, 1977.

—, *Pour ne plus être… sans pays. Rapport du comité politique de la Fédération des francophones hors Québec*, Ottawa, Fédération des francophones hors Québec, 1979.

Ferretti, Lucia, *Brève Histoire de l'Église catholique au Québec*, Montréal, Boréal, 1999.

Francis, Daniel, *National Dreams: Myth, Memory and Canadian History*, Vancouver, Arsenal Pulp Press, 1997.

Fraser, Graham, *Sorry I Don't Speak French, ou Pourquoi quarante ans de politiques linguistiques au Canada n'ont rien réglé… ou presque,* Montréal, Boréal, 2007.

Frégault, Guy, Michel Brunet et Marcel Trudel (dir.), *Histoire du Canada par les textes,* Montréal, Fides, 1952.

Frenette, Yves, *Les Anglo-Normands dans l'est du Canada,* Ottawa, Société historique du Canada (« Les groupes ethniques du Canada », 21), 1996.

Frenette, Yves (avec la collaboration de Martin Pâquet), *Brève Histoire des Canadiens français,* Montréal, Boréal, 1998.

Gaffield, Chad, *Aux origines de l'identité franco-ontarienne. Éducation, culture, économie,* Ottawa, Presses de l'Université d'Ottawa, 1993.

Gauvin, Lise, *La Fabrique de la langue. De François Rabelais à Réjean Ducharme,* Paris, Seuil, 2004.

Gémar, Jean-Claude, « Les grandes commissions d'enquête et les premières lois linguistiques », dans Michel Plourde (dir.), *Le Français au Québec. 400 ans d'histoire et de vie,* Montréal et Québec, Fides et Publications du Québec, 2001, p. 247-253.

Gendron, Jean-Denis, *D'où vient l'accent des Québécois ? Et celui des Parisiens ? Essai sur l'origine des accents. Contribution à l'histoire de la prononciation du français moderne,* Québec, Presses de l'Université Laval, 2007.

Goodfriend, Joyce D., *Before the Melting Pot: Society and Culture in Colonial New York City, 1664-1730,* Princeton, Princeton University Press, 1992.

Gosselin, Paul-E., *Le Conseil de la vie française,* Québec, Éditions Ferland, 1967.

Greenwood, F. Murray, *Legacies of Fear: Law and Politics in Quebec in the Era of the French Revolution,* Toronto, University of Toronto Press et Osgoode Society, 1993.

Guest, Dennis, *Histoire de la sécurité sociale au Canada,* Montréal, Boréal, 1993.

Hamelin, Jean, et André Côté, *Analyse du contenu des mémoires présentés à la commission Gendron,* Québec, Éditeur officiel, 1974.

Hare, John, *Aux origines du parlementarisme québécois, 1791-1793,* Sillery (Québec), Septentrion, 1993.

Harvey, Louis-Georges, *Le Printemps de l'Amérique française. Américanité, anticolonialisme et républicanisme dans le discours politique québécois, 1805-1837,* Montréal, Boréal, 2005.

Hayday, Matthew, *Bilingual Today, United Tomorrow: Official Languages in Education and Canadian Federalism,* Montréal et Kingston, McGill-Queen's University Press, 2005.

Hébert, Raymond M., *Manitoba's French-Language Crisis: A Cautionary Tale,* Montréal et Kingston, McGill-Queen's University Press, 2004.

Helly, Denise (avec la collaboration de Marie McAndrew et Judy Young), « Le financement des associations ethniques par le programme du Multiculturalisme canadien », dans Altay Manço, Joseph Gatugu et Spyros Amoranitis (dir.), *La Vie associative des immigrants : quelles valorisations politiques ? Perspectives euro-péennes et canadiennes*, Paris, L'Harmattan (« Compétences interculturelles »), 2004, p. 223-248.

Hong, Tricia, « Redefining the Storyline : Immigrant/Ethnic Briefs to the Royal Com-mission on Bilingualism and Biculturalism », « Major Research Paper » (histoire), Université York, décembre 2006.

Igartua, José E., *The Other Quiet Revolution: National Identities in English Canada, 1945-71*, Vancouver, University of British Columbia Press, 2006.

Isambert, François-André *et al.* (dir.), *Recueil général des anciennes lois françaises depuis l'an 420 jusqu'à la Révolution de 1789, Troisième race, Ordonnances des Valois, Règne de François Ier*, Paris, Velin-Leprieur et Verdière, 1827.

Joy, Richard J., *Languages in Conflict*, Montréal, publié par l'auteur, 1967.

Julien, Richard, « Les Franco-Albertains et la gestion de leurs écoles », *Cahiers franco-canadiens de l'Ouest*, vol. 7, n° 1 (1995), p. 119-154.

Kelley, Ninette, et Michael Trebilcock, *The Making of the Mosaic: A History of Canadian Immigration Policy*, Toronto, University of Toronto Press, 1998.

Labrie, Normand, *La Construction linguistique de la Communauté européenne*, Paris, Honoré Champion, 1993.

Lacoste, Paul, « André Laurendeau et la Commission royale d'enquête sur le bilin-guisme et le biculturalisme », dans André Laurendeau, *Journal tenu pendant la Commission royale d'enquête sur le bilinguisme et le biculturalisme*, Montréal, VLB, 1990, p. 25-43.

Lafleur, Jacques, *L'Aménagement linguistique dans le monde*, en ligne : www.tlfq.ulaval. ca/axl/

Lambton, John (Lord Durham), *The Report and Dispatches of the Earl of Durham, His Majesty's High Commissioner and Governor-General in British North America*, Londres, Ridgways, 1839.

Lamonde, Yvan, *Histoire sociale des idées au Québec. 1896-1929*, vol. 2, Montréal, Fides, 2004.

Landry, Nicolas, et Nicole Lang, *Histoire de l'Acadie*, Sillery (Québec), Septentrion, 2001.

Lang, George, « Voyageur Discourse and the Absence of Fur Trade Pidgin », *Canadian Literature*, t. 131 (hiver 1991), p. 51-63.

Lang, Stéphane, « La communauté franco-ontarienne et l'enseignement secondaire, 1910-1968 », thèse de doctorat (histoire), Université d'Ottawa, 2003.

Lapalme, Georges-Émile, *Le Vent de l'oubli. Mémoires*, t. 2, Ottawa, Leméac, 1970.

—, *Pour une politique. Le programme de la Révolution tranquille*, Montréal, VLB, 1988.

Larose, Karim, *La Langue de papier. Spéculations linguistiques au Québec*, Montréal, Presses de l'Université de Montréal, 2004.

Laurin, Camille, *Une traversée du Québec*, Montréal, L'Hexagone, 1999.

Leacock, Stephen, *On the Front Line of Life : Memories and Reflections, 1935-1944*, Toronto, Dundurn Group, 2004.

LeBel, Marie, « Montfort, de l'affaire à la cause. Un moment charnière dans les stratégies de défense des droits des francophones », dans Martin Pâquet (dir.), *Faute et réparation au Canada et au Québec contemporains. Études historiques*, Québec, Nota bene, 2006, p. 289-318.

Legault, Josée, *L'Invention d'une minorité. Les Anglo-Québécois*, Montréal, Boréal, 1992.

Levine, Mark V., *La Reconquête de Montréal*, Montréal, VLB, 1997.

Lijphart, Arendt, *The Politics of Accommodation: Pluralism and Democracy in the Netherlands*, Berkeley, University of California Press, 1968.

——, *Democracies: Patterns of Majoritarian and Consensus Government in Twenty-one Countries*, New Haven (Conn.), Yale University Press, 1984.

Linteau, Paul-André, « The Italians of Quebec : Key Participants in Contemporary Linguistic and Political Debates », dans Roberto Perin et Franc Sturino (dir.), *Arrangiarsi: The Italian Immigration Experience in Canada*, Montréal, Guernica, 1989, p. 179-207.

Mackey, Eva, *The House of Difference: Cultural Politics and National Identity in Canada*, Toronto, University of Toronto Press, 2002.

Mandel, Michael, *La Charte des droits et libertés et la judiciarisation du politique au Canada*, Montréal, Boréal, 1996.

Martel, Marcel, « L'intervention du gouvernement fédéral auprès des groupes minoritaires francophones », dans Conseil de la langue française, *Pour un renforcement de la solidarité entre francophones au Canada. Réflexions théoriques et analyses historique, juridique et sociopolitique*, Sainte-Foy, Publications du Québec, 1995, p. 111-118.

——, *Le Deuil d'un pays imaginé. Rêves, luttes et déroute du Canada français. Les rapports entre le Québec et la francophonie canadienne (1867-1975)*, Ottawa, Presses de l'Université d'Ottawa, Centre de recherche en civilisation canadienne-française (« Amérique française », 5), 1997.

Martel, Marcel, et Martin Pâquet (dir.), *Légiférer en matière linguistique*, Québec, Presses de l'Université Laval, 2008.

Maseres, Francis, *Occasional Essays on Various Subjects, Chiefly Political and Historical*, Londres, Robert Wilks, 1809.

McCue, Jim, *Edmund Burke and Our Present Discontents*, Londres, Claridge Press, 1997.

McKay, Ian, « The Liberal Order Framework: A Prospectus for a Reconnaissance of Canadian History », *Canadian Historical Review*, vol. 81, n° 4 (décembre 2000), p. 617-645.

—, *Rebels, Reds, Radicals: Rethinking Canada's Left History,* Toronto, Between the Lines, 2005.

McLaren, Angus, *Our Own Master Race: Eugenics in Canada, 1885-1945,* Toronto, McClelland & Stewart, 1990.

McNeil, Derick, « Et la lutte reprendra le 17 avril 1982. Québec, Ottawa et la Fédération des francophones hors Québec : leurs luttes pour l'éducation en langue minoritaire, 1976-1982 », mémoire de maîtrise (histoire), Université d'Ottawa, 1994.

McRae, Kenneth (dir.), *Consociational Democracy: Political Accomodation in Segmented Societies,* Toronto, McClelland & Stewart, 1974.

McRoberts, Kenneth, *Quebec: Social Change and Political Crisis,* Toronto, McClelland & Stewart, 1988.

—, *Un pays à refaire. L'échec des politiques constitutionnelles canadiennes,* Montréal, Boréal, 1999.

Michaud, Nelson, « La doctrine Gérin-Lajoie », dans Stéphane Paquin et Louise Beaudoin (dir.), *Histoire des relations internationales du Québec,* Montréal, VLB (« Études québécoises », 75), 2006, p. 263-277.

Miller, James R., *Equal Rights: The Jesuits' Estates Act Controversy,* Montréal et Kingston, McGill-Queen's University Press, 1979.

Montpetit, Éric, « La démocratisation de la gestion des risques », *Lien social et politiques-RIAC,* t. 50 (2003), p. 91-104.

Mossman, Mary Jane, « The Charter and Access to Justice in Canada », dans David Schneiderman, David et Kate Sutherland (dir.), *Charting the Consequences: The Impact of Charer Rights on Canadian Law and Politics,* Toronto, University of Toronto Press, 1997, p. 271-302.

Mougeon, Raymond, « Le français s'impose en Nouvelle-France », dans Michel Plourde (dir.), *Le Français au Québec. 400 ans d'histoire et de vie,* Montréal et Québec, Fides et Publications du Québec, 2000, p. 33-38.

Nadeau, Jean-François, *Bourgault,* Montréal, Lux, 2007.

Nations Unies, Comité des droits de l'homme, *Constatations au titre du paragraphe 4, de l'article 5 du Protocole facultatif se rapportant au Pacte international relatif aux droits civils et politiques — Quarante-septième session,* Communications n°s 359/1989 et 385/1989, John Ballantyne, Elizabeth Davidson, et Gordon McIntyre c. Canada, 5 mai 1993.

Noël, Lucie, *Les Enjeux juridiques et sociopolitiques des conflits linguistiques au Québec,* Québec, Centre international de recherche sur le bilinguisme, 1987.

Norris, Mary Jane, « Langues autochtones au Canada : nouvelles tendances et perspectives sur l'acquisition d'une langue seconde », *Tendances sociales canadiennes,* n° 11-008 (mai 2007), p. 21-29.

Oliver, Michael, « Réflexion sur la Commission royale d'enquête sur le bilinguisme et le biculturalisme », *Isuma, Revue canadienne de recherche sur les politiques*, vol. 2, nº 2 (été 2001), p. 130-134.

Otis, Alain, « La traduction des lois au gouvernement du Canada 1841-1935 », *Revue parlementaire canadienne*, vol. 28, nº 2 (été 2005), p. 26-32.

Painchaud, Claude, et Richard Poulin, *Les Italiens au Québec*, Hull, Éditions Asticou, 1989.

Painchaud, Robert, « Les exigences linguistiques dans le recrutement d'un clergé pour l'Ouest canadien, 1818-1920 », *Société canadienne d'histoire de l'Église catholique, sessions d'étude 1975*, p. 43-64.

Pâquet, Martin, *Vers un ministère québécois de l'Immigration, 1945-1968*, Ottawa, Société historique du Canada (« Les groupes ethniques du Canada », 23), 1997.

—, *Tracer les marges de la Cité. Étranger, immigrant et État au Québec, 1627-1981*, Montréal, Boréal, 2005.

—, « Pensée scientifique et prise de décision politique au Canada et au Québec », *Bulletin d'histoire politique*, vol. 17, nº 1 (automne 2008), p. 175-192.

The Parliamentary Register, vol. 29, Londres, J. Devrett, 1791.

Perin, Roberto, *Rome in Canada: The Vatican and Canadian Affairs in the Late Victorian Age*, Toronto, University of Toronto Press, 1990.

—, *Ignace de Montréal. Artisan d'une identité nationale*, Montréal, Boréal, 2008.

Pichette, Robert, « Culture et langues officielles », dans *L'Ère Louis J. Robichaud, 1960-1970. Actes du colloque*, Moncton, Institut canadien de recherche sur le développement régional, 2001, p. 69-89.

Plourde, Michel, *La Politique linguistique du Québec, 1977-1988*, Québec, IQRC, 1988.

Poirier, Claude, *et al.*, *Le Trésor de la langue française au Québec*, en ligne : www.tlfq.ulaval.ca

Québec, Bureau de la statistique, *Démographie québécoise, Rapport*, Québec, Éditeur officiel, 1987.

Québec, Commission d'enquête sur la situation de la langue française et sur les droits linguistiques au Québec, *La Situation de la langue française au Québec*, vol. 1, Québec, Gouvernement du Québec, 1972.

Québec, Commission des États généraux sur la situation et l'avenir de la langue française au Québec, *Le Français, une langue pour tout le monde. Une nouvelle approche stratégique et citoyenne*, Québec, Gouvernement du Québec, 2001.

Québec, Commission royale d'enquête sur l'enseignement dans la province de Québec, *Rapport de la Commission royale d'enquête sur l'enseignement dans la province de Québec*, Québec, La Commission, 1963-1966, 5 vol.

Québec, Ministère d'État au Développement culturel, *La Politique québécoise de développement culturel*, vol. 1, *Perspectives d'ensemble : de quelle culture s'agit-il ?*, Québec, Éditeur officiel, 1978.

Québec, Ministère des Relations internationales, *La Politique internationale du Québec. La force de l'action concertée*, Québec, Gouvernement du Québec, 2006.

Québec, *Déclaration du gouvernement du Québec concernant la participation du Québec aux forums internationaux traitant d'éducation, de langue, de culture et d'identité*, Québec, 24 mars 1999.

Québec, *Rapport de la Commission d'enquête sur la situation de la langue française et sur les droits linguistiques au Québec*, livre 1 : *La Langue de travail. La situation du français dans les activités de travail et de consommation des Québécois*, Québec, Éditeur officiel, décembre 1972.

Ramirez, Bruno, *La Ruée vers le sud. Migrations du Canada vers les États-Unis, 1840-1930*, Montréal, Boréal, 2003.

Resnick, Philip, *Thinking English Canada*, Toronto, Stoddart, 1994.

—, *The European Roots of Canadian Identity*, Toronto, Broadview Press, 2005.

Rivard, Adjutor, *Études sur les parlers de France au Canada*, Québec, J.-P. Garneau éditeur, 1914.

Roby, Yves, *Les Franco-Américains de la Nouvelle-Angleterre. Rêves et réalités*, Sillery (Québec), Septentrion, 2000.

Roy, Jean-Louis, *Les Programmes électoraux du Québec. Un siècle de programmes politiques québécois*, tome II : *1931-1966*, Ottawa, Leméac, 1971.

Rumilly, Robert, *Monseigneur Laflèche et son temps*, Montréal, Éditions B. D. Simpson, 1945.

Sanfilippo, Matteo, « Essor urbain et création de nouveaux diocèses dans l'Ouest : la correspondance des délégués apostoliques, 1902-1918 », dans *Canada e Italia verso il duemila. Metropoli a confronto*, vol. 1, Milan, Schena Editore, 1992, p. 261-280.

Saussure, Ferdinand de, *Cours de linguistique générale*, Paris, Payot, 1995 [1913].

Savard, Pierre, « Relations avec le Québec », dans Cornelius J. Jaenen (dir.), *Les Franco-Ontariens*, Ottawa, Presses de l'Université d'Ottawa (« Ontario Historical Studies Series »), 1993, p. 231-263.

Savard, Stéphane, « "Je t'aime, moi non plus" : réceptivité et identités des membres des élites franco-ontariennes vis-à-vis du gouvernement Trudeau, 1968-1984 », mémoire de maîtrise, Université Laval, 2005.

—, « Pour "une politique globale, précise, cohérente et définitive de développement". Les leaders franco-ontariens et les encadrements politiques fédéraux, 1968-1984 », *Politique et Sociétés*, vol. 27, n° 1 (2008), p. 129-155.

Seymour, Michel, « Le Canada reconnaît-il l'existence des droits collectifs linguistiques du peuple québécois ? », dans Marcel Martel et Martin Pâquet (dir.), *Légiférer en matière linguistique*, Québec, Presses de l'Université Laval, 2008, p. 423-446.

Société Saint-Jean-Baptiste de Montréal, *Le Bilinguisme et l'union canadienne*, Montréal, [s.é.], 1964.

Spolsky, Bernard, *Language Management*, Cambridge (R.-U.), Cambridge University Press, 2009.

Stevenson, Don, et Richard Gilbert, « Municipal Associations », dans David Cameron et Richard Simeon (dir.), *Language Matters: How Canadian Voluntary Associations Manage French and English*, Vancouver, University of British Columbia Press, 2009, p. 74-94.

Stevenson, Garth, *Community Besieged: The Anglophone Minority and the Politics of Québec*, Montréal et Kingston, McGill-Queen's University Press, 1999.

Sufrin, Jon, « The Canadian Apocalypse : Nationalists and the End of Canada, 1963-1983 », thèse de doctorat (histoire), Université York, 2009.

Taddeo, Donat J., et Raymond C. Taras, *Le Débat linguistique au Québec. La communauté italienne et la langue d'enseignement*, Montréal, Presses de l'Université de Montréal, 1987.

Thériault, Léon, « L'Acadie, 1763-1978. Synthèse historique », dans Jean Daigle (dir.), *L'Acadie des Maritimes. Études thématiques des débuts à nos jours*, Moncton, Université de Moncton, Centre d'études acadiennes, 1993, p. 49-94.

Tomlinson, Patrick, *The Debate on Bill C-120: An Evaluation of the Parliamentary Dialogue of the Official Languages Act*, Programme des études supérieures en histoire, Université York, novembre 2007.

Turk, Danilo, « Le droit des minorités en Europe », dans Henri Giordan (dir.), *Les Minorités en Europe. Droits linguistiques et droits de l'Homme*, Paris, Éditions Kimé, 1992, p. 447-469.

Valverde, Mariana, *The Age of Light, Soap, and Water: Moral Reform in English Canada, 1885-1925*, Toronto, McClelland and Stewart, 1991.

Vandycke, Robert, « Le statut de minorité en sociologie du droit. Avec quelques considérations sur le cas québécois », *Sociologie et Sociétés*, vol. 26, n° 1 (printemps 1994), p. 87-97.

Verrette, Michel, *L'Alphabétisation au Québec, 1660-1900. En marche vers la modernité culturelle*, Sillery (Québec), Septentrion, 2002.

Vipond, Mary, « One Network or Two ? French-Language Programming on the Canadian Radio Broadcasting Commission, 1932-36 », *Canadian Historical Review*, vol. 89, n° 3 (septembre 2008), p. 319-343.

Waddell, Eric, « State, Language, and Society: The Vicissitudes of French in Quebec and Canada », dans Alan Cairns et Cynthia Williams (dir.), *The Politics of Gender, Ethnicity, and Language in Canada*, Toronto, University of Toronto Press, 1986, p. 67-110.

Walzer, Michael, *Thinking Politically: Essays in Political Theory*, New Haven (Conn.), Yale University Press, 2007.

Warren, Jean-Philippe, *Une douce anarchie. Les années 68 au Québec,* Montréal, Boréal, 2008.

Weger, Martin, « A Relationship of Trust: Canadian Tire and Canadian Consumers, 1922-2000 », thèse de doctorat (histoire), Université York, 2010.

Weil, François, *Les Franco-Américains, 1860-1980,* Paris, Belin, 1989.

Woehrling, José, « Convergences et divergences entre les politiques linguistiques du Québec, des autorités fédérales et des provinces anglophones : le nœud gordien des relations entre les Québécois francophones, la minorité anglo-québécoise et les minorités francophones du Canada », dans Conseil de la langue française, *Pour un renforcement de la solidarité entre francophones au Canada. Réflexions théoriques et analyses historique, juridique et sociopolitique,* Sainte-Foy, Publications du Québec, 1995, p. 209-344.

—, « La Charte de la langue française : des ajustements juridiques », dans Michel Plourde (dir.), *Le Français au Québec. 400 ans d'histoire et de vie,* Montréal et Québec, Fides et Publications du Québec, 2000, p. 285-291.

Yelle, Émile, « La langue et l'esprit français dans le Manitoba et dans l'Ouest canadien », *Deuxième Congrès de la langue française au Canada. Québec, 27 juin-1er juillet 1937, Compte rendu,* Québec, Imprimerie L'Action catholique, 1938, p. 225-243.

Yergeau, Robert, *Art, argent, arrangement. Le mécénat d'État,* Ottawa, Éditions David, 2004.

Index

M

Table des matières

CRÉDITS ET REMERCIEMENTS

Les Éditions du Boréal reconnaissent l'aide financière du gouvernement du Canada
par l'entremise du Fonds du livre du Canada (FLC) pour ses activités d'édition
et remercient le Conseil des Arts du Canada pour son soutien financier.

Les Éditions du Boréal sont inscrites au programme d'aide aux entreprises
du livre et de l'édition spécialisée de la SODEC et bénéficient du programme
de crédit d'impôt pour l'édition de livres du gouvernement du Québec.

Illustrations de la couverture : Manifestation contre la loi 22 à Québec, 1974
(BANQ, centre d'archives de Québec, Fonds du ministère des Communications,
E10, S44, SS1, D74-698, P14). En médaillon : Magasinage de Noël à Montréal,
décembre 1961 ; photo de Gar Lunney, Office national du film (BAC, PA-133218).

Ce livre a été imprimé sur du papier 100 % postconsommation,
traité sans chlore, certifié ÉcoLogo
et fabriqué dans une usine fonctionnant au biogaz.

MISE EN PAGES ET TYPOGRAPHIE :
LES ÉDITIONS DU BORÉAL

ACHEVÉ D'IMPRIMER EN AOÛT 2010
SUR LES PRESSES DE MARQUIS IMPRIMEUR
À CAP-SAINT-IGNACE (QUÉBEC).